Histoire de France;

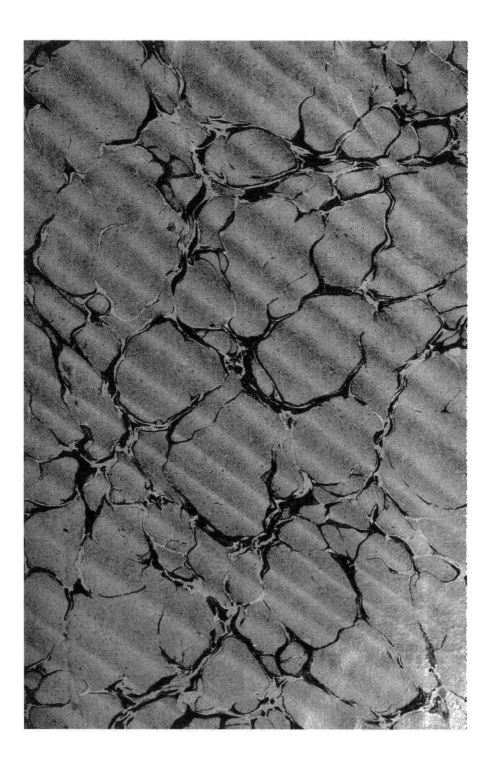

HISTOIRE

DE FRANCE

DE FRANCE

PAR

J. MICHELET

NOUVELLE ÉDITION, REVUE ET AUGMENTÉE
Avec illustrations par VIERGE

TOME DOUZIÈME

PARIS

LIBRAIRIE INTERNATIONALE

A. LACROIX & Cᵒ, ÉDITEURS

13, rue du Faubourg-Montmartre, 13

1880

CHAPITRE PREMIER

Le lendemain de la Saint-Barthélemy. Triomphe de Charles IX.
1573-1574

Quoique la nouvelle sanglante produisît partout un effet d'horreur, on put croire que le sang s'écoulerait bien rapidement de la terre. Un mois après l'événement, M. de Montmorency, le chef des modérés, qui n'avait dû qu'à son absence de ne pas périr au massacre, écrivit à la reine d'Angleterre pour excuser le roi (27 septembre 1572).

Deux mois à peine étaient passés, que la reine Élisabeth accepta d'être marraine d'une fille de Charles IX, et envoya un prince du sang au baptême avec une riche cuve d'or (9 novembre).

Huit mois (presque jour pour jour) après la Saint-Barthélemy, le plus grand homme du temps, Guillaume

vraisemblable. Pendant que le duc d'Anjou va être élu
en Pologne, la reine mère reprend en Angleterre l'affaire du mariage d'Alençon, et continue en Allemagne
la négociation pour faire Charles IX empereur; tout
cela, après le massacre, sans même imaginer qu'un si
petit événement puisse changer les choses. Cette bonne
mère ne s'occupe que de la galante entrevue entre
Alençon et Élisabeth. Elle voudrait que les amants se
vissent entre les deux pays, « en pleine mer, par un
beau jour. »

Le dialogue entre les reines est piquant et curieux.
« Je me soucie peu de l'amiral et des siens, dit Élisabeth. Je m'étonne seulement que le roi de France
veuille changer le Décalogue et que l'homicide ne soit
plus péché. » A ces paroles aigres-douces, la reine
mère répond placidement : que, si Élisabeth n'est pas
contente de ce qu'on a tué quelques protestants, elle
lui permet en revanche d'égorger tous les catholiques
(7 septembre 1572).

Donc tout s'arrange à merveille pour la grandeur de
la maison de France. Dieu la bénit visiblement. Par
élection, mariage, appel des peuples libres, elle va régner sur l'Europe, de l'Irlande jusqu'à la Vistule.

Notre ambassadeur à Madrid écrit plein d'enthousiasme (17 juillet 1573) : « Mon maître, par force ou
raisons, vous vous ferez maître du monde. »

Voilà les succès du dehors. Voyons maintenant ceux
du dedans.

La Rochelle, Nîmes, Montauban, Sancerre, se mirent en défense, avec quelques pays de montagnes.
Mais généralement le coup sembla, pour un moment

du moins, assommer les protestants. Une trentaine de mille hommes qu'ils avaient perdus n'auraient pas dû abattre un parti qui faisait alors un cinquième de la France. Il y eut panique et vertige. Ils s'enfuirent par toutes les routes. Ceux qui restèrent dans les villes à la discrétion de leurs ennemis se laissèrent mener par troupeaux aux églises catholiques. Chose notable, qui marquait l'affaissement du parti, ils ne résistèrent guère que là où ils pouvaient combattre. On ne vit plus, comme jadis, des hommes désarmés, intrépides, demander et braver la mort. Il y eut toujours des héros, et nombreux, mais peu de martyrs.

Du reste, il ne s'agit pas des protestants seuls. Ce cruel événement eut une influence générale. La mort avait frappé la France. Elle avait fauché la tête et la fleur, atteint les entrailles.

On lui coupa la tête, je veux dire le génie. On tua la philosophie, Ramus. On tua l'art, Jean Goujon, et le grand musicien Goudimel jeté au Rhône. La jurisprudence avait péri en Dumoulin, mort d'angoisse et de persécution, peu avant le massacre. Et la loi elle-même décède peu après en L'Hôpital, qui mourut de douleur.

C'est l'opération par en haut. Mais, en bas, dans les profondeurs, la France ne fut pas moins atteinte, et a l'endroit vital, la morale de la nation, sa franchise, sa sincérité.

C'est, je crois, de ce temps qu'en français *sans doute* a voulu dire *peut-être*.

Un parti immense se trouva tout à coup formé, le parti de la peur industrieusement hypocrite. On com-

mença à s'apercevoir qu'en effet la Réforme avait tel
principe insoutenable. On fouilla, on creusa sa théorie
de la Grâce, inconciliable, disait-on, avec la liberté catholique. Au nom de la liberté, on subit les jésuites et
Rome, on appela l'Inquisition. L'Espagne vint bientôt
pour défendre la liberté.

Les femmes épouvantées se précipitent aux églises,
usent les pieds des saints de baisers, les arrosent de
larmes, étreignent la Vierge protectrice. Elles mau-
dissent ces temples vides qui ne protégent pas leurs
croyants.

Donc, la France se convertissait au grand galop, et
tout souriait à la cour. Et Catherine écrivait peu
après « Maintenant que nous sommes délivrés .. »

Elle avait cru sage d'écrire partout que le massacre
était un accident, que le roi avait été obligé de se défendre contre les protestants et de « se préserver de
la cruauté de Coligny »

Mais en même temps on assurait verbalement, surtout en Espagne, que la chose était tramée et prémé-
ditée de longtemps.

Laquelle des deux versions soutiendrait-on ? Charles IX, enivre d'éloges et des félicitations de Rome,
était tenté de réclamer la gloire de cette longue préméditation. Il disait follement que, non-seulement il
avait fait tuer Coligny, mais qu'il aurait voulu le poignarder de sa main. « Un jour, dit-il, je l'avais fait
venir au Louvre tout exprès.. Je le menais de salle
en salle Et, mordieu ! c'était fait, n'était que m'avisai
de me retourner et de le regarder. Et j'aperçus ses
cheveux blancs. »

Tout cela applaudi Si véritablement ce sage roi, deux ans durant, avec tant de patience, avait dissimulé, trompant les protestants, trompant les catholiques, Rome et l'Espagne, trompant même sa mère, ses secrétaires d'État, tous ses agents diplomatiques, et leur faisait écrire et dire tout le contraire de sa pensée... Oh ! si vraiment il avait fait cela, il fallait avouer que l'étonnant jeune homme avait dépassé tous les vieux, mis dans l'ombre les plus ingénieux coups d'État que l'histoire ait contés jamais !

Quelle avait donc été l'injustice des catholiques à son égard ? Et combien durent-ils regretter d'avoir dit que ce bon roi perdrait son droit d'aînesse au profit de son frère ? Pendant qu'on l'injuriait, immuable dans son cœur profond, il tissait sans se déranger ce filet sans pareil qui prit les ennemis de la foi.

Aussi, point d'hymne, point d'ode qui égale l'effusion de Panigarola au lendemain de l'événement Son cœur s'épanche à flots devant le peuple, nul mot n'y suffit Les cris viennent et l'abondance des larmes

Une pièce tellement soutenue, un rôle si bien joué ! les Italiens juraient qu'un Français n'y eut jamais réussi, qu'on voyait bien là l'origine maternelle de Charles IX Bon sang ne peut mentir. Et on devait même dire que les meilleures pièces italiennes en ce genre, comme les Vêpres siciliennes, les noces rouges de Piccinino, le banquet fraternel où César Borgia traita ses capitaines, étaient fort au-dessous de la Saint-Barthélemy La seule ombre qu'on y trouvât, c'est que Charles IX n'avait tué que les protestants, au lieu qu'il eût fallu aussi tuer les catholiques, y faire

passer les Guises. C'est ce qui fait que Gabriel Naudé,
dans son livre au cardinal Bagni, note la Saint-Barthélemy comme un coup d'État « *incomplet.* »

Les Guises furent très-perfides pour Charles IX et
très-inconsistants. Le jeune Henri de Guise, qui, désavoué par lui le dimanche, l'avait forcé le lundi à se
dire auteur du massacre, dès qu'il l'eut dit, en fut jaloux ; et il voulait lui ôter l'honneur de la chose, écrivant « que ce n'était qu'une colère *soudaine* que le
roi avait eue de la conspiration. »

L'oncle d'Henri de Guise, le cardinal de Lorraine,
disait tout le contraire à Rome. Il allait criant que
c'était *le roi, le roi seul, qui dès longtemps* avait tout
préparé. Et il faisait écrire, en ce sens, à la gloire de
Charles IX, l'ingénieux ouvrage de Capilupi.

En réalité la Saint-Barthélemy, voulue tant de fois
et par tant de gens, avait surpris tout le monde, surtout le cardinal. Il était épouvanté de son propre succès. Ce pauvre homme, aussi brave que le Panurge de
Rabelais, remua ciel et terre pour bien établir que
toute la responsabilité revenait à Charles IX. Il n'y
eut sorte d'honneur qu'il ne lui en fit, usurpant les
fonctions de l'ambassadeur de France qui ne disait
mot, haranguant le pape au nom du roi, glorifiant son
maître dans une belle inscription en lettres d'or, s'arrangeant pour que la cour de Rome, ivre de cet événement, le rapportât uniquement à la gloire du roi
très-chrétien.

Il y eut des fêtes à Rome et une franche gaieté. Le
pape chanta le *Te Deum* et envoya à son fils Charles IX
la rose d'or. Le légat, arrivé à Lyon, trouva au pont

du Rhône une bande à genoux On lui dit que c'étaient
les braves qui avaient fait la grande besogne. Il sou-
rit, et de bon cœur bénit ces pauvres assassins.

Le duc d'Albe, au contraire, loin de louer la Saint-
Barthélemy se montra insolemment ingrat pour l'événement qui le sauvait Son maître, Philippe II, resta
sombre, sournois, visiblement jaloux.

Ni l'un ni l'autre ne voulaient croire à la sagesse de
Charles IX, ni lui laisser l'honneur du coup Le duc
d'Albe dit avec mépris . « Chose furieuse, légère et
non pensée » Puis l'éloge de l'amiral Enfin il s'emporta à dire : « J'aimerais mieux avoir les deux mains
coupées que de l'avoir fait. »

Notre ambassadeur à Madrid, ne pouvant vaincre
l'incrédulité de Philippe II, trouva moyen de le mettre
à la raison Il lui fit venir un moine, le général des
Cordeliers, qui avait été en France, et qui dit en furie au roi d'Espagne : « En vérité, je ne sais pas comment la colère de Dieu ne tombe pas sur ceux qui
veulent obscurcir l'honneur que viennent de mériter
Leurs Majestés très-chrétiennes »

Philippe II, à mesure qu'il vit que la voix du sang
s'élevait partout, se rangea à l'avis du moine, changea brusquement de langage, et soutint qu'en effet
Charles IX avait prémédité l'épouvantable trahison. Ce
qui, par un *chassé-croise* fort ridicule, amena la cour
de France à nier en Espagne la préméditation

. Dans des dépêches furieuses, Charles IX accuse
amèrement le roi catholique, « ingrat et peu soigneux
de Dieu, qui ne veut que faire ses affaires, se tirer
d'embarras et le laisser en cette danse .. » (Saint-

Goard, 17 mars 1573, dans Groen, IV, App., pages 31-33.)

On voit bien qu'au premier moment les rois, et spécialement Philippe II, avaient été surpris, éblouis, humiliés de l'audace du jeune roi de France, de la vigueur du coup, qui contrastait tellement avec leurs tergiversations.

Lorsque le pape Pie V excommunia Élisabeth, le banquier Ridolfi de Londres, proposait à Philippe d'exécuter la sentence par l'invasion ou l'assassinat. Marie Stuart y consentait. Mais Madrid hésita; on bavarda un an, et davantage; on consulta le duc d'Albe, qui trouva la chose difficile. Philippe n'osa point.

Élisabeth n'osa pas davantage. Voyant que Marie tramait sa mort, elle eût voulu la faire périr. Aux Anglais qui demandaient l'exécution de la reine d'Écosse, elle répondait non. Cependant, le 7 septembre, douze jours après la Saint-Barthélemy, elle parut décidée. Elle ordonna aux Écossais ses partisans de demander qu'on la leur livrât « pour la tuer quatre heures après. » Accepté, pourvu toutefois qu'on la tue « en présence des ambassadeurs d'Angleterre. » Le ministre d'Élisabeth, Cécil, disait qu'avec ces Écossais on n'en finirait pas, qu'il fallait la tuer en Angleterre même. Bref, il en fut comme en Espagne; on jasa, et rien ne se fit.

Ni à Élisabeth, ni à Philippe II, la volonté ne manquait, mais l'audace. Et, pour dire bassement la chose par un mot de Shakspeare, ils regardaient le meurtre comme le chat regarde un bon morceau, clignant les yeux, sans y risquer la patte.

Charles IX, au contraire, avait l'habitude d'un
homme qui a osé ce qu'il voulait, la tête haute et dé-
daigneuse. Et, comme on ne savait pas qu'il avait osé
malgré lui, on le prenait sur sa parole. L'horreur n'empêchait pas qu'on ne sentît le respect craintif que
donne une grande audace.

On avait pris une telle opinion du fils et de la mère,
que, celle-ci insistant près d'Élisabeth pour le mariage et l'entrevue, la reine d'Angleterre laissa voir
quelque peur qu'elle ne vînt à Douvres. Elle dit qu'une
telle dame, après une telle chose, pour peu qu'elle
amenât du monde, ferait craindre que le mariage ne
fût une invasion.

Ce qui est curieux, c'est que, tant folle que fût la
chose, Noailles, évêque d'Acqs, l'un des sages du
temps, et très-intime confident de Catherine, l'avait
conseillée dès le commencement, en 1571. Il écrivait
à la reine mère qu'il était à désirer que le prince français, au débarqué en Angleterre, se *saisît d'une place*,
se constituant chef des catholiques qui se fussent ralliés à lui. Auquel cas, au lieu d'épouser Élisabeth, il
l'eût tuée pour épouser Marie Stuart.

CHAPITRE II

Fin de Charles IX. 1573-1574.

« Huit jours après le massacre, il vint grande mul-
titude de corbeaux s'appuyer sur le pavillon du Louvre. Leur bruit fit sortir pour les voir, et les dames
firent part au roi de leur épouvantement.

« La même nuit, le roi, deux heures après être
couché, saute en place, fait lever ceux de sa chambre,
et envoie quérir son beau-frère, entre autres, pour
ouïr dans l'air un bruit de grand éclat, et un concert
de voix criantes, gémissantes et hurlantes, tout semblable à celui qu'on entendait les nuits des massacres.
Ces sons furent si distincts, que le roi, croyant un désordre nouveau, fit appeler des gardes pour courir en
la ville et empêcher le meurtre. Mais ayant rapporté

que la ville était en paix et l'air seul en trouble, lui aussi demeura troublé, principalement parce que 'le ruit dura sept jours, toujours à la même heure. »

Ce fait était souvent conté par Henri IV, le soir, quand les portes étaient fermées, à ses plus privés serviteurs. Une sorte de frissonnement lui restait de Charles IX. Quand il en faisait ces récits, il disait . « Voyez vous-mêmes si mes cheveux n'en dressent pas? » Et ils dressaient en effet. si nous en croyons d'Aubigné.

Pendant un an, le Béarnais était resté dans la nécessité terrible de vivre avec Charles IX et de s'amuser avec lui. Il lui avait fallu le suivre dans ses folles courses de nuit, dans ses parties de plaisir à la Grève, à Montfaucon. Ce tragique camarade, qui n'aimait guère qu'à frapper, forcer, briser portes et meubles, jeter tout par les fenêtres, pouvait se retourner sur lui. Il ne parlait que de tuer. On a vu qu'un jour il pensait à tuer Guise, une fois Henri d'Anjou Une autre fois, averti qu'un La Mole dirigeait son frère Alençon dans les intrigues, il le chercha pour l'étrangler. Il finit, avec tout cela, par ne tuer que lui-même.

Le jour où on le mena au Parlement pour lui faire avouer et signer la Saint-Barthélemy, son visage, dit Petrucci, était tellement altéré, qu'il parut horrible. Il était long, maigre, voûté, pâle, les yeux jaunâtres, bilieux et menaçants, le cou un peu de travers (Castelnau). Ajoutez par moments un petit sourire convulsif où l'œil, en parfait désaccord avec une bouche crispée, prenait dans son obliquité un demi-clignement loustic. —Trait cruel que le dessin du Panthéon

et le beau buste du Louvre ont osé à peine indiquer.
Le soir de ce jour maudit, il fit venir Marie Touchet,
et elle conçut un enfant. Digne fruit d'un tel moment,
intrigant, brouillon et pervers

L'Europe savait parfaitement que le roi était fou.
Mais elle ignorait à quel point l'était le conseil de
France. Nous le savons maintenant par les lettres de
Catherine et les dépêches officielles. Ils avaient si peu
conscience de l'horreur qu'ils inspiraient, qu'ils prenaient au sérieux tout ce qu'on leur proposait pour les
isoler de l'Espagne. La reine mère, qui a été tellement
exagérée par la manie du paradoxe, et dont la facilité, la finesse, la grâce italienne, pouvaient imposer
en effet, apparaît dans ses lettres follement chimérique. Elle croit qu'Elisabeth, au milieu d'un peuple qui
ne parle plus de nous qu'avec exécration, peut ou veut
épouser son fils. Elle croit que les princes allemands
veulent vraiment pour empereur le roi de la Saint-
Barthélemy. Elle suppute ridiculement que la royauté
de Pologne, « que son fils va avoir pour trois millions,
en rapportera vingt par an à la France, » etc. (Lettres
ms , 30 mai 1573.)

Il est évident que Catherine, Gondi, Birague, l'évêque
Morvilliers, enfin tout ce beau conseil, ayant anéanti
en eux tout sens de moralité, jusqu'à ne pouvoir plus
même la deviner chez les autres, avaient perdu entièrement la boussole de l'opinion. Ils négocient toujours,
comme s'il n'y eût pas eu de Saint-Barthélemy. Ils vo-
guent avec confiance sur la mer des affaires humaines, où leur vaisseau tout à l'heure va faire honteuse-
ment le plongeon.

Croira-t-on que le premier envoyé qu'on dépêche a l'Allemagne frémissante, c'est justement ce Gondi, ce vénéneux Italien, qui surprit au fou qui régnait son consentement au massacre ?

Une seule chose, nous l'avons dit, était sage au point de vue catholique : *adhérer franchement à l'Espagne*, s'unir à elle, accabler partout le protestantisme.

Hors de là, pure vanité, pure folie, pure impuissance.

Le naufrage de la royauté était infaillible. Nous allons la voir en vain s'aheurter à la Rochelle, qu'elle ne pourra pas prendre. Nous allons la voir dans deux ans, brisée par le tiers-parti. Quatre ans après le massacre, entre ce parti et le catholique se fera une espèce de démembrement de la France (1576).

Mesurons donc la profondeur où celle-ci a reçu le coup de la Saint-Barthélemy. L'événement l'a placée entre deux alternatives :

Unie et subordonnée à l'Espagne, *suicidée*.

Ou bien,

Flottant à part, divisée, impuissante, *suicidée*.

Seulement, au premier cas, le catholicisme vivait par la mort de la France.

Je l'avoue, entre ces fous graves qui nous mènent sagement au naufrage, je regarde plus volontiers le tragique fou Charles IX. Celui-ci, au moins, par son trouble annonce un pressentiment de la catastrophe imminente.

Il était profondément seul. Quelle que fût l'adresse de sa mère à le tromper là-dessus, il voyait bien que

rien dans la Saint-Barthélemy, et promit expressément la liberté religieuse non-seulement pour la Pologne, mais *pour la France même*. La crainte universelle qu'on avait de voir la maison d'Autriche faire
arriver un archiduc à cette couronne réunit tout le
monde pour le duc d'Anjou. Le Turc le recommanda;
le pape et les luthériens d'Allemagne agirent pour lui
également. Montluc, prenant vingt masques, se montrait protestant pour gagner les riches Palatins, et il
captait la petite noblesse par des discours démocrati-
ques, des appels à la liberté. Il n'y eut jamais pareille
effronterie Le tout démenti, et l'ambassadeur désavoué, quand les Polonais eurent élu et furent arrivés
à Paris.

Curieuse dérision de la fortune. Voilà cette cour,
après ce long siége inutile, cet échec de cinq mois, ses
forces épuisées et son impuissance constatée, la voilà
qui grandit devant l'Europe, accrue d'une couronne,
de ce choix glorieux, de cette lointaine royauté d'O-
rient.

L'imberbe duc d'Anjou trône royalement à côté de
son frère, entre les longues moustaches, les fourrures
de ses Palatins Les Guises séchaient de jalousie Ils
avaient fait tout ce qu'ils avaient pu pour empêcher la
paix de La Rochelle, le bon cardinal de Lorraine disait paternement qu'il connaissait bien le duc d'An
jou, « *s'étant meslé de sa conscience*, et que le duc avoit
juré d'exterminer tous ceux qui avoient été hugue
nots. » (Lettre ms. de Catherine, 20 mai 1573.)

Ces lettres de la reine mère sont bien étranges. La
plus vaine, la plus folle ambition y paraît On y voit

d'une part la pauvrete extrême où l'on est et la peine qu'on a d'emprunter de l'argent, d'autre part, elle commence tout, elle a envie de tout; il lui faut tous les trônes.

En Lorraine, où elle fait la conduite au jeune roi de Pologne, nous la voyons mener de front je ne sais combien d'autres affaires plus ou moins chimeriques

Elle intrigue, chemin faisant, pour le mariage d'Alençon avec Elisabeth, fait par écrit sa cour au banquier Ridolfi, très-influent a Londres, lui fait faire des présents, et aussi à un Vellutelli, autre intrigant, qui s'occupe du mariage. Elle travaille l'Empire pour Charles IX. Elle abouche son fils Anjou avec le frère du prince d'Orange.

Qui mettra-t-elle aux Pays-Bas, Anjou ou Alençon? Elle aimerait bien mieux le premier. Anjou dit, en passant le Rhin, à Louis de Nassau, qu'il ne fait qu'un tour en Pologne, mais qu'il va revenir et lui mener toute la noblesse de France pour éreinter le duc d'Albe

Quoi de plus fou dans les romans? Cependant il fallait savoir si, de cette folie, on ne tirerait pas avantage. Depuis deux ans, Guillaume d'Orange était prié, poussé par son frère, le bouillant Louis, pour se lier à Charles IX Ce grand homme, esprit net et ferme, mais cruellement traîné par la fortune, n'avançait qu'avec répugnance, convaincu qu'il ne gagnerait que honte et malheur à toucher cette main sanglante. Cependant il avançait L'épouvantable siége d'Harlem, l'effort désespéré et inutile qu'il fit pour la secourir, le brisa, il céda en disant qu'il ne céderait pas;

« Non, écrit-il, nous ne vendrons pas le pays pour cent mille écus. » Cependant il le fit, nommant Charles IX *protecteur* de Hollande et maître de tout ce qu'il prendrait aux Pays-Bas (mai 1573)

Et, cette honte bue, l'argent ne vient pas Harlem succombe (12 juillet), horrible catastrophe · deux mille Français, entre autres, passés au fil de l'épée L'histoire n'a rien gardé de plus amer que le dernier cri de Louis de Nassau à Charles IX avant cette catastrophe Il y confesse la honte d'avoir voulu le faire Empereur, mais il lui révèle durement la situation de la France Cette pièce terrible de franchise bille tous les sots mémoires du temps. « Maintenant, dit-il à Charles IX, vous touchez la ruine votre État baye de tous côtés, lézardé comme une vieille masure qu'on raccommode tous les jours de quelque pilotis et qu'on n'empêche pas de tomber . Où sont vos noblesses? où sont vos soldats? Ce trône est à qui veut le prendre. » (Groen, IV Appendice p 81.)

Maintenant, comment en novembre trouva-t-on enfin les cent mille écus? C'est que Catherine, qui faisait des la conduite à son bien-aimé roi de Pologne, imagina de le substituer à Alençon, qu'elle n'aimait pas, dans cette future royauté des Pays-Bas Si la France était pauvre, la Reine mère avait une fortune personnelle, et ce fut elle peut-être qui paya.

L'affaire tourna fort mal Cet odieux argent ne servit en rien les Nassau Avec ces trois cent mille francs et cent mille encore qu'on donna en mai, Louis se fit tuer, battre, détruire (13 avril 1574)

Guillaume le Taciturne eut cruellement à regretter

d'avoir cherché appui en Charles IX, d'avoir eu foi
dans ce néant.

Charles survécut un mois à Louis de Nassau. Mais,
avant de mourir, il avait eu le temps de voir combien
ses avertissements étaient véridiques.

La levée du siége de la Rochelle n'était qu'un commencement de la grande expiation. Charles IX, malade à Villers-Cotterets, y vit arriver une redoutable
procession des protestants du Midi, le Languedoc
d'abord arriva, puis le Dauphiné, la Provence. Ces
grandes provinces n'entraient pas dans l'arrangement
qu'une ville avait fait sans les consulter. Elles demandaient des garanties, deux places de sûreté par province, avec des juges protestants, et le culte libre par
tout le royaume. Elles demandaient surtout la punition du massacre, la réhabilitation des morts de la
Saint-Barthélemy.

La Reine mère trouva la demande insolente. « Vous
n'en demanderiez pas tant, dit-elle, si Condé était encore dans Paris avec cinquante mille hommes » Ceux-
ci avaient avec eux bien autre chose que Condé. Ils
avaient l'opinion, n'étant plus la voix d'un parti, mais
celle de la justice même et des catholiques modérés,
qui, dès lors, étaient avec eux.

« On examinera, » dit-elle. Et cependant elle envoie
Biron pour surprendre La Rochelle. Le maire (c'était
encore Jacques Henri, l'homme de l'amiral) surprit
les traîtres lui-même, les fit prendre, et la cour en
resta couverte de confusion.

Il était constaté que nulle paix n'était sûre. Maintenant, que fallait-il faire? J'adresse cette question non

à M Capefigue, mais aux nôtres qui, trop docilement, ont suivi cette impulsion.

Dans l'ouvrage d'un savant jeune homme que j'aimais et estimais (*Démocratie de la Ligue*, par Labitte, 1841), je lis ces cruelles paroles : « On a maintenant le secret de la *démocratie hypocrite du protestantisme*, c'était tout simplement une arme contre la royauté, une cuirasse pour la noblesse, » etc.

Sauf Sismondi, tous nos historiens ont traité le protestantisme avec sévérité.

M. de Bonald, au contraire, très-bien éclairé par sa haine, a vu que, quelques formes qu'ait pu prendre le protestantisme dans les phases diverses que lui imposait la persécution, son essence est *la liberté, la démocratie, le principe antimonarchique.*

Faut-il répéter ce que nous avons dit que, quarante ans durant, parmi les martyrs du protestantisme, on ne découvre que trois nobles?

Les nobles y entrèrent en foule, mais sous Henri II seulement Et même encore en 1572, où tant de nobles périrent, les listes nominales des morts témoignent qu'il périt infiniment plus de marchands, de gens de robe, d'artisans et de bourgeois

Le besoin que nous avons de rapprochements et de comparaisons, a conduit souvent à vouloir retrouver le *fédéralisme* de 93 dans les tentatives que firent en 1573 les malheureux échappés aux poignards des assassins.

Judicieuse assimilation Les deux faits sont exactement contraires

La résistance protestante, *bien loin de courir le re-*

tour à la royauté, qui fut la pensée secrète d'une grande
partie des Girondins, fut dirigée contre le Roi, en
haine de la royauté, devenue le synonyme du massacre et du guet-apens.

La résistance protestante n'est pas, comme la giron-
dine, exclusivement urbaine et la ligue des grandes
villes. Elle réserve expressément les droits des élec-
teurs du *plat pays.*

Pardonnons à ceux qui cherchèrent quelque moyen
de résister. N'accablons pas des vieilles injures de la
Ligue une minorité héroïque dont la lutte fut un miracle.

Toute son histoire est en ce mot : Le protestantisme, *né peuple, essentiellement industriel pendant quarante ans*, ne se montre dans les temps qui suivent que
par ses hommes d'épée (les seuls qui puissent résister),
mais, *au siècle de Louis XIV, son immense majorité est
peuple encore, industrielle*, et la Révocation de l'édit de
Nantes fut précisément l'exil de l'industrie française.

Que vois-je au XVIe siècle ? *Que le protestantisme seul
nous donne la République*, dont la Ligue tout à l'heure
fera la contrefaçon, la grotesque caricature

Je dis qu'il donne la République, l'idée et la chose
et le mot

Le mot C'est sous son influence que *république.*
chose publique, mot appliqué jusque-là à tous les gouvernements, va devenir le nom propre du gouvernement collectif.

La chose Le 15 décembre 1573, le génie du Languedoc, exercé depuis deux cents ans dans les États de ce
pays, trace d'une main ferme et habile le plan d'une

constitution républicaine, *non pour s'isoler de la France*, mais, au contraire, pour la gagner et l'envelopper tout entière. États provinciaux tous les trois mois, États généraux tous les six mois Garantie pour les catholiques, qui payeront sans résistance la contribution générale de guerre,

Aux termes du p emier règlement fait à Nimes par une assemblée mixte de protestants et de catholiques, le Conseil de chaque province *comptera deux bourgeois pour un noble* (Popelinière, janvier 1575) La double représentation du Tiers Etat, tant discutée plus tard, en 1788, est ici accordée d'emblée. Voilà la Révolution anticipée, en fait, de trois cents ans.

Mais, à côté du fait, il faut la théorie, l'idée. C'est par leur action mutuelle que se fait la force ; il y faut et l'âme et le corps

Cette âme éclate en 1573, par un livre de génie.

Petit livre, d'érudition immense, improvisé cependant le lendemain du massacre, échappé d'un cœur ému et grandi sous les poignards, qui, dans son danger personnel, a reçu la lumière de Dieu.

Gaule et France *Franco-Gallia*, c'est le titre de ce livre, qui, de Genève, envahit toute l'Europe, est traduit en toutes langues Nul succès n'a été si grand jusqu'au *Contrat social*

L'auteur. Hotman, était devenu protestant à la Grève en voyant mourir Dubourg. Protestantisme d'humanité, de raison et d'examen, qu'il appliqua d'abord contre le droit romain, cette machine de tyrannie, puis contre la tyrannie même

Ce n'est pas que ce grand homme méconnaisse le

droit romain. Loin de là, il dit lui-même qu'on peut
en tirer des trésors. Mais il doute fort sagement qu'à
deux mille ans de distance la loi de l'Empire con-
vienne à un monde tellement changé.

Hotman, comme Jean-Jacques Rousseau, arrivant
tard et le dernier des grands hommes de son siècle,
vint merveilleusement préparé.

Pour lui, l'illustre Cujas, illuminant le droit romain,
lui donnant sa valeur historique, avait fait sentir qu'il
fut le droit de tel âge, de telles mœurs, et non le droit
du genre humain.

Pour Hotman, le grand Dumoulin a préparé l'unité
des coutumes nationales, attaqué les deux vieilles forteresses qui stérilisaient la terre de leur ombre, droit
papal et droit féodal, revendiqué l'immortelle légitimité de la propriété libre contre l'usurpation du fief

Hotman connut-il le petit livre brûlant de la Boétie,
le *Contr'un*, écrit dès longtemps en 1549, mais imprimé seulement en 1578? Nul doute qu'il n'en courût
des copies

Le livre de la Boétie fut intitulé *Le Contr'un*. Celui
d'Hotman aurait pu s'intituler *Le Pour Tous*.

Il déclare que le droit appartient à la majorité des
citoyens

Il suit la France gauloise, germaine, carlovingienne,
capétienne, et montre qu'à toute époque elle a eu (plus
ou moins, mais enfin a toujours eu) un *gouvernement
collectif*.

Qu'il se trompe sur tels détails, comme le dit
M. Thierry, qu'il s'exagère la part de l'élection, de la
délibération publique, dans ces époques obscures, il

n'en a pas moins raison au total. Les chefs gaulois, mérovingiens, ont consulté leurs guerriers; les empereurs carlovingiens ont consulté leurs grands, et spécialement leurs évêques; les capétiens leurs pairs, etc.

Il se moque avec juste raison et du petit conseil privé, et des parlements de juges, qui voudraient donner le change, et se faire prendre pour héritiers des grands parlements nationaux.

Livre profond, vrai, lumineux, qui donna l'identité de la liberté barbare avec la liberté moderne, relia les races et les temps, restitua l'unité et l'âme, la conscience historique de la France et du monde.

Du reste, comme démolition de la royauté, toutes les théories de républiques ne valaient pas Charles IX. Spectacle étrange, prodigieux, scandale pour le ciel et la terre. L'âme furieuse du fou, comme un misérable clavier frémissant au hasard, était à la première main audacieuse qui jouait dessus. Son frère d'Anjou l'entraîna à vouloir étrangler La Mole, le favori d'Alençon. Il l'entraîna à tout briser chez un gentilhomme qui refusait d'épouser une fille salie par Anjou. Trois rois (France, Pologne et Navarre), avec leur valetaille, firent le sac et le pillage nocturne de cette maison.

Le jour, c'étaient des chasses folles. Charles IX s'y blessa encore en janvier. S'il ne chassait, il sonnait tout le jour du cor de chasse, jusqu'à déchirer ses poumons et vomir le sang. Alors il fallait s'aliter. Tout le monde s'arrangeait en vue de sa mort prochaine.

A en croire la Vie de Catherine, compilée récemment sur les dépêches des ambassadeurs de Florence et les

papiers des Médicis, la France adorait la reine mère.
Si les documents français n'établissaient le contraire,
le bon sens y suffirait Sa réputation de mensonge, et
l'impossibilité de traiter avec elle, sa fortune personnelle dans une telle pauvreté publique, son maquignon-
nage de femmes (elle en envoie une à La Noue pour le
mettre en son filet), tout l'avilissait, la rendait odieuse.
Son fils Alençon hai d'elle, le lui rendait à merveille.
On dit qu'il avait voulu s'entendre avec Henri de Navarre pour l'étrangler de leurs mains (Voir aussi
Nevers, 1,177)

On avait horreur de voir que, par la mort de
Charles IX, elle serait régente encore. Les Bourbons,
les Montmorency, suivis des maréchaux et de tous les
grands seigneurs, vinrent dirent qu'il fallait un lieutenant général. Alençon avec les États généraux

Cette immonde Jézabel avait opéré un miracle, l'u-
nanimité Le plus austère des protestants, Mornay,
usque-là contraire aux alliances politiques, se dement
et se résigne à celle des catholiques Les plus violents
catholiques, un Coconas, qui avait racheté des protestants pour les torturer, se démentent, et, pour alliés,
acceptent des protestants

Au moment de l'exécution, Alençon eut peur, hésita
et son confident La Mole alla tout dire à Catherine.

Il faut la voir là dans son lustre Elle avait en main
la bête sauvage, elle la met en furie en lui faisant
croire que c'est à sa vie qu'on en veut Il était alors
alité; elle le tire de son lit, et le fait partir la nuit de
Saint-Germain pour se sauver à Paris. Enveloppé par
sa mère, ne sachant rien que par elle, Charles IX e-

sait furieux : « Ne pouvaient-ils attendre au moins quelques jours ma mort si prochaine? »

Catherine, qui, toute sa vie, avait paru comme de glace, et qui peut-être, avant la Saint-Barthélemy, n'avait pas fait d'acte féroce (sauf le meurtre de Ligne-rolles), étala dans cette circonstance une cruauté inat-tendue. Elle fit une grande tragédie de ses craintes pour son fils On avait trouvé chez La Mole je ne sais quelle poupée de cire, destinée à une opération de né-cromancie Elle prétendit que cette image était celle du roi, qu'on devait la percer d'aiguilles pour que son cœur, sentant les coups, languît et se desséchât. Elle fit infliger à La Mole une effroyable torture qui le fit parler dans ce sens La torture n'était guère moindre pour le malade lui-même, qui, déjà tellement troublé, se sentait mourir sous d'invisibles piqûres.

Elle avait mis à la Bastille l'aîré des Montmorency. Elle n'osait le faire mourir tant que vivait son frère Damville, gouverneur du Languedoc. Pour y pour-voir, elle envoya à Damville un Sarra Martinengo, un de ses *bravi* Italiens, assassins de profession. En Poitou, La Noue résistant aux femmes qu'elle avait essayées d'abord, elle lui dépêcha un homme, homme, il est vrai, trop connu, Maurevert, *le tueur du roi.*

Ces misérables tentatives, dont elle n'eut que la honte, ne l'auraient pas tirée d'affaire sans deux cir-constances. Damville, qui régnait paisiblement en Languedoc, se soucia peu de compromettre cette royauté, ne bougea pas. D'autre part, le nord de la France ne s'émut pas davantage. Le *pays de sapience,* la politique Normandie, montra peu de disposition à rentrer dans la carrière aventureuse des guerres de religion. Plusieurs villes reçurent aisément les protestants, mais plus aisément encore les abandonnèrent. La seule forte résistance fut celle de Montgommery, qui tint dans Domfront. Catherine le prit par ruse, lui faisant dire par un de ses parents que, s'il capitulait, il ne serait remis qu'au roi qui le laisserait aller quelques jours après. Quand elle l'eut, elle jura qu'elle n'avait rien promis, qu'elle ne pouvait se dessaisir de l'homme qui avait tué Henri II; elle joua l'inconsolable veuve, comme dans l'épitaphe hypocrite qu'on voit sous son urne (au Louvre). Ce mari qu'elle n'aimait point, et mort depuis tant d'années, lui redevint cher tout à coup Elle fit montre de sa *vendetta,* le sensible cœur de cette Artémise n'eut point de soulagement qu'elle n'eût vu elle-même en Grève le supplice de Montgommery.

Catherine trouva encore secours dans la faiblesse du duc d'Alençon et du roi de Navarre, qui désavouèrent leurs partisans, et signèrent un acte craintif d'obéissance et de fidélité. Ils auraient voulu échapper et Marguerite de Valois se chargeait d'en sauver un; mais ils se connaissaient trop bien ; chacun d'eux était sûr que le premier qui serait libre ne se soucierait plus de l'autre et le laisserait au filet. La reine mère qui les avait avilis par leur déclaration, pour les mettre plus bas encore, les fit interroger par le président De Thou. Humiliation singulière pour la couronne de Navarre. Mais le jeune Henri, qui, après tout, sentait qu'il ne risquait guère, répondit assez fermement. Le décapiter, ou l'empoisonner, c'eût été faire plaisir aux Guises, les grandir. D'ailleurs, tout tremblait, la reine mère n'était sûre de rien, son fils bien-aimé était en Pologne, et Charles IX était mourant.

On s'en tint à couper la tête à La Mole et à Coconas, plus tard à Montgommery.

Le 1er mai, Catherine écrivait que son fils était guéri. Le 20 mai il était mort.

L'historien De Thou, qui était jeune alors, mais qui a été informé de plusieurs circonstances secrètes par son père, le très-servile instrument de Catherine, le président Christophe de Thou, affirme trois choses :

Premièrement, *que Charles IX voulait envoyer la reine mère en Pologne* rejoindre le duc d'Anjou Il comprenait qu'elle avait tout fait pour ce fils bien-aimé, surtout la Saint-Barthélemy. Il voyait très-bien que le conseiller de cet acte, Retz, son ancien gouverneur, n'était nullement sûr pour lui, et n'agissait désormais que pour son frère, le futur roi. La reine mère lui demandant une grâce nouvelle pour Retz, il répondit sèchement : « Qu'il n'était déjà que trop récompensé. » Cette défaveur fut peut-être la raison réelle qui fit partir Retz pour l'Allemagne. Quand Catherine conduisit Anjou et laissa le roi à Villers-Cotterets, elle témoigne par ses lettres qu'il était irrité contre elle et elle travaille à l'apaiser (Cath , Lettres mss. de nov. 73.)

Deuxièmement, De Thou affirme *que tout le monde croyait Charles IX empoisonné* Par qui? par les Italiens, par sa mère et Retz! ou bien par les Guises? Récemment encore, il avait failli tuer Henri de Guise, qui avait tiré l'épée dans le Louvre pour une querelle, et

Henri n'avait échappé qu'en demandant grâce à genoux. Plusieurs pensaient que le roi pouvait être tenté
de fermer sur les Guises les portes du Louvre, et d'en
faire, avec ses gardes, une seconde Saint-Barthélemy.

De Thou, en dernier lieu, assure *que les taches livides
qu'on lui trouva dans le corps* firent croire à l'empoi-
sonnement. Bien entendu que Catherine, dans une lettre
ostensible, maternelle et trempée de larmes, dément
expressément ce bruit.

Je crois, en réalité, que les Italiens étaient fort im-
patients de sa mort, qu'au milieu de tant de négocia-
tions avec la maison d'Orange et les protestants d'Allemagne, Charles IX eût pu, un matin, par un revirement subit, leur échapper, s'en aller droit a la Bastille, s'entendre avec Montmorency.

Mais je crois en même temps que Charles IX, qui
prenait lui-même tout moyen possible de s'exterminer,
leur épargna cette peine.

Alité souvent dans les derniers mois, les exercices
violents lui manquant, il se jeta dans une autre voie
de mort, dans les jouissances de femmes, les uns disent avec Marie Touchet, les autres avec la jeune reine,
qui lui avait donné une fille et pouvait lui donner un
fils.

Tout près de la mort, il dit cependant qu'il étai
charmé, pour lui, pour la France, de ne pas laisser de
postérité.

Et une autre parole de sens : Qu'on ne connaissait
pas son frère Anjou, qu'il ne répondrait nullement à
l'attente publique, qu'on saurait, dès qu'il serait roi,
quel homme c'était.

Il ne se fiait point à sa mère[1].Et ce ne fut pas à elle qu'il fit sa dernière prière. Il se souvint alors de la seule personne qui lui eût donné un sentiment élevé et tendre, et dit à un de ses officiers de-le recommander à mademoiselle Touchet.

[1] Les archives diplomatiques de la maison de Savoie m'ont été fort libéralement ouvertes a Turin, en juillet 1834. J'y ai trouvé les précieuses dépêches que l'envoyé du duc, a Paris, écrivait à son maître presque jour par jour. Elles commencent à la Saint-Barthélemy. Il m'importait de contrôler les pièces espagnoles par cette correspondance de Savoie, qui, quoique également catholique, n'en a pas moins son point de vue à part. J'en donnerai deux spécimens, des années 1573-1575 et 1586-1589. Voici le premier.

« 1573, 12 avril. Le Roy se facha unui merveilleusement contre la royne sa mere, jusques a luy reprocher que elle estoit cause de tout ce désordre, de fasson que sur collere il print opinion de se aller promener pour cinq ou six jours hors la court a la chasse aux environs de Mellun, la ou il coucha mardy passe. Quoy voyant la royne sa mere le renvoya rappeler et raccomter par la royne sa femme — 31 mars 1574 Le roi de Pologne partant a machiné par sa mere que Guise resteroit pres de Charles IX contre le duc d'Alençon Charles IX dit a Alençon « Cadet, l'on te veut sortir de cuisine. » Et il lui conseilla de s'appuyer de Montmorency (qui le rapprocha des huguenots) Un parti vient menacer Guise a Saint-Germain. Tout se sauve Alençon s'excuse à Charles IX, qui, dès lors, s'en defie Et les huguenots aussi se défient du duc d'Alençon. — La reine pleure On la sait maleficiee pour qu'elle ne puisse avoir enfant — 20 mai 1574 Elisabeth deplore le malheur de la pauvre France, qui, ayant déja tant d'ennemis, etc La reine mere se met contre ses enfants, le roi contre son frère sur si legere defiance Éloquent et touchant — 31 decembre 1574 Mort du cardinal de Lorraine La reine en prit une telle appréhension, que, le jour devant qu'il trepassa, le roy présent, elle s'imaginoit de veoir devant elle monseigneur le cardinal qui l'appeloit et qui la convioit de venir avec lui — 7 janvier 1575. Les huguenots pratiquent Alençon L'envoyé de Savoye n'en parle

Les catholiques assurèrent qu'il avait fait une très-belle fin catholique (*Lettre ms. de Morillon a Granvelle*)
Les protestants, les politiques (Lestoile, entre autres, qui recueille les bruits de Paris), disent au contraire qu'il eut une fin très-repentante, qu'il adressa à sa nourrice protestante les regrets les plus pathétiques sur la Saint-Barthélemy.

Qui put le savoir au juste? la reine mère tenait le Louvre, et l'on n'en sut rien que par elle.

De Thou dit qu'en lui témoignant une confiance absolue, le mourant dissimula ses véritables sentiments, qu'il l'eût éloignée des affaires, mais que, dans cette fin hâtive, il n'y avait qu'elle à qui il pût laisser le gouvernement et le maintien de l'ordre public.

Quelque soin qu'on prît de l'entourer, de le tromper, il avait senti sans nul doute la grande et universelle malédiction qui devait le poursuivre à jamais. Il avait,

---

pas, dit-il, car on dit que la grandeur de Votre Altesse est que la France soit en troubles, pendant quoy elle fait ses affaires — 5 septembre 1575. Leurs Majestes ont quitté le Louvre pour l'hotel de Guise, le Louvre n'a pas de jardin et la reine, qui aime a se promener, allait au jardin des Tuileries. Mais, comme on se doute de la guerre plus que jamais elle a pris opinion qu'on pourrait lui jouer mauvais tour, ou au roi. — 18 decembre 1575. Sa Majeste continue ses devotions, allant tous les matins visiter divers monastères, l'autre jour, a une abbaye près Corbeil, assez mal accompagnee, et heust avis de quelques chevaux qui le firent retirer plus vite que le pas et retourner en cette ville. La reine, sa femme, ne se rend guère moins superstitieuse, car elle porte dessus elle tout plein de reliqueries pour des vœux qu'ellea fet — 23 novembre 1575. C'est pitie de le veoir (Henri III). S'il n'estoit marie, on le feroit d'eglise. Il se laisse fort posséder des Jesuites, etc (*Archives diplomatiques de Turin Dépêches manuscrites de l'ambassadeur de Savoie à Paris.*)

par le massacre, dispersé par toute la terre des missionnaires de haine éternelle. Sa folle vanterie de préméditation avait été prise au sérieux et des protestants et des catholiques Rome dans ses éloges exaltés,
Genève dans ses furieuses satires, étaient d'accord
là-dessus. Un cri unanime, lui vivant, commençait
déjà contre sa mémoire, cri horriblement strident,
aigre, aigu à son oreille.

Cri de haine, mais cri de risée. Il avait servi Philippe II. Pour lui le profit, pour Charles la honte Le
duc d'Albe en parlait avec le dernier mépris Le duc
de l'Infantado avait dit naïvement   « Mais pourriez-
vous bien me dire si ces gens-là qu'on a tués n'étaient
pourtant pas des chrétiens? »

Les redoutables paroles de Louis de Nassau, d'un
mourant à un mourant, qui lui furent portées à Paris
par le martyr Chastelier, et qui lui furent certainement articulées mot pour mot par ce héros fanatique,
durent lui traverser le cœur d'une lame fine et péné-
trante, plus qu'aucun stylet d'Italie

Il lui dénonçait la ruine de la royauté, du royaume :
« *La France est a qui veut la prendre.* »

Seulement il était sensible que la vieille qui succédait (sous l'homme-femme Henri III) épuiserait tous
les degrés de l'opprobre, que par eux la France boi-
rait la honte comme l'eau

Nous voyons dans ses lettres cette grande reine politique tout occupée d'acheter pour son fils un collier
de femme, par accommodement toutefois, devant prendre les perles une à une à mesure qu'il viendra de
l'argent.

Cet argent vient si peu, qu'en mai elle implore Rouen pour en tirer un petit don de quarante mille francs. En juin, elle implore Venise pour obtenir un emprunt des marchands; mais, comme ils ne veulent prêter, elle prie le duc de Ferrare de l'appuyer de son crédit, celui de la France ne suffisant pas.

A l'arrivée de Henri III, quand elle alla le recevoir, toute la cour était si pauvre, que les seigneurs, en plein hiver, mirent leurs manteaux en gage à Lyon, et, sans un prêt de cinq mille francs que lui fit un domestique, la reine mère et ses filles y auraient engagé leurs jupes.

CHAPITRE III

Des sciences avant la Saint-Barthélemy. 1573-1571.

Que l'histoire est pesante! Et comment le grand souffle du xvi⁰ siècle, qui naguère me donna mon élan de la Renaissance, m'a-t-il brusquement délaissé? Comment, chaque matin, en me rasseyant à ma table, me trouvé-je si peu d'haleine, si peu d'envie de poursuivre cette œuvre?

C'est justement parce que j'ai suivi fidèlement le grand courant de ce siècle terrible. J'ai déjà trop agi, trop combattu dans ces derniers volumes; la lutte atroce m'a fait tout oublier; je me suis enfoncé trop loin dans ce carnage. J'y étais établi et ne vivais plus que de sang.

Mais, une fois tombé dans la fosse de la Saint-Barthélemy, ce n'est plus l'horreur seulement qui envahit l'histoire. C'est la bassesse en toutes choses, la misère et la platitude. Tout pâlit, tout se rapetisse Et il ne faut pas s'étonner si le cœur manque à l'historien

Que ferai-je? Je retournerai un moment en arrière, et je reprendrai force aux grandes sources de vie généreuse que j'avais laissées derrière moi

Car, pendant qu'à l'aveugle je m'acharnais à l'histoire du combat, enfermé dans la mort et ne voyant plus qu'elle, la vie sous terre a coulé par torrents

Même en ce moment exécrable de la Saint-Barthélemy, j'ai parlé de Paris, du Louvre, des Tuileries, du palais de la reine mère, où la veille se tint le conseil du massacre. Mais, dans le jardin même de ce palais tragique, un inventeur, un simple, un saint, Palissy, a inauguré les sciences de la nature.

Je viendrai à lui tout à l'heure. Auparavant, un mot sur l'histoire des génies sauveurs qui, à travers les destructions, ont réparé, consolé et guéri.

Spectacle touchant, mais bizarre En dessus, la politique et la théologie roulent leur char d'airain, admirées et bénies de l'humanité qu'elles écrasent. En dessous, la science suit leur course, le baume à la main, ramasse les victimes et rapproche les lambeaux sanglants.

C'est une histoire immense et difficile que je n'ai nullement la prétention de raconter. Je veux me donner le bonheur de l'indiquer seulement, non pour servir aux autres qui la liront bien moins ailleurs, mais pour me servir à moi-même. Entrant dans les temps de bassesse, de mensonge, qu'il me faut passer,

je m'arrêterai ici, je m'y assoirai un moment; j'y
boirai un long trait d'humanité, de vérité.

Qu'on sache donc qu'au seuil de ce siècle sanglant
commencèrent deux grandes écoles des ennemis du
sang, des réparateurs de la pauvre vie humaine, si
barbarement prodiguée.

Au moment où Copernick donne au monde la révélation de la terre, ceux-ci semblent lui dire: « Vous
n'avez trouvé que le monde ; nous trouverons davantage ; nous découvrirons l'homme. »

L'homme et son organisme intérieur, dont Vésale
est le Christophe Colomb, — l'homme et la circulation
de la vie, dont le Copernick fut Servet.

Son mariage enfin avec la Nature, leurs profondes
amours, et leur identité. C'est la révélation de Paracelse.

Parlons de celui-ci d'abord.

Pour entrer dans cette voie neuve, il était nécessaire
d'en arracher d'abord l'épouvantable amas de ronces
qu'on y avait mis depuis deux mille ans. Il fallait que
cet amant impatient de la Nature, avant d'aller à
elle, la délivrât par un grand coup.

Paracelse était homme de langue allemande et né,
dit-on, dans les montagnes de la Suisse. On ne sait
guère quelle avait été sa vie. Il fit son coup d'État à
trente-quatre ans. Ce fut à Bâle, en 1527, au point solennel de l'Europe où le Rhin tourne entre trois na
tions, que ce Luther de la science mit sur un même
bûcher tous les papes de la médecine, les Grecs et les
Arabes, les Galien et les Avicenne. Il jura qu'il ne
irait plus, et se donna à la Nature.

Chercheur sauvage des mines et des forêts, ce gnome ou cet esprit fouille la terre, interroge les sources, converse avec les plantes, intime ami des Alpes, confident des Carpathes, amant des vallées du Tyrol. L'humanité malade le suit ; il peuple les déserts.

Il eut cela de commun avec Copernick, qu'observateur pénétrant entre tous, il domina l'observation, lui donna la raison pour guide et pour maîtresse.

Ayant brisé l'autorité des livres, il en brisa une autre dont on se défait difficilement, celle des sens et de l'apparence. Il hasarda, d'un instinct prophétique, le mot de la chimie moderne, le mot de Lavoisier : L'homme est une vapeur condensée, qui retourne en vapeur.

Dès ce moment, quelle facilité d'amalgame ! La barrière est rompue entre l'homme et la nature L'un et l'autre est chimie. La médecine est chimie, comme la vie elle-même dont elle est la réparation.

Adieu tous les miracles et les interventions surnaturelles. L'homme peut tout, mais par la Nature. Nul miracle que de Dieu le Père. Un malade disant qu'il s'est muni du corps du Christ, Paracelse prend son chapeau. « Puisque vous avez déjà un autre médecin, je n'ai rien à vous dire. »

Il disait, non sans cause, que sa réforme était bien autre chose que celle de Luther. La Grâce qu'enseigne Paracelse, c'est celle de la Nature, son hymen avec l'homme. Il les croit tous deux d'une pièce, assimile leurs lois, y voit l'identité de génération et d'amour. Vues fécondes qui menèrent bientôt Gessner à classer les plantes par la génération, Césalpin à assimiler les semences végétales à l'œuf des animaux, à professer le rapport des deux règnes

M Cuvier et d'autres ont enfin avoué, proclamé, le génie tant contesté, de Paracelse Eh ! qui en douterait, en ouvrant au hasard son livre surprenant, mais touchant et sacré, sur les maladies de la femme ? Personne encore (ô temps barbares !) n'avait compris nos mères, nos femmes chère moitié de l'espèce humaine. Ce grand homme dit le premier « La femme est toute autre que l'homme, elle est un être à part ; ses maladies sont spéciales Elle est sous l'influence souveraine d'un seul organe Elle est un monde pour contenir un monde. » Haute révélation physique, première explication profonde et sérieuse du *Fons viventium* (la source des vivants, la fontaine sacrée d'où court le torrent de la vie).

L'Allemagne s'est prise à la nature, qu'elle pénètre par la chimie. La France à l'homme, qu'elle révèle, explique par l'anatomie Pourquoi, de toutes parts, les grands anatomistes viennent-ils étudier à Paris ? On l'a vu de nos jours encore L'anatomie, la chirurgie, les arts hardis du fer, sont ici, non ailleurs ici un scalpel acéré d'analyse, et dans la main et dans l'esprit.

Quel spectacle plus grand que cette école de Paris, de 1531 à 1534, quand, devant la chaire de Gunther, deux héros furent en face, le Belge et l'Espagnol, le grand Vésale, le pénétrant Servet !

Je dis *héros*. Il fallait l'être pour triompher de tant d'obstacles. Jusqu'en 1555, ce fut un hasard ou un

crime de disséquer. Heureusement, un homme de vingt
ans, que rien n'épouvantait, Vésale, dès 1534, est à lui
seul le pourvoyeur de l'école de Paris.

Rien n'était plus hardi. Où prendre des cadavres?
aux Innocents, dans la population serrée du quartier
marchand de Paris? C'étaient des corps malades et
dangereux dans les épidémies fréquentes de l'époque.
Sur cette terre pestiférée du grand cimetière des
Innocents, la nuit erraient des filles, logeant près des
Charniers et faisant l'amour sur les tombes.

Montfaucon valait mieux Mais quoi? c'était la justice
du roi et les pendus du roi. Les descendre d'un gibet
de trente pieds, souvent observé des archers, c'était
chose hasardeuse Les parents y veillaient souvent, le
peuple aussi, avec sa haine et ses terreurs, ses contes
d'enfants tués par les 'uifs, de corps ouverts vivants
par les médecins. Le hardi disséqueur eût pu périr
disséqué sous les ongles

Mais plus le péril était grand, plus grand fut l'amour
de la science

Ce cadavre pour lequel il venait de hasarder sa vie,
de quel œil perçant il le regardait ! de quelle ardeur
d'étude, avide, insatiable ! Le fer, la plume, le crayon
à la main, il disséquait, dessinait, décrivait.

Il ne quitta Paris que pour un autre laboratoire,
meilleur encore, l'armée de Charles-Quint. Il y fut justement à la terrible époque où cette armée fut décimée,
détruite, où les vieilles bandes de Pavie furent exter-
minées par leur maître (1538-1539) Les corps ne manquèrent pas. Vésale, d'une expérience infinie à vingt-
huit ans, avait vu l'homme le premier Il enseigna à

Padoue, il imprima à Bâle (1543). Cette ville, libre entre toutes, permit et divulga la grande impiété. Le corps humain, ce mystérieux chef-d'œuvre, que, pendant tant de siècles, on enterrait sans le comprendre, éclata dans la science par la description de Vésale et les planches du Titien.

Au moment même, un Français, Charles Estienne, fils et successeur du grand imprimeur, avait fait imprimer une complète description de l'homme, mais elle ne parut que plus tard. Celles d'Estienne et de Vésale furent très-probablement l'œuvre collective, le résumé des travaux communs de l'école de Paris.

Une pensée possédait cette école, une recherche qui remplit tout le siècle, recherche parallèle à celle du mouvement des cieux; c'est celle du mouvement intérieur de l'homme, la gravitation de la vie et la circulation du sang.

Le sang solide, c'est la chair; la chair fluide, c'est le sang. Ce n'eût été rien de savoir les formes arrêtées de l'organisme, si on ne l'avait poursuivi dans sa fluidité qui fait son renouvellement.

Dès le commencement du siècle, l'inquiétude commence sur cette question. On dispute sur la saignée. Où vaut-il mieux saigner? Au mal, ou loin du mal, pour en distraire le sang et l'attirer ailleurs? Cela mène à chercher comment circule le sang. Cent ans durant, on poursuit ce mystère.

A Paris Sylvius, à Padoue Acquapendente, décriront les valvules qui, baissées, relevées tour à tour, admettent et ferment le courant. Les maîtres de la science, même Vésale et Fallope, niaient l'existence de ces portes et méconnaissaient le mystère, quand déjà il était trouvé, décrit et imprimé.

L'Aragonais Servet, élève de Toulouse et de Paris. dans son orageuse carrière où il ne sembla occupé que de ramener le christianisme à la prose et à la raison, aperçut sur sa route ce secret capital de la circulation du sang. Il l'a longuement, nettement, doctement expliqué dans un livre de théologie où on ne serait guère tenté de le chercher Ce livre, hélas ! brûlé avec l'auteur sur un bûcher de Genève où on mit toute l'édition, ce livre survécut par miracle en deux exemplaires seulement, qui tombèrent du bûcher, jaunis par le feu et roussis. Il en existe un heureusement à notre grande bibliothèque. Le secrétaire de l'Académie des sciences vient de réimprimer les pages de la découverte.

La fonction première fut connue, celle qui ne peut comme les autres se suspendre ni s'ajourner, celle qui inexorablement, minute par minute, doit s'exercer sous peine de mort. Condition suprême de la vie, qui semble la vie même.

Servet n'avait pas dit la route par où il arriva. Il fallut pour la trouver un demi-siècle encore et le génie d'Harvey. Mais le fait fut connu. L'humanité put voir avec admiration le charmant phénomène de délicatesse inouïe, le croisement de cet arbre de vie « où la masse du sang, dit Servet, traverse les poumons, reçoit dans ce passage le bienfait de l'épuration, et, libre des humeurs grossières, est rappelé par l'attraction du cœur. »

Une larme du genre humain est tombée sur cette

page. Un transport de reconnaissance, un ravissement religieux, une horreur sacrée saisit l'homme en surprenant Dieu sur le fait dans sa création incessante du miracle intérieur qui dépasse l'harmonie des cieux.

Qu'est-ce que le xvie siècle en son fait dominant? La découverte de l'arbre de vie, du grand mystère humain. Il ouvre par Servet, qui trouve la circulation pulmonaire, et il ferme par Harvey, qui démontrera la circulation générale. Il enferme Vésale, Fallope, etc., fondateurs de l'anatomie descriptive; Ambroise Paré, créateur de la chirurgie.

Ainsi monte sur ses trois assises la tour colossale de la Renaissance, — astronomique, chimique, anatomique, — par Copernick, Paracelse et Servet

Comment s'étonner de la joie immense de celui qui vit le premier la grandeur du mouvement? Un vrai cri de Titan, devant cette audace de l'homme, échappe à Rabelais dans son Pantagruel : « Les dieux ont peur[1] »

Mais, si prodigieuse que fut cette tour, il y manquait le dôme, la lanterne ou la flèche hardie, qui fermerait les voûtes. On se rappelle ce moment décisif où sur l'effrayant exhaussement de Santa Maria del Fiore, sur cette menace architecturale qu'on ne regarde qu'en tremblant, Brunelleschi, le fort calculateur, ose, avec un sourire, jeter le poids de la lanterne énorme, et dit . « La voûte en tiendra mieux! »

Telle fut l'impression du monde, quand par-dessus ces constructions colossales, quand par-dessus Colomb et Copernick, par-dessus Vésale et Servet, Luther et Paracelse, un homme, armé du rire des d eux, de ce

rire créateur qui fait les mondes, posa le couronne-
ment, *l'éducation humaine de la science et de la nature*

Le bon et grand Rabelais, à ces génies tragiques,
aux foudroyants théologiens, aux chimistes fougueux,
aux furieux anatomistes (Fallope obtint des corps
vivants), ces effrayants médecins de l'âme et du corps,
Rabelais ne dit qu'un mot, en souriant: « Grâce pour
l'homme »

Nourri dans la campagne, avec les plantes, à Montpellier ensuite, la ville des parfums et des fleurs, il
avait pris leur âme et le sourire de la nature, la haine
de l'anti-physis (anti-nature), la peur que la science
nouvelle ne refît une scolastique.

Ces côtés de Rabelais n'ont été, je l'ai dit, mis en
pleine lumière que par un paysan, un solitaire, ami
des plantes, comme fut le bon docteur de Montpellier.
le compatissant médecin de l'hôpital de Lyon Tous
s'étaient arrêtés au seuil du livre, rebutés et décou-
ragés, ne voyant pas qu'à l'homme malade, nourri,
comme la bête, de l'herbe du vieux monde, il fallait
d'abord donner la *Fête de l'âne*, pour pouvoir dire
ensuite avec la belle *prose*

> Assez mangé d'herbe et de foin!
> Laisse les vieilles choses.   Et va!

Le procédé de Rabelais est justement celui de Paracelse. Pour guérir le peuple, il s'adresse au peuple,
lui demande ses recettes; pas un remède de berger,
de juif, de sorcier, de nourrice, que Paracelse ait
dédaigné. Rabelais a de même recueilli la sagesse au

courant populaire des vieux patois, des dictons, des proverbes, des farces d'étudiants, dans la bouche des simples et des fous.

Et, à travers ces folies, apparaissent dans leur grandeur et le génie du siècle et sa force prophétique Où il ne trouve encore, il entrevoit, il promet, il dirige. Dans la forêt des songes, on voit sous chaque feuille des fruits que cueillera l'avenir. Tout ce livre est le rameau d'or.

Le prophète joyeux qui semble aller flottant comme un homme ivre, marche très-droit; qu'on y regarde bien. Dans sa course fortuite en apparence, il touche justement et saisit les traits essentiels qui dominent tout · L'*exaltation de la vie*, l'impatience de l'homme pour se donner l'ivresse d'un moment et l'infini des rêves, est signalée par le bizarre éloge du Pantagruélion. Dans l'amortissement des temps énervés qui vont suivre, un grand et sombre phénomène doit commencer bientôt, l'invasion des spiritueux.

Dans la science, le fait supérieur qui les résume tous relie les découvertes, et constitue l'ensemble comme tout harmonieux, la *circulation de la vie*, la solidarité de l'être, l'infatigable échange qu'il fait de ses formes diverses, les emprunts mutuels dont s'alimentent les forces vivantes tout cela est dit au passage capital du Pantagruel, dans une magnifique ironie Mes dettes! dit Panurge, on me reproche mes dett s! Mais la nature ne fait rien autre chose; elle s'emprunte sans cesse, se paye pour s'emprunter encore, etc

L'ouvrage, comme on sait, est un pèlerinage vers l'oracle de la Lumière. Deux énigmes poursuivent les pèlerins sur tout le chemin; elles reviennent partout en vives satires : l'une, c'est la *justice*, la mauvaise justice du temps, stigmatisée de cent façons; l'autre, c'est le mariage, la *femme*, ce nœud essentiel des mœurs et de la vie.

La Loi, la Grâce, la Justice et l'Amour, c'est bien là en effet la double énigme qui contient tout le reste, le problème profond de ce monde. Le grand rieur le pose. Nul génie ne l'eût résolu. Le temps seul, de ce livre obscur, permet à chaque siècle d'épeler une ligne.

Le xvi⁰ siècle est admirable ici. Il sent que tout tient à la femme. *Non pars, sed totum.* L'éducation de la femme occupe le grand Luther, et ses maladies Paracelse. Sa satire, son éloge, remplissent la littérature, les livres d'Agrippa, de Vivès. Elle domine ce temps, le civilise, le mûrit, le corrompt. Rabelais voit en elle le sphinx de l'époque qui seul, en bien, en mal, en sait le mot. En face des Catherine et des Marie Stuart, de divines figures apparaissent pour venger leur sexe. Nommons-en deux, l'admirable Louise, la femme du grand Dumoulin, qui le délivra de captivité, qui vécut et mourut pour lui. Nommons celle qui continua le martyre de Coligny dans les cachots, madame l'Amirale, « la perle des dames du monde. »

CHAPITRE IV

Décadence du siècle. Triomphe de la mort. 1573-74.

Au temps sauvage de la Saint-Barthélmy, nous avons vu cette vive étincelle, la *Gaule t France* d'Hotman. L'idée marche, quoi qu'il advimne; elle avance toujours, ou par la mort, ou par la v. Ici, seulement, sur quoi va-t-elle projeter sa lumiè ? Sur un monde détruit, ce semble, où a passé la m de sang.

Hotman dédie son livre à l'Allemagne, ais il n'y a plus d'Allemagne. Luther est au tombea. Hotman écrit à Genève. Mais Genève est malade, mlade de la mort de Calvin, malade du bûcher de Serv.

Rome, nous l'avons dit, dès Charles-Qnat, est un désert. Et elle vit maintenant sous l'ombe mortelle de Philippe II. Le galvanisme des Jésuites, l'ingénieuse fabrication des grandes machines de meurtre (la Ligue et la guerre de Trente Ans), ces miracles du diable, sont féconds, mais pour la mort seule.

De sorte que toute vie semble ajournée pour quelque temps. Et le pouls ne bat plus. Les grands hommes sont morts. Moins un, le prince d'Orange, tous sont enseveli, et c'en est fait de la forte génération qui commença le siècle. On n'entend plus de bruit; il semble qu'il n'y ait plus personne. Des hommes tout petits remplissent la scène, vont et viennent, l'occupent de leur ridicule importance. Les Mémoires, secs et pauvres dans l'âge si riche que nous avons passé, abondent maintenant et surabondent. L'histoire ne sait à qui entendre. Assez, assez, bonnes gens, vous vous gonflez en vain, et vous croyez crier. Toutes vos voix ensemble ne font pas la voix d'un vivant: c'est l'aigu petit cri des vaines ombres : « Resonabant triste et acutum. »

J'aperçois bien là-bien quelqu'un qui vit encore, ce malade égoïste, clos dans son château de Montaigne. Je vois là, caché dans les fossés des Tuileries, ce bon potier de terre, Palissy, qui enseigne avec si peu de bruit, quoi? Les arts de la terre, la science qui dans son sein cherche le filet des eaux vives. Mais tout cela si humble, tellement à voix basse, que l'on entend à peine. A toute voix vivante, il semble qu'on ait mis la sourdine.

Non-seulement la nature a baissé, la taille humaine est plus petite. Mais l'homme se déforme. Un pauvre art, triste et laid, commencera tout à l'heure. Je ne sais comment cela se fait mais du jour où ce bon

CHAPITRE IV

Décadence du siècle. Triomphe de la mort. 1573-1574.

Au temps sauvage de la Saint-Barthélemy, nous avons vu cette vive étincelle, la *Gaule et France* d'Hotman. L'idée marche, quoi qu'il advienne; elle avance toujours, ou par la mort, ou par la vie. Ici, seulement, sur quoi va-t-elle projeter sa lumière? Sur un monde détruit, ce semble, où a passé la mer de sang.

Hotman dédie son livre à l'Allemagne, mais il n'y a plus d'Allemagne. Luther est au tombeau. Hotman écrit à Genève. Mais Genève est malade, malade de la mort de Calvin, malade du bûcher de Servet.

Rome, nous l'avons dit, dès Charles-Quint, est un désert. Et elle vit maintenant sous l'ombre mortelle

de Philippe II. Le galvanisme des Jésuites, l'ingénieuse fabrication des grandes machines de meurtre
(la Ligue et la guerre de Trente Ans), ces miracles du
diable, sont féconds, mais pour la mort seule.

De sorte que toute vie semble ajournée pour quelque temps. Et le pouls ne bat plus. Les grands hommes
sont morts. Moins un, le prince d'Orange, tous sont
ensevelis, et c'en est fait de la forte génération qui
commença le siècle. On n'entend plus de bruit; il
semble qu'il n'y ait plus personne Des hommes tout
petits remplissent la scène, vont et viennent, l'occupent de leur ridicule importance. Les Mémoires,
secs et pauvres dans l'âge si riche que nous avons
passé, abondent maintenant et surabondent. L'histoire
ne sait à qui entendre. Assez, assez, bonnes gens,
vous vous gonflez en vain, et vous croyez crier. Toutes
vos voix ensemble ne font pas la voix d'un vivant:
c'est l'aigu petit cri des vaines ombres : « Resonabant
triste et acutum. »

J'aperçois bien là-bien quelqu'un qui vit encore, ce
malade égoïste, clos dans son château de Montaigne.
Je vois ici, caché dans les fossés des Tuileries, ce bon
potier de terre, Palissy, qui enseigne avec si peu de
bruit, quoi? Les arts de la terre, la science qui dans
son sein cherche le filet des eaux vives. Mais tout cela si
humble, tellement à voix basse, que l'on entend à peine.
A toute voix vivante, il semble qu'on ait mis la sourdine.

Non-seulement la nature a baissé, la taille humaine
est plus petite. Mais l'homme se déforme Un pauvre
art, triste et laid, commencera tout à l'heure. Je ne
sais comment cela se fait mais du jour où ce bon

Ignace accoucha de son ordre bâtard, mêlé du monde et du collège, du Janus à double grimace, l'art et les lettres ont grimacé Une époque grotesque et coquettement vieille s'ouvre pour nous; une invincible pente nous y porte, c'est fait, nous glissons.

Les forts en seront indignés, mais ils glisseront comme les autres On ne résiste pas aisément à son temps Hélas! faut-il le dire? l'architecture de Michel-Ange, dans son Capitole et ailleurs, est déjà pauvre, impuissante et sénile

Il nous revient bien tard, cet indestructible Titan. Il vit encore en 1564, si près de la Saint-Barthélemy, en plein âge de decadence Il y entre, il le sent, et il en est plein de fureur Il laisse pour adieu un dessin choquant et barbare, une espèce d'arc de triomphe qu'il élève, ce semble, au dieu nouveau, la Mort. Représentez-vous un ossuaire immense, au haut duquel des génies acharnés, avec une joie sauvage, éteignent, foulent, écrasent la torche fumante de la vie. Le reste n'est qu'os et squelettes. Ils paradent avec un *rictus* d'une hilarité diabolique, et vous croyez les entendre qui font sonner en castaguettes leurs mâchoires vides, leurs dents ébréchées.

Voici bien pis, la mort galante. L'ardent, le coquet, l'acharné ciseau de Germain Pilon, qui fouille si âprement la vie, à force de la dégrossir, aboutit au cadavre. Regardons bien au Louvre le romanesque et passionné monument de sa Valentine En voici l'histoire en deux mots.

Le Milanais Birague, homme de sang et de meurtre, sous sa robe de président, voulait, pour récompense du conseil de la Saint-Barthélemy, se coiffer du chapeau rouge, devenir cardinal et chancelier de France Mais il était marié, sa femme, Valentina Balbiani, ne l'arrêta pas longtemps; elle mourut après le massacre, et sa tombe en porte la funèbre date.

Pour faire taire les mauvaises langues, et constater sa profonde douleur, le bon mari demanda à Germain Pilon un somptueux tombeau Il lui recommanda d y bien montrer ses larmes et son inconsolable amour. C'est la partie grotesque. L'artiste a traduit ce mensonge par ces deux Amours hypocrites qui font mine de vouloir pleurer, et feraient plutôt rire s'ils n'étaient l'ouverture de l'art désolant, grimacier, qui viendra

Tout autre est le sépulcre, admirable, vraiment pathétique. Ce fiévreux génie y mit six années de sa vie, un travail terrible et son âme. Sculpture de volonté immense, sombre roman de marbre, où l'on sent que l'auteur a vécu et vieilli, plein des soucis du temps, sans consolation idéale; pas un trait d'immortalité.

La dame, au long nez milanais, aux longues mains à doigts effilés, d'une grande élégance italienne, porte une riche robe de brocart, d'un fort tissu qui se soutient, pas assez pourtant pour cacher que ses bras amaigris ne la remplissent pas, les manches flottent vides et tristement dégingandées. Quelque chose, on le sent, a creusé lentement; elle a dû souffrir longtemps, se plaindre peu. En main, elle a un petit livre Non la Bible, à coup sûr, gardez-vous de l'en soupçonner. La Bible serait un aliment. Ce volume imperceptible doit être un petit livret de prières qui, sau-

cesse répétées, ne disent plus rien à l'esprit, qu'on
mâche et remâche à vide.

La grande dame a devant elle un objet à la mode,
un de ces petits chiens de manchon dont on raffolait
alors. Échantillon des vanités galantes et des futilités
du temps. Le pauvre petit animal a pourtant l'air de
comprendre; il voit bien qu'elle n'y est plus et que ses
yeux nagent; il lève inquiètement la patte pour la
réveiller... En vain ; elle tient le livre ouvert, mais ne
tournera plus le feuillet de toute l'éternité.

Il semble que l'artiste ne pouvait quitter cette pierre.
Après avoir sculpté la femme, il s'est acharné à la
robe, y a comme usé son ciseau. Mais, cette robe
achevée, surachevée dans l'infini détail, après qu'il y
eut mis de plus les fatales fleurs de lis de chancelier,
tout cela fait, Pilon ne put pas la lâcher encore.

Il se remit à sculpter jusqu'à ce qu'elle fût en quelque sorte exterminée par le ciseau. Et il fallut pour
cela qu'elle ne fût plus une femme. Il fit en bas-relief
le corps comme il pouvait être un mois peut-être après
la mort, cadavre demi-masculin, tristement austère
et sans sexe, quoique le sein rappelle désagréablement
ce que fut cet objet lugubre.

Ce n'était pas assez encore. Sous la femme, le corps
mort, les vers... Dessous, quoi? le néant. — Un petit
vase, urne mesquine (qu'on a eu tort de supprimer au
Louvre), offrait la traduction dernière de la vie, et
disait que de la belle dame, de la grande dame, de la
pauvre Italienne, il ne restait qu'un peu de cendre

Œuvre savante, ardente, mais choquante, pénible,
de laideur volontaire, d'outrage calculé à la nature...

Assez, cruel artiste ! assez, épargne-la ! grâce pour la femme et la beauté !... Non, il est implacable... La femme, reine fatale du XVIᵉ siècle, qui l'a tant mûri, tant gâté, endurera cette expiation. Règne la Mort, et qu'elle soit perçue par tous les sens ! Femme ou cadavre, il la poursuit dans l'humiliation dernière, la livre à la nausée, — ayant mis dans l'odieuse pierre l'odeur fade de la tombe humide et le dégoût anticipé du temps pourri qui va venir.

CHAPITRE V
Henri III. 1574-1576

Henri III n'eut pas plutôt appris qu'il était roi de France, qu'il s'enfuit de Cracovie. Il emportait aux Polonais les diamants de la couronne. En revanche, il leur laissait un autre trésor, les Jésuites, que le nonce avait fait venir, et qui devaient faire la ruine du pays. Organisant la persécution chez ce peuple, jusque-là si tolérant, ils amèneront à la longue la défection des Cosaques au profit de la Russie. C'est le premier démembrement.

En vain quelques serviteurs avaient dit au roi que, dans le danger du pays, alors menacé de la guerre, son départ avait fait l'effet d'une fuite devant l'ennemi, que ses lauriers de Jarnac, son prestige de roi élu par cette chevalerie d'Orient qui gardait la chrétienté,

tout cela allait disparaître et qu'il arriverait en France
abaissé, découronné. Il partit. Tous les Polonais, dans
leur simplicité héroïque, courent après et se précipitent. Le grand chambellan l'atteint, prie, supplie,
pour prouver sa fidélité, à leur vieille mode, il tire
son poignard, s'ouvre la veine, boit son sang. Mais tout
cela inutile Henri proteste que la France est envahie
et qu'il lui faut se hâter.

Cependant il prend le plus long, par l'Autriche et
par l'Italie. Au grand étonnement de l'Europe, il
reste deux mois en Italie Il avait toujours, disait-il,
désiré de voir Venise On l'y reçut avec des hon-
neurs, des fêtes, un triomphe imaginable, sous les
arcs de Palladio, comme si le roi fuyard eût rapporté les dépouilles des Sélim et des Soliman. Venise
voulait l'acquérir, le gagner, se l'assurer comme Philippe II.

On prodigua pour lui les miracles ingénieux de
la plus charmante hospitalité. En lui montrant l'Arsenal, on lui fit cette surprise de construire une galère
pendant sa visite. Au conseil, le doge le fit asseoir
au-dessus de lui, lui donna une boule dorée et le fit
voter comme citoyen de Venise. Le conseil, d'un coup
de baguette, décoré et changé en bal, est tendu de
tapis turcs. A la place des vieux sénateurs, deux cents
jeunes dames de Venise, ravissante apparition, s'em-
parent de la salle et dansent, toutes vêtues de taffetas
blanc, avec un doux éclat de perles.

Bref, le roi fut trop bien reçu et comme étouffé dans
les roses Il traîna en Italie, si bien et tant qu'il y
resta. Je veux dire qu'il y laissa le peu qu'il avait de

viril ; ce qu'il rapporta en France ne valait guère
qu'on en parlât.

On put en juger dès Turin, où le duc de Savoie tira
de lui sans difficulté l'abandon de Pignerol. S'il eût,
comme on l'en avait prié à Venise, voulu la paix en
France pour se fortifier contre Philippe II, il eût
gardé soigneusement Pignerol, cette porte de l'Italie,
cette prise sur le Piémont, sur le duc de Savoie qui
était l'homme de l'Espagne.

Mais déjà ce triste roi, énervé, fini, était dans la
main de sa mère, elle le suivait dans le voyage par
un homme à elle, Cheverny. Toute l'affaire de Catherine c'était de garder l'influence ; or, comme la petite
cour française qui revenait de Pologne avec Henri III
lui conseillait d'assoupir la guerre religieuse en France,
Catherine n'espérait supplanter ces favoris qu'en se
déclarant pour la guerre. Elle était donc très-belli-
queuse, mais quoi ? sans armes, ni force, sans argent.
Cette attitude menaçante ne pouvait manquer de décider l'alliance des *politiques* et des protestants, c'est-à-
dire de brusquer la crise qui montrerait la radicale
impuissance de la royauté.

Les *politiques* hésitaient encore, Montmorency, leur
chef, étant à la Bastille, Navarre, Alençon prisonniers.
Damville, échappé, sentit qu'il n'y avait de sûreté que
dans les armes et l'alliance de Condé, *protecteur* des
églises protestantes, qui ne demandait que liberté
pour tous, avec les États généraux.

Voilà Henri III en France sous sa mère, qui lui fait
prendre cette folle initiative de recommencer la guerre.
Le spectacle fut curieux. Le vieux Montluc, qui était

la guerre incarnée, balafré, borgne, débris de soixante
ans de combats, vint leur dire qu'ils se perdaient, qu'il
fallait la paix à tout prix. Mais la reine mère fut plus
guerrière que Montluc; elle opposa son *veto* à toute
négociation. Et cela, au moment où toutes ressources
étaient épuisées, où la cour savait à peine si elle aurait à dîner, où la reine fut trop heureuse d'emprunter
cinq mille francs à un de ses domestiques.

Le caractère original de ce gouvernement de femme,
c'était de prodiguer l'encre et le papier. On écrivait
lettre sur lettre, ordre sur ordre de poser les armes.
On y gagnait des réponses sèches, durement ironiques.
Tout le monde riait du roi, et les Guises qui le voyaient
agir pour eux, et les protestants qui n'avaient rien à
gagner aux ménagements. Un seigneur catholique
écrivait : « Si vous ne vous arrangez, vous serez bientôt aussi petits compagnons que moi. » Et Montbrun,
en Dauphiné, chef des bandes calvinistes : « Comment! le roi m'écrit comme roi!... Cela est bon en
temps de paix. Mais en guerre, le bras armé, le cul
sur la selle, tout le monde est compagnon. »

De sa personne, le roi tuait tout respect de la
royauté. Il avait produit, au retour, l'effet le plus
inattendu. Il vivait enfermé, comme une jeune dame
d'Italie, craignait l'air et le soleil. Sa toilette, plus que
féminine, laissait douter s'il était homme, malgré un
peu de barbe rare qui pointait à son menton. Il n'allait
ni à pied ni à cheval, à peine en carrosse; on l'avait
porté en litière vitrée à travers la Savoie. Pour voi-
ture, il préférait un joli petit bateau peint, réminis-
cence des chères gondoles vénitiennes, dont il regret-

tait le mystère Couché tout le jour chez lui, il se levait
pour se coucher sur cette barque, bien enveloppé de
rideaux et mollement porté sur la Saône.

La seule chose qui l'intéressât, c'étaient les farces
italiennes en tout genre, farces de bouffons, ou processions tragi-comiques A ces processions, on le vit
tout couvert des pieds à la tête, et jusqu'aux rubans
des souliers, de petites têtes de mort; souvenir galant
et lugubre de la jeune princesse de Condé, dont il s'é-
tait dit chevalier, et dont il avait par toute l'Europe
porté le portrait au cou. C'était la facile guerre qu'il
faisait au mari, pendant que celui-ci en Allemagne
levait une armée protestante et ramassait contre lui
une épouvantable tempête

Lyon, trop sérieux, l'ennuyait. Il se fit, au cours du
Rhône, reporter vers le Midi, en terre papale, à Avignon Terre classique des processions, où il fut régalé
a grand spectacle des courses de flagellants. Ces comédies indécentes, propres à stimuler la chair bien
plus qu'à la réprimer, étaient, pour la belle jeunesse
qui suivait partout Henri III, une luxurieuse exhibition de sensualités réelles et de fausses pénitences. La
France y gagna du moins la mort du cardinal de Lorraine. Ce dignitaire de l'Église, qui, à cinquante ans,
gardait la peau délicate de sa nièce Marie Stuart
(comme on le voit dans les portraits), voulut faire aussi
le jeune homme, prit froid, et n'en releva point. On en
rit fort; une tempête qui éclata à sa mort fit dire à
tous que les diables fêtaient l'âme du cardinal.

Ces bons pénitents, qui faisaient risée de leurs fla-
gellations, furent sérieusement étrillés. Damville vint,

sous le nez du roi, lui prendre Saint-Gilles, et consomma à Nîmes l'alliance des catholiques modérés avec les protestants, se déclarant, lui catholique, lieutenant du prince de Condé. Ceci le 12 janvier (1575). Le 10, Henri III avait reçu devant la petite ville de Livron une humiliation sanglante, reçu en propre personne. Passant près de cette ville, il saisit l'occasion de faire briller ses favoris, et les envoya à l'assaut. Mais les rustres qui gardaient leurs murs, sans considérer que c'était la plus belle jeunesse de France, leur firent un cruel accueil. Les femmes mêmes s'en mêlèrent avec une animosité fort originale, accueillant les bruits faux ou vrais qu'on commençait à faire courir sur les amitiés d'Henri III.

Il reçut l'affront, le garda. Il licencia l'armée, ne sachant comment la payer; il laissa tout le Midi devenir ce qu'il pourrait.

Il s'en allait vers le Nord, peu accompagné. Les seigneurs, las de ne le voir qu'à grand'peine à travers ses favoris, avaient pris leur parti, et étaient rentré chez eux. Sa cour était un désert. Table vide et pauvre. Le peu d'argent qui venait était lestement ramassé par les jeunes amis du roi. Henri III était si bon, qu'il ne pouvait rien refuser. Ordre aux secrétaires d'*acquitter* les dons du roi sans faire les observations qu'ils se permettaient jusque-là; ordre de signer sans lire. Voilà le commencement de ces fameux *acquits au comptant* qui, dès lors, ont signalé la générosité royale, d'Henri III à Louis XV, des Mignons au Parc-aux-Cerfs.

Puisque ce mot de mignons est arrivé sous ma plume.

je dois dire pourtant que je ne crois ni certain ni vraisemblable le sens que tous les partis, acharnés contre
Henri III, s'accordèrent à lui donner. Le pauvre
homme, à qui l'on suppose des goûts d'empereur romain, était revenu d'Italie dans une grande misère
physique, ce semble, usé juqu'à la corde et tari jusqu'à la lie Les poules en vieillissant deviennent coqs
et prennent le chant, et les femmes prennent la barbe.
Lui, déjà vieux à vingt-trois ans, il avait subi la mé-
tamorphose contraire; il était devenu femme jusqu'au
bout des ongles Il aimait les parures de femmes, les
parfums, les petits chiens; il prit les pendants d'oreil-
les. Il en avait les manières, les grâces, et, comme
elles, il aimait les jeunes gens hardis et duellistes, les
bonnes lames, qu'il supposait plus capable de le protéger.

Plusieurs des prétendus mignons furent les premières épées de France; tels étaient d'Épernon, Joyeuse.
Le frère du roi, Alençon, avait pris aussi pour mignon
Bussy d'Amboise, homme d'une force, d'une adresse
extraordinaires, connu par des duels innombrables et
toujours heureux.

Entre les mignons et sa mère, il oscilla toujours. Il
est facile de juger la vaine politique de celle-ci. Davila,
son panégyriste, et les documents de famille qu'a extraits M. Alberi, sont bien obligés de se taire en présence des propres lettres de Catherine[1] qui démontrent

---

[1] Il est singulier de voir combien elle restait italienne, hors
du point de vue de la France Son orthographe suffirait pour
montrer qu'elle s'était bien moins francisée qu'on ne l'a cru « En
priant Dieu vous donner cet que vous desirés... come je dit has

son imprudence, son étourderie et sa pitoyable attitude, quand elle se trouva au fond du filet qu'elle avait
ourdi elle-même.

Nous l'avons dit, au retour d'Henri III, pour se
maintenir au pouvoir et ruiner les pacifiques qui entouraient le nouveau roi, elle se déclara pour la guerre,
contre l'avis des Vénitiens, contre celui de Montluc et
de tous les militaires.

Il est vrai qu'elle couvrait sa responsabilité en recommandant à son fils « de se faire fort, » d'arriver
armé et terrible. Conseil difficile à suivre dans un tel
epuisement, quand la guerre de la Rochelle avait pris
neuf cent mille écus d or rien qu'en gratifications, et
la paix sept cent mille écus (De Thou). Elle couvrait
cette folie d'une assurance extraordinaire, d'une hardiesse qu'on admirait, d'un grand mépris de la haine
publique. « Je ne m'en soucie, disait-elle, qui le trouve
bon ou mauvais » (Fontanieu, 338, *Revue rétrospec-
tive*, XVI, 256; Giov. Michel, éd. Tomaseo, 244).

Sage conduite qui serra le nœud des protestants et
des politiques. Les premiers, vainqueurs d'avance, crurent pouvoir dicter leur traité

Boinvin . » (*Lettre ms.*, 27 *mars* 1876.) Sa petite politique italienne eut le resultat d'isoler parfaitement la royauté, refoulant
les protestants vers Élisabeth, les catholiques vers Philippe II.
Son conseil a Henri III « de se faire fort, » d'imiter Louis XI, etc.,
est plus que pueril, dans son epuisement financier et l'embarras
d'une guerre qu'elle a provoquee etourdiment, malgre les conseils
des Montluc, des Venitiens Puis elle crie tout à coup au roi
« Sans la paix, je vous tiens perdu. » (*Lettres mss. du* 28 *sept.* 1574
et 11 *déc* 1575) — La lettre inepte du 5 juin 1572 que j'ai citée
(*Guerres de relig* , p 280) est *ms. dans Bréquigny*, t. XXXIII.

En avril 1575, ils pétrifièrent Henri III de leurs demandes, plus fortes que n'en fit jamais Coligny.

Comment se tirer de là? Catherine, fort embarrassée,
fit encore bonne mine en disant que l'on pouvait d un
seul coup abattre les politiques. Montmorency-Dam-
ville, le roi du Languedoc, était malade, allait mourir ;
on pouvait sans hésiter empoisonner son aîné, qui
était à la Bastille. Eux morts, c'était fait du parti.
L'ordre fut donné, dit De Thou, et déjà on avait ôté
au prisonnier ses serviteurs, lorsqu'on apprit que son
frère, loin de mourir, était rétabli, en état de le venger.

Des gens qui n'avaient de salut qu'en de tels expédients n'étaient pas bien forts. Henri III savait lui-
même que, si son frère lui échappait et rejoignait Damville, c'était fait de la royauté Malade, après son sacre,
du même mal d'oreille qui tua François II, il se croyait
empoisonné par Alençon. Il fit venir le roi de Navarre
(qui depuis a conté le fait); il lui dit : « Ce méchant
va donc hériter du royaume! » Et il le pria instam-
ment de le tuer, lui assurant qu'il y serait aidé par le
duc de Guise Le roi de Navarre refusa et d'Alençon
s'enfuit six mois après (15 septembre 1575 ; Nevers,
I, 80)

Ce fut un coup de foudre pour la mère et le fils. Catherine, dans le dernier effroi, écrit au duc de Nevers
de rassembler des troupes en hâte ; *son fils Alençon
s'est sauvé* (lettre ms du 18), toute la cour court après
lui, et demain toute la France Voilà l'héritier du trône
à la tête des *politiques*.

Avec sa goutte et sa colique, Catherine se met en
route pour tâcher d'apaiser son fils, de le tromper, de

diviser, s'il se peut, la nouvelle ligue, de faire la paix
à tout prix. Mais elle laisse près d'Henri III des conseillers qui soutiennent que, s'il traite, il n'est plus
roi. Dans une lettre très-vive et très-forte (28 septembre 1575), elle lui dit . « Il faut céder... Sans la paix,
je vous tiens perdu, vous et le royaume. » Elle craint
surtout qu'Henri III, dans son désespoir, n'aille au-devant de la mort.

En quoi elle le juge bien mal. Ses velléités guerrières
tenaient uniquement aux incitations de son favori Du
Guast Du Guast jetait feu et flamme; il embrassait son
maître, devenu le meilleur homme du monde Henri III,
pour ne pas l'entendre, s'en allait avec sa femme aux
reposoirs (ou *petits paradis*) qu'on avait faits dans la
ville et où l'on priait pour la paix, il y chantait des
litanies. Si même on en croyait l'Estoile, dans cette
grande crise publique, il s'était avisé de rapprendre la
grammaire et s'amusait à décliner.

Cette lettre du 28 septembre paraît avoir été écrite
le soir du jour où elle vit son fils Alençon à Chambord
Il ne l'écouta même pas, disant qu'avant toute parole
il lui fallait la délivrance de l'aîné des Montmorency.
Ce qu'elle fit à l'instant, espérant trouver dans son prisonnier délivré un médiateur.

Le médiateur réel était l'hiver imminent La grande
armée allemande qu'amenait Condé hésitait à se mettre
en route. Un détachement de deux mille hommes entra, conduit par Thoré, l'un des Montmorency. C'était
offrir aux catholiques une trop facile victoire. Ces deux
mille furent enveloppés par dix mille, par Guise et
Strozzi. Deux armées, fort superflues, l'une du fond du

Languedoc, l'autre du Poitou, vinrent encore accabler
Thoré. Immense effort, non du roi, mais du parti
catholique, qui voulait et décourager les Allemands, et
grandir son duc de Guise, en lui arrangeant ainsi une
victoire à coup sûr (Dormans, 10 octobre 1575). Guise y
fut blessé au visage, bonne chance pour sa fortune, qui
enivra ses partisans et lui valut le surnom populaire de
Balafré

Catherine regrettait ce succès, qui fortifiait près
d'Henri III les partisans de la guerre, surtout le favori
Du Guast ; revenu de la bataille, il relevait le cœur du
roi, le refaisait brave et homme un peu malgré lui.
Du Guast mourut fort à point.

De Thou rapporte sa mort uniquement à la vengeance
de la petite reine Margot, qui le détestait. Mais cette
mort, dans un tel moment, importait à Catherine autant et plus qu'à sa fille.

Marguerite, dans ses jolis Mémoires, confits en dévotion, en modestie, en sagesse, n'en confirme pas moins
partout par ses aveux indiscrets ce qui se disait alors
de ses amants innombrables, et très-spécialement de
ses frères Henri III et Alençon. Henri III, qui se sur-
vivait, n'en était pas moins jaloux, plus mari que le
mari, le spirituel et patient roi de Navarre. Celui-ci
avait fort à faire pour couvrir les faiblesses de son
aventureuse moitié. Henri III s'emporta une fois jusqu'à vouloir jeter à l'eau une demoiselle de sa sœur,
trop serviable et trop complaisante

L'amant de Marguerite était alors le fameux duelliste
Bussy d'Amboise ; son délateur et son railleur était
le favori Du Guast. Marguerite, le 30 octobre, prit un

parti violent, et se montra la vraie sœur du roi de la
Saint-Barthélemy. Elle chercha un assassin. Dans le
couvent des Augustins, se tenait à moitié caché un
certain baron de Vitaux, qui avait tué, entre autres
personnes, un serviteur d'Henri III. Sans Du Guast qui
s'y opposait, le roi, qui oubliait vite, eût fort aisément
pardonné. Viteaux détestait Du Guast.

La princesse n'hésita pas à aller trouver cet homme
de sang au cloître, ou plus probablement dans la vaste
et ténébreuse église. C'était justement la veille du jour
des Morts. Époque favorable. Toutes les cloches allaient
être en branle, et les Parisiens, passant la journée à
courir les églises et visiter les tombeaux, seraient
rentrés de bonne heure. Elle fit valoir ces circonstances
qui facilitaient le coup. Palpitante et frémissante, elle
lui demanda de faire pour elle ce que lui-même désirait
et tôt ou tard eût fait pour lui. Notre homme pourtant
se fit prier, ne voulut pas agir gratis, si l'on croit la
tradition. Elle promit. Il voulut tenir C'était la nuit,
et tous les morts de cette église pleine de tombes,
attendant leur fête annuelle, n'en étaient pas moins
fort paisibles et sans souci des vivants. La petite femme, intrépide, paya comptant. Lui fut loyal Du Guast
fut tué le lendemain.

Catherine, délivrée par sa fille, ne tarda guère à
arranger la trêve tant désirée (22 novembre). Les conditions furent ignobles. Le roi devait solder l'ennemi.
On ne se fiait point à lui, et on voulait qu'il se fiât,
qu'il livrât d'abord à son frère des places de garantie. Il hésite. Mais sa mère insiste pour qu'il en soit
ainsi. Les étrangers vont entrer, et non-seulement les

huguenots, mais *les catholiques* (apparemment les Espagnols). «Sans la paix, jamais royaume ne fut si près
d'une grande ruine » (Lettre ms. du 21 novembre 1575).

Paris refusa nettement de payer un sou. Les gouverneurs refusèrent de livrer les villes. Les Allemands
de Condé refusèrent de s'arrêter, et entrèrent en
France Trois armées ensemble mangeaient le pays :
les reîtres en Bourgogne, Alençon en Poitou, Damville
en Languedoc. Henri III semblait perdu.

Le jeune roi de Navarre n'avait pas suivi son cher
ami Alençon, espérant (assure De Thou) qu'on lui con-
fierait une armée contre lui Mais on l'avait donnée à
Guise. Un matin, il prit son parti, quitta le roi, que
tous quittaient.

Il arrivait fort à propos. Les protestants étaient déjà
en grande défiance d'Alençon. Ce garçon, double, intrigant, s'était adressé à la fois à Rome et à La Rochelle Il faisait savoir au pape qu'il ne voulait en tout
cela que « *se servir* des huguenots ». En même temps,
par une proposition insidieuse faite aux Rochelais, il
avait cru tout d'abord pouvoir se saisir de la ville. Il
ne les attrapa point, et se fit connaître Les protestants aimèrent mieux l'ennemi qu'un tel ami.

Au printemps, Catherine, étant venue sur la Loire
au-devant de son cher fils, obtint de lui la paix Rien
ne fut plus gai Son galant cortège de filles, qu'elle
menait en toute occasion, négociait à sa manière, mêlant les caresses aux paroles, c'était comme l'appoint
des traités (6 mai 1576).

L'article 1er n'était pas moins que *le démembrement
de la France*. On refaisait Charles le Téméraire Alençon

recevait tout le centre du royaume en apanage (Anjou,
Touraine, Berry, Alençon, etc.) Navarre avait la
Guyenne, et Condé la Picardie. On était dès lors bien
sûr que les catholiques en voudraient autant pour les
Guises. Et, en effet, *ils vont avoir cinq gouvernements*.
Des treize que comptait le royaume, trois peut-être
resteront au roi.

L'article 2 *constituait les protestants en une sorte de
république*, ayant non-seulement le culte libre partout,
non-seulement des places fortes de six provinces, mais
se gouvernant par leurs assemblées. Plus, un solennel désaveu de la Saint-Barthélemy, faite « au grand
déplaisir du roi. » Restitution des biens confisqués aux
familles des victimes.

Le roi se chargeait de payer les Allemands, et re-
merciait tous ceux qui l'avaient soulagé de sa royauté.

Enfin, tant de choses accordées, il octroyait, par-
dessus, *les États généraux*, qui devaien emporter le
reste.

La reine mère revint triomphante d'avoir obtenu ce
traité. Tout le monde admira son adresse (Albert,
Alamanni, Archives Médicis).

CHAPITRE VI

La Ligue. 1576.

Dans la forêt des mensonges où j'entre armé de critique et, j'ose dire, d'un sérieux amour de la vérité, je rétablirai la lumière, spécialement au profit du grand parti catholique, trompé misérablement et jouet de ses meneurs. Si je le démontre aveugle, j'innocente sa bonne foi.

Un très-bon observateur, absent quarante ans de l'Europe, qui partit vers 1780 et revint vers 1818, dit : « Ce n'est plus le même peuple. L'ancienne France avait beaucoup du caractère *savoyard*. » J'ajoute *irlandais*, *polonais*. Ces vieilles races catholiques nous aident à deviner ce que fut le caractère tout instinctif de nos pères, charmant, brillant, dénué de sérieux, de réflexion.

Cette nation, fort légère, n'en était que plus routi-
nière ; tout effort pour améliorer veut du sérieux et de
la suite. Elle tenait infiniment à rester ce qu'elle était,
dans une aimable négligence, peu ordonnée, peu ran-
gée. Rien ne fit plus tort au parti protestant que l'austérité de sa tenue. Ces cols roides, ces fraises empesées
(propreté fort économique) furent regardés de travers,
comme une prétention d'aristocratie. Un petit greffier,
un libraire, mis ainsi, était jalousé. Un abbé de ces
abbayes qui étaient des principautés n'eût eu qu'à
marcher en sandales, afficher la saleté, pour être
adoré des foules : celui-là n'était pas fier ; on écoutait
volontiers tout ce que disait *le bon moine*.

On a vu de quelle faveur jouissait sur le pavé de
Paris la vermine des capets Cette démocratie reçut
un renfort de crasse espagnole quand Tolède envoya
ici Loyola *étudier*. Encore plus populaires brillèrent
sur les tréteaux de Paris les furieux farceurs italiens,
comme ce Panigarola que le pape envoie la veille de la
Saint-Barthélemy, aussi pour *étudier*.

Un certain mélange baroque de grossièreté cynique
et de coquetterie pédantesque amusait les populations.
Le premier en ce genre fut Auger, qui, de bateleur
devenu marmiton des jésuites, fut pêché des casse-
roles par Loyola, le pêcheur d'hommes. De cuisinier
il le fit cuistre, souffla sur lui, le lança. Ses succès
furent incroyables ; on croyait tout ce qu'il disait Un
de ses sermons à Bordeaux ravit les chaperons rouges,
leur fit faire la Saint-Barthélemy ; un autre sermon, à
Issoire, convertit quinze cents Auvergnats Henri III,
qui voulait plaire, dit qu'il n'aurait pas d'autre con-

fesseur, et lui remit la charge laborieuse de nettoyer
sa conscience. C'est le premier de cette royale dynastie de confesseurs jésuites, des Coten, Tellier, la Chaise.

Il fit croire tout ce qu'il disait, cela, c'est la puissance
même.

On a vu que, le 24 août 1572, *on fit croire* que
Montmorency, avec force cavalerie, allait arriver sur
Paris, donner la main à Coligny, tuer tout... Ce men-
songe habile décida la Saint-Barthélemy.

Le 25 août, *on fit croire* que l'épine refleurie indiquait
la joie du ciel et sa haute approbation du carnage de
la veille Toutes les cloches, mises en branle en même
temps, sonnèrent le miracle, et décidèrent le renouvellement, l'extension du massacre.

On fit croire, à la fin de 1575, que Montmorency-
Damville venait du fond du Midi avec une grande
armée pour brûler tout à vingt lieues autour de Paris,
et qu'il exigeait du roi un châtiment terrible des Parisiens (Morillon à Granvelle, lettre ms., 18 septembre
1575).

Cette ingénieuse fiction, dont aucun historien n'avait
parlé jusqu'ici, explique la facilité avec laquelle on fit
signer aux badauds épouvantés l'acte de la Ligue.

Le véritable tour de force et le grand miracle était
de leur faire croire que la Ligue, qui existait sous leurs
yeux, qu'ils voyaient et subissaient depuis quinze ou
vingt années, commençait, cette année-là, en 1576.

Reprenons les origines vénérables de la Ligue.

De fort bonne heure, le clergé avait senti que notre
royauté française, violente, mais capricieuse, n'aurait
pas la tenue terrible, la suite dans la persécution,

qu'eut la royauté espagnole. La tourbe ecclésiastique
disait dès le 5 mars 1559, quand elle trouva un obstacle dans la police royale : « S'il le faut, on tuera le
roi » C'est le premier mot de la Ligue.

Le Parlement, comme la royauté, avait ses variations, des alternatives de douceur et de cruauté, quelques magistrats humains, comme furent les Séguier,
les Harlay, vers 1558. La robe était très-flottante. On
a vu, au grand massacre, ce procureur capitaine qui
ne tuait pas, « n'étant pas encore parvenu à se mettre
assez en colère. »

La noblesse catholique n'était pas solide non plus.
Vigor, le grand précurseur du massacre, s'en plaignait :
« Nostre noblesse ne veut frapper .. Dieu permettra que
cette bâtarde noblesse soit accablée par la commune. »

Donc le clergé crut plus sûr de faire ses affaires lui-
même.

Au premier mot que dit le roi en 1561 pour avoir
un état des biens ecclésiastiques, ce mot, qui sentait
la vente, poussa le clergé de Paris, assemblé à Notre-
Dame, à l'acte le plus décisif, son premier pas fut le
dernier, l'appel à la guerre étrangère D'une part, il
se remet à la protection du roi d'Espagne. D'autre part,
il s'adressa à Guise. Le capitaine souverain du parti
dont parle l'acte de 1577 apparaît quinze ans plus tôt.
Premier acte de la Ligue, en mai 1561.

La mort de François de Guise entrava. On n'y perdit rien ; tout fut arrangé à loisir. D'autre part, on
prépara le futur *capitaine* Henri en concentrant chez
les Guises une monstrueuse force d'argent, les revenus de quinze évêchés, et plus tard cinq gouverne-

ments du royaume. Facilité de nourrir une grosse maison armée, d'acheter des bravi, des reitres. *Voilà le premier trésor de la Ligue.*

C'était peu de chose en campagne, mais beaucoup dans une grande ville. Paris fut travaillé de main de maître. Les confréries y donnaient prise. Mais, pour les mettre en mouvement, il ne suffisait pas des moines, troupes légères, d'action variable. Il fallait l'action fixe de l'évêché et des cures si puissantes de Paris.

Il suffit de regarder le formidable édifice de Notre-Dame et d'en savoir les origines pour comprendre ce qui se fit Albigeois, juifs et templiers, jetés dans ses fondements, annoncent, dès le moyen âge, ce qu'en doit au xvie siècle attendre le protestantisme.

On éleva à l'épiscopat Gondi, propre fils du comte de Retz, le principal conseiller de la Saint-Barthélemy. On choisit pour toutes les cures un personnel admirable des plus véhéments prêcheurs. La violence, de génération en génération, monta, et de curé en curé. Le furieux Vigor, curé de Saint-Paul, était un agneau en comparaison de ses élèves. Prévôt de Saint-Séverin forma à l'invective l'incomparable Boucher, curé de Saint-Benoît. Et, de ces modèles illustres, partit le Gascon Guincestre, le curé de Saint-Gervais, qui, joignant les actes aux paroles, enleva la foule enivrée en poignardant sur l'autel une poupée d'Henri III.

A droite de la Seine, les chaires de Saint-Paul, Saint-Gervais, Saint-Leu, Saint-Nicolas, Saint-Jacques-la-Boucherie et Saint-Germain-l'Auxerrois éclatent tonnent et foudroient A gauche, rugissent Saint-

Benoît, Saint-Séverin, Saint-Côme, Saint-André-des-Arcs. *C'est la publicité de la Ligue.*

On en parle vingt ans trop tard Elle commence bien avant la Saint-Barthélemy, avec moins d'ensemble sans doute. Déjà sifflent les petits serpents, jusqu'à ce que la mort d'Henri de Guise, d'Henri III, le martyre de Jacques Clément, fassent éclater tout à la fois le plein paquet de vipères.

On suppose que l'objet capital de cette publicité était la satire du roi. C'était vrai en général. Poncet, l'amusant curé de Saint-Pierre-des-Arcis, et autres en faisaient des bouffonneries qui amusaient fort le peuple. Mais on voit bien que des choses plus profondes et plus politiques étaient habilement mêlées à ces fureurs tragi-comiques. On disait, on redisait ces choses essentielles au parti . Que la Saint-Barthélemy avait été une *revanche* des excès des protestants ; que la Ligue catholique était aussi une *revanche*, une imitation des ligues des protestants. On le dit tant, qu'aujourd'hui plus d'un le redit encore. Un mensonge bien cultivé, répété longtemps en chœur par un demi-million d'hommes, devient comme une vérité.

La Ligue n'est nullement une imitation. Elle a son mérite propre, original. Marquons bien les différences :

1º Les unions protestantes sont les actes *défensifs* d'une minorité massacrée qui se serre pour ne plus l'être. Et la Ligue est l'acte *offensif* d'une majorité massacrante qui s'indigne de ce qu'on veut lui retirer le couteau.

2º Un signe tout particulier à la Ligue, absolument étranger aux unions protestantes qu'on lui assimile,

c'est la menace, l'intimidation, la persécution dénoncée aux neutres et aux pacifiques. Qui n'entre pas dans
la Ligue est traité en ennemi ; qui la quitte est traité
en traître, puni dans son corps et ses biens.

3º Le capitaine de la Ligue n'est pas un chef militaire seulement, comme furent Condé et Coligny, qui
ne prirent point le pouvoir judiciaire, laissèrent juger
les ministres et l'armée. Ce capitaine catholique, aux
termes de l'acte primitif, est une espèce de *grand juge*
pour poursuivre ceux qui sont coupables de ne pas entrer dans la Ligue, pour punir ceux des ligueurs qui
auraient querelle entre eux

4º *Les franchises des provinces leur seront restituées
par la Ligue, telles qu'elles furent du temps de Clovis.*
Appel direct à l'indépendance locale, que les protestants (tant accusés de fédéralisme) ne formulèrent jamais. Leur isolement, leur exigence de places de
garantie, fut une mesure de défense. Ils se murèrent
tant qu'ils purent. Pourquoi ? Parce qu'ils voulaient
vivre.

Au contraire, la restauration des privilèges locaux
promis au nom d'une immense majorité catholique
qu'aucune nécessité, aucun danger, ne contraignait,
qu'était-ce ? Une destruction de l'unité nationale, l'appel à la dissolution.

Voyons les ligueurs à l'œuvre. Un bon marchand
de Paris, le parfumeur La Bruyère et son fils Mathieu,
honorable conseiller au Châtelet, s'en vont discrète-
ment par la ville, disant tout bas : « Que la Picardie,
donnée à Condé par le traité, forme une association
pour le roi, pour maintenir son autorité, mais *sous la*

réserve du serment qu'il fit à son sacre (serment d'exterminer l'hérésie) Paris, menace d'horribles vengeances par les protestants, a bien plus sujet que la
Picardie de s'associer, de créer, pour sa défense, un
capitaine. »

« Les protestants se liguent bien. Nous pouvons
nous liguer aussi, » c'était le grand argument. « Mesurons les huguenots à l'aulne où ils mesurent autruy.
Suivons leurs conseils, conformons-nous au chemin
qu'ils tiennent. Il les faut fouetter aux verges qu'ils
ont cueillies. »

A ceux qui disaient que les Allemands n'étaient pas
bien loin, pouvaient revenir, les ligueurs répliquaient :
« Nous n'avons pas peur. Nous avons les Espagnols
qui ont bien battu les Turcs. Don Juan d'Autriche va
venir pour expédier les hérétiques. »

Du Nord, la Ligue passa d'abord au Midi, en Poitou,
où l'accueillirent les La Trémouille Et de là partout.

Le succès faisait le succès Les ligueurs, mystérieu-
sement, disaient partout à l'oreille qu'ils avaient, pour
commencer, une armée de trente mille hommes.

Sous ce grand nom de catholiques, ils se donnaient
hardiment pour la *majorité* du royaume, pour la *presque totalité*. Il s'en fallait terriblement. La France était
fort *politique*. Si les choses eussent été libres, un ving-
tième des catholiques tout au plus eût été ligueur.
Mais, par la peur et toute espèce d'influences de corruption, ils devenaient ce qu'ils disaient Ils faisaient,
de leur mensonge, une vérité à force d'audace

Le président de Thou fut bien étonné quand on lui
parla de la Ligue· Le roi, sa mère, quand ils l'appri-

rent, avec leur finasserie qui si souvent les rendait dupes, n'y virent qu'un très-utile épouvantail pour contenir les protestants et se dispenser de tenir la parole qu'on leur avait donnée.

Henri III était d'ailleurs préoccupé d'une nouveauté bien autrement importante. Il négociait en Italie pour faire venir les *Gelosi*, excellents bouffes italiens qui jouaient les pièces scabreuses de Machiavel et autres ; enhardis par le masque, ils en improvisaient d'analogues et plus ordurières. La reine mère, malgré sa goutte, en était fort ragaillardie. C'est par eux que le roi ouvrit les États généraux de Blois. Ils jouèrent dans la salle même où s'agitait le destin de la France.

Mais un bien meilleur acteur, plus amusant, c'était le roi, qui, ce jour, fit le saut complet, et parut décidément femme, portant le collet renversé des dames d'alors. Un collier de perles, qu'on voyait par son pourpoint ouvert sur sa peau blanche et très-fine, s'harmonisait à ravir avec une gorge naissante que toute dame eût enviée.

CHAPITRE VII

La ligue échoue aux États de Blois. 1576-1577.

Ce que Davila admire le plus dans son héros, Henri III, c'est son extraordinaire prudence. Chaque soir, il se faisait lire Machiavel et surtout le *Prince*. Il lisait et il profitait. Plus d'un écrivain remarque sa dextérité à escamoter aux ligueurs le succès des États de Blois.

Grande chose, certainement, si la Ligue eût été vraiment ce qu'elle disait, tout le parti catholique. Mais cela n'était guère exact. Les ligueurs qui firent ces États par force et terreur, qui n'y mirent que des catholiques, y virent non sans étonnement qu'ils étaient dans ce parti même une simple minorité.

Le duc de Nevers, dans ses mémoires, nous met à même de saisir la réalité des choses.

On y voit d'abord que ce jeune roi, gracieux et spirituel, mais fini, usé, était dans un singulier affaiblissement cérébral. Son médecin Miron disait qu'il mourrait bientôt fou. Il avait des singularités tout au moins étranges. Par exemple, à Cracovie, à son sacre de Pologne, où l'usage voulait qu'on mît devant le roi des monnaies à son effigie dans de riches vases d'or, il lui prit un désir subit d'en faire largesse, de donner et de jeter. L'office était long; cette *envie*, comme on dirait pour une femme, alla croissant et à la fin il n'en pouvait plus; il était trempé de sueur; il dut changer de chemise.

Un si bon maître appartenait de droit aux sangsues, aux vers, aux rongeurs de toute espèce. Son gouverneur Villequier, qui avait les côtés sales de la domesticité, ses *bravi*, ses mignons, tous rongeaient, suçaient. Le déficit allait croissant. Onze millions par an de dépense au delà du revenu. Plus de moyen d'emprunter. On était trop bien connu des marchands, des princes Les Barbaresques seuls pouvaient encore s'y laisser prendre. La reine mère, sachant que le roi de Fez avait un trésor de vingt-cinq millions, lui envoya un abbé pour lui en emprunter deux.

Les mignons n'allaient pas si loin; ils croyaient avoir leurs mines d'or toutes trouvées, leur Pérou, leurs Indes, dans l'imbécillité des États. Loin que ce nom redouté d'États généraux leur inspirât la moindre crainte, ils y plaçaient leur espérance, n'y voyaient qu'une dupe nouvelle qu'il s'agissait d'exploiter. La Ligue voulait la guerre. Eh bien, on lui vendra la guerre; quinze millions, pas un sou de moins, à partager en famille. Les catholiques attrapés, on rira, et l'on tâchera d'attraper les protestants.

C'était une farce de pages, une scène des *Gelosi* qu'on voulait jouer aux États, sauf à recevoir un appoint de nasardes et de coups de pied.

Jeu chanceux. La reine mère en sentait mieux la portée. Elle favorisait la Ligue, parce qu'elle croyait que, son fils mort, elle s'en servirait pour donner la France *à ses parents* de Lorraine. C'étaient les Lorrains régnants qu'elle désignait ainsi, et point les cadets, les Guises Elle voulait que la Ligue agît, mais agît tout doucement. Son fils, pour la première fois, ne suivait point ses avis. Il s'était mis pour la première fois à *ouvrir les paquets* lui-même. De quoi la bonne femme pleurait dans son cabinet.

Bien stylé par ses domestiques, le roi jouait à ravir *son petit rôlet*, beaucoup plus ligueur que la Ligue, faisant venir et haranguant les députés un à un, jurant *qu'il ne voulait plus qu'une religion* dans le royaume, qu'il ferait voir qu'il était roi, qu'il y contraindrait tout le monde, qu'il saurait bien amener sa mère à vouloir aussi, comme lui, qu'il n'y eût qu'une religion. S'il avait accordé le dernier traité, c'est qu'on avait abusé de sa jeunesse. Mais, enfin, cette année même, il avait ses vingt-cinq ans ; il était majeur et saurait se faire obéir.

Paroles habiles sans doute pour pêcher les quinze millions. La Ligue le craignait fort ; elle crut devoir agir, hasarder un coup hardi qui emportât le pouvoir, la royauté même.

Ses vues secrètes avaient été démasquées à l'impro-

viste. Un certain avocat sans cause, très-mal famé à
Paris, s'en était allé à Rome avec un mémoire qui po-
sait à cru la folle prétention des Guises. Descendus de
Charlemagne, héritiers de l'antique bénédiction du
Saint-Siége, ils devaient reprendre leur trône, usurpé
par les Capets. Ceux-ci étaient frappés de Dieu, fous,
malades ou hérétiques. M. de Guise, chef de la Ligue,
devait achever l'extermination du protestantisme,
traiter le duc d'Alençon comme l'avait été Don Carlos,
tondre le roi, et régner en soumettant la France à
Rome.

Henri III fut un peu surpris quand il vit cette pièce
étrange lui venir de plusieurs côtés, et des huguenots
d'abord, et de son propre ambassadeur à Madrid,
l'acte ayant été pris au sérieux par le pape et trans-
mis à Philippe II.

La Ligue mit vite les fers au feu. Le président du
clergé *trouve* un matin sur son bureau une proposition
anonyme.

C'était simplement la demande *que le roi admît
comme lois* tout ce qu'une commission des États, unie
au conseil, aurait décidé, sans même qu'il fût nécessaire d'y mettre la sanction royale. Le clergé et la
noblesse trouvaient cela raisonnable. Ce n'était rien
autre chose que l'abolition de la monarchie.

Le Tiers État sauva le roi. Il essaya d'abord de
changer la chose en faisant de ces trente-six un simple comité *consultatif*. Puis il stipula qu'aux articles
où l'un des trois États aurait intérêt, les *deux autres
ensemble n'auraient qu'une voix*. La proposition étant si
peu appuyée du Tiers, le roi s'affermit, et dit froide-

ment qu'il n'avait pas envie d'abdiquer au profit des États.

Premier échec de la Ligue.

N'ayant pu s'emparer de la royauté, les ligueurs voulurent l'étrangler, l'acculer dans un détroit où on la forcerait à la guerre sans lui rien donner pour la faire.

La reine mère entrevoyait bien le péril de la situation. Elle luttait tout doucement, disant qu'elle était bonne catholique, qu'elle avait exposé sa vie pour la vraie religion, *pour quoi elle était bien sûre d'aller en paradis,* mais qu'enfin on n'avait pu résister à Condé, que, bien loin de pouvoir faire la guerre, on ne pouvait pas même vivre.

Cependant, quand elle vit que les choses marcheraient sans elle, elle se fit le secrétaire de la Ligue, lui prêta sa plume, rédigea elle-même la demande qu'on voulait faire par l'orateur de la noblesse (*qu'il n'y eût plus qu'une religion*).

Les ligueurs du Tiers État devancèrent la noblesse. Ils avaient amené leur ordre à grand'peine à voter pour eux. Le député Bodin, suivi en cela de cinq gouvernements, voulait qu'on spécifiât que l'union se fît *sans guerre.*

Sept autres gouvernements mirent seulement *par les meilleures voies, les plus saintes,* mot plus vague, qui cependant indiquait assez clairement des intentions pacifiques.

Petite victoire pour la Ligue. Les États n'avaient nullement des dispositions belliqueuses. La reine mère se moquait du fervent catholique Nevers, qui partout prêchait la *croisade* « Eh ! mon cousin, disait-elle, voulez-vous donc nous mener à Constantinople ? »

Cependant la guerre avait éclaté. Les protestants alarmés avaient refusé de reconnaître une assemblée élue sous la main de la Ligue, assemblée bizarre, informe, où l'on avait mis cinq provinces (Maine, Anjou, Touraine, Anjou, et l'immensité du Poitou) sous un seul gouvernement, avec un seul vote, celui de l'Orléanais !

L'Assemblée fut mortifiée d'apprendre qu'elle avait la guerre, que plusieurs places étaient surprises. Au roi qui sollicitait des moyens de la soutenir, elle accorda, pour tout secours, une députation pacifique qui irait demander aux huguenots « pourquoi ils n'étaient pas aux États généraux »

La noblesse veut bien combattre, et encore si on la solde.

Le clergé refuse l'argent, vote des troupes (qu'eût commandées Guise).

Le Tiers État n'a de pouvoir pour rien faire, ni rien voter.

Pas un sou. Le roi furieux ! L'attrapeur était attrapé.

« Quoi ! dit-il, n'ai-je pas brigué les trois États, qui d'abord paraissaient si lents, pour les pousser à demander qu'il n'y eût qu'une religion ?... Voilà la guerre !... Et nul moyen ! .. » Il signa pourtant la Ligue et la fit signer à son frère, dans l'espoir qu'on lui permettrait de se faire chef du mouvement. Mais déjà il était trop clair que la Ligue ne voudrait d'autres généraux que les Guises.

Il sollicita du moins l'autorisation de vendre du domaine. Refusé. « Voilà, dit-il, une énorme cruauté; ils ne me veulent aider du leur, ni me laisser aider du mien » Alors il se mit à pleurer.

Le clergé disait à cela : « Nous avons demandé l'abolition de l'hérésie, non la guerre. » Plaisanterie un peu forte. Au fond, c'était la même chose.

Qui avait vaincu? La Ligue? Point du tout Les deux grands ordres essayèrent en vain de remettre sur l'eau la proposition des trente-six, qui rédigeraient les cahiers et seraient les tuteurs du roi. Le Tiers n'y consentit point.

La Ligue s'était trouvée faible. Mais les huguenots n'étaient guère forts. Navarre et Condé ne s'entendaient pas. Condé était en pleine brouille avec La Rochelle, à qui il surprit le port de Brouage. Les Guises, avançant au midi, avec les armées de la Ligue dont le frère du roi avait le commandement nominal, eurent des succès très-faciles. Damville se laissa gagner par les promesses qu'on lui fit. Divisés, abandonnés, les protestants semblaient périr, lorsque Henri III vint à Poitiers tout exprès pour les sauver. Il était épouvanté du succès des Guises. Il trahit la Ligue. Sa peur était entièrement reportée de ce côté. Au grand saisissement des ligueurs, il leur asséna ce coup : *la suppression des deux Ligues*, protestante et catholique (Bergerac, 17 sept. 1577).

Partout liberté de conscience Le culte dans les châteaux et dans les villes qui l'ont. Ailleurs, permis d'ouvrir hors des villes une église par bailliage A chaque parlement une chambre protestante. Pour ga-

rantie, les huit places promises seront gardées pendant six ans.

Traité sage dont Henri fut très-fier. Restait à savoir
si les deux Ligues supprimées par un roi sans argent
ni force se tiendraient pour supprimées.

CHAPITRE VIII

Le vieux parti échoue dans l'intrigue de don Juan [1]. 1577-1578.

Le grand Guise, qui, dans les dépêches d'Espagne, est appelé *Herculès*, s'était fait tout petit aux États de Blois. Il avait dit au conseil, doucement, hypocritement, « qu'il n'était qu'un jeune soldat ; mais que, si l'on voulait son avis, il conseillait au roi de ne pas mettre en défiance ses sujets protestants. »

[1] MM. Mignet et Ranke, très-favorables à Don Juan, ont rapproché, résumé d'une manière lumineuse tout ce qu'on en a dit. — Pour Philippe II, ils ne me paraissent pas sentir assez que, quoique lent et médiocre, ce fut de plus en plus un demi-fou. Je pense surtout à ses rêves sur la couronne impériale, celles de Pologne, de Danemark, ses expéditions à contre-temps en Barbarie (cf. Groen et Charrière, III, 336). Ce n'étaient pas seulement Granvelle ou Spinoza qui tâchaient de le retenir, mais le duc d'Albe qui, en 1569, lui expose l'énormité de l'entreprise sur l'Angleterre

Ce personnage prudent voulait que la Ligue mûrît, et refusait de rien entreprendre sans avoir des sûretés Il était tout Italien, sous un masque d'Allemand de Lorraine; il affectait la lenteur, la simplicité militaires. Les ardents le trouvaient très-froid, « pesant, grossier, sentant son Allemand » (ms. de Lézeau, Capefigue IV, 264).

La fureur de son parti, après le traité, l'obligea de chercher des moyens d'agir. Il tâta le Palatin pour acheter quelques reîtres (Mornay I, 184). Au défaut, il regarda vers l'Espagne, attendit Philippe II.

Mais Philippe II était très-froid. C'était l'époque où il voulait démentir le duc d'Albe, et se montrait pacifique. Ses finances le lui conseillaient. Une relation italienne de 1577 montre la cour d'Espagne « fort réduite; Sa Majesté vit à la campagne ou dans la retraite, se laissant peu voir, *donnant peu et tard* »

Il venait de faire en 1575 une splendide banqueroute où ses créanciers ne perdirent pas moins de 58 p. 100.

Dans la lumineuse histoire que M. Ranke nous a faite des finances de Philippe II, on voit l'unité de ce règne. Il part de la banqueroute et il y retourne.

(Gonzalès, *Documents*, IV, 517, 521) Plus tard, au plus fort de ses embarras le duc d'Albe frémit de le voir se lancer dans la guerre des Turcs « Il est poussé par les prêtres, » dit-il (ap Gachard), — *tenté du diable* (ap Charrière) — Quant aux fameuses apostilles de Philippe II sur les dépêches, elles n'étaient pas de lui. « J'ai la preuve, dit Gachard (I, p LXII), que c'était le secrétaire Çayas qui ordinairement en rédigeait la minute » — Pour la ruine de l'Espagne, cf Ranke, sur les finances, et Weiss, dans son excellent livre sur la décadence espagnole. — La statue de Philippe II, à Bruxelles, se voit au mur latéral de Sainte-Gudule.

Charles-Quint, dit un grand d'Espagne, abdiqua précisément parce qu'il ne pouvait payer. Il avait ran-
çonné l'Allemagne, usé, dévoré l'Italie. Philippe II,
Castillan tant qu'il put et adoré des Castillans, exter-
mina la Castille, d'abord en frappant ses laines, puis
en saisissant les lingots qui lui arrivaient des Indes,
enfin en mettant des droits sur les objets manufacturés
qu'elle fournissait à l'Amérique. Tout cela, poussé à
mort, au moment de la grande crise du duc d'Albe et
de Lépante. Là, défaillit son système. Il devint tout à
coup doux et modéré. Pourquoi ? il n'avait rien en
caisse, ne payait pas un réal à ses troupes, ni à ses
créanciers. S'il lui venait quelque chose, il le gardait
pour *ses pensionnaires*, c'est-à-dire pour un monde d'espions qu'il avait dans toutes les cours, valets, confi-
dents, maîtresses des princes. C'est là ce qui le dévo-
rait. Dans sa pauvreté extrême, il étendait constamment
cette partie de ses dépenses. Le reste allait comme il
pouvait. Un an après sa banqueroute, il lui fallut acheter ceux qui menaient le duc d'Alençon, qui se lançait
alors dans l'affaire des Pays-Bas.

Ce grand homme de police était insatiable de voir et
savoir. Il n'aimait pas agir. D'abord l'argent lui manquait. Puis la volonté lui manquait. Quand une affaire
arrivait, elle se débattait longuement par écrit et de
de vive voix entre les violents et les modérés, entre les
Albe et les Gomez ; si longuement, que la fortune
perdait patience, et les dispensait de conclure, en
changeant la face des choses.

Les ardents étaient infiniment mécontents de Philippe II Ils le trouvaient plus que tiède, presque aussi

froid qu'Henri III. Froid, et cependant fort dur. Ce
maître de l'inquisition agissait avec l'Église sans façon,
usant de ses biens, traitant avec ses ennemis (avec le
Navarrais même, à qui il offrit sa fille¹), sans pitié
pour le clergé dès que l'intérêt politique lui commandait de sévir. Par exemple, en Portugal, où il fit mourir
deux mille moines qui se déclaraient contre l'invasion
espagnole.

On a vu comme, en 1558, il garrotta respectueuse-
ment le vieux pape Caraffe. L'Espagne pesait sur
Rome. Le vrai président du concile de Trente fut
l'ambassadeur espagnol, qui mena tout de concert avec
les prêtres espagnols (on appelait ainsi les jésuites).
Combien plus, dans l'ordre temporel, Rome fut-elle
dépendante! Chaque fois qu'elle agissait seule, l'Espagne lui donnait sur les doigts, par exemple, quand
elle écouta Antoine de Bourbon en 1571 (Granvelle).

Sauf le moment de Pie V. la papauté n'eut jamais la
grande initiative, pas plus que Philippe II. Elle reçut
l'impulsion du dehors, une impulsion anonyme.

Trait particulier de l'époque, *la personnalité périt*. Il
faut chercher le mystère de l'action dans l'infiniment
petit, dans un monde ténébreux d'insectes qui fermen-
tent, remuent, travaillent en dessous.

Cette force élémentaire n'en était que plus terrible
pour la décomposition. Il est vrai qu'elle ne valait pas
grand'chose pour la création. Elle veut créer deux puissances, et elle y échoue. 1° Malgré Philippe II, elle
pousse son frère Don Juan aux Pays-Bas et en Angleterre (1578), 2° Elle essaye encore, au moyen de
Philippe II et contre ses intérêts, d'établir Guise en

Angleterre, sauf à chasser l'Espagnol, quand on s'en sera servi (1583).

Voilà les actes étranges, du moins les projets, par lesquels se caractérise cette force mystérieuse. Où en est le premier moteur? Partout, nulle part. J'ai peine à le préciser.

Dirai-je au *Gesù* de Rome? Mais l'action principale est bien autant à Paris.

Dirai-je à la rue Saint-Jacques au collège des jésuites? La plupart des bons pères que je vois là dans leur classe, avec leur férule et leur rudiment, ont l'air de pauvres pédants bien loin des affaires humaines, occupés de faire conjuguer ou fouetter les petits enfants. Cependant par les enfants, ils tiennent les mères aussi.

Descendrai-je rue Saint-Antoine, aux jésuites profès que le cardinal de Bourbon va installer tout à l'heure? Ceux-ci, au centre du beau monde, ces doux confesseurs de femmes, seraient-ils les meneurs atroces des guerres civiles qui vont venir?

Leur rapporter tout serait un point de vue trop exclusif. Les furieux curés de Paris dont nous avons fait l'énumération auraient droit de réclamer. Leurs conseils, tenus tantôt chez le trésorier de l'Évêché, tantôt à l'hôtel de Guise, ont été certainement l'un des plus grands foyers de la Ligue

En tenant compte d'une action si multiple et si variée, nous n'en persistons pas moins à rapporter aux jésuites la part principale. Nous l'avons dit, les anciens ordres ne conservèrent l'influence, et les nouveaux ne l'acquirent, qu'en prenant l'esprit des jésuites et les

copiant. Tous diffèrent extérieurement d'habits, de
paroles. Les honorables théatins, les populaciers capucins, les carmes austères de stricte observance, semblent sans analogie. Oui, mais prenez-les au cœur, au
point délicat et tendre, dans la passion, l'intrigue, au
profond mystère, je veux dire comme confesseurs, di-
recteurs, ce sont des jésuites.

A une époque fort gâtée, fort sensuelle, folle de ga-
lanteries, de romans, la direction espagnole de Loyola
recommande comme *exercices spirituels* d'interroger les
cinq sens. Elle inflige à l'âme pénitente la chose la
plus agréable, de s'occuper toujours d'elle, et d'en occuper un autre. Qu'elle s'accuse cette âme, se blâme,
se conspue, qu'elle décrive son mal et sa plaie, qu'elle
touche sans cesse cette plaie, c'est justement ce qu'elle
veut. Et le propre de ce mal est que, médeciné ainsi,
manié et remanié, il en devient plus vivace, en sorte
que le péché passé devient le péché présent et le péché
à venir. Le roman pleuré hier sera le roman de demain. Et si douce la pénitence, qu'on dirait que c'est
le péché

Quand Henri III, de retour, entendit à Lyon le
jésuite Auger, et quand Auger vit Henri III, ils se
chérir. nt tout d'abord, chacun d'eux sentant que
l'autre était l'homme qu'il lui fallait. Auger jura qu'il
n'avait jamais vu de meilleur pénitent, et le mena en
Avignon, à leur grande maison des Jésuites. La reine
mère fut étonnée de la prise qu'ils eurent sur lui
(Nevers), jusqu'à lui faire préférer les *flagellants* aux
comédies.

La seconde puissance par laquelle ils agirent, et

que le clergé fut encore obligé d'emprunter d'eux,
c'est ce que j'appelais ailleurs *la vaccine de la vérité.*

Voilà par exemple que Copernick se répand dans
l'Europe, et le clergé s'épouvante. Essayera-t-il de le
proscrire, et faudra-t-il donc en venir à brûler les
mathématiques ? Les Jésuites font mieux. A Cologne,
leur Koster enseignera Copernick *d'une manière égale-
lement instructive et agréable.* Ainsi rien ne les embar-
rasse. Tellement ils sentent en eux la puissance de
mort et la faculté du faux, que la vérité, s'ils l'en-
seignent, n'a plus ni force ni sens. Un Copernick
agréable ajournera Galilée

Partout où la science percerait, elle les trouvera,
et avec eux, un sourire fade qui n'exclut pas le bâille-
ment. On ne s'en prend pas à eux, on s'en prend à la
science. A Rome, le savant Manuce ne peut plus
trouver personne qui veuille écouter Platon; aux
heures des cours, il se promène en vain pour recruter
un écolier.

Au contraire, les colléges de Jésuites ne suffisent
plus à recevoir les enfants. Leur enseignement auto-
matique, leur industrieuse mécanisation des *humanités*
qui les rend si peu vitales, a des résultats subits.
Nombre d'hommes de mérite, médiocres, mais laborieux, qui se trouvent parmi eux, appliquent cette
méthode avec bonne foi, sérieux, avec un zèle extraordinaire.

Les succès sont tels, que les protestants eux
mêmes leur confient souvent leurs enfants. En
moins de rien, vous verrez leurs écoliers, Cicérons
improvisés, faire la stupeur de leurs parents; ils

jasent, ils latinisent, ils scandent, docteurs à quinze ans, et sots à jamais.

La machine d'éducation s'organisa sur l'Europe dans des proportions immenses En Allemagne, de 1550 à 1570. On eût cru qu'après Ferdinand, qui fonda leur premier collége, ils iraient plus lentement. Son fils les favorisa peu. Mais les filles de ce fils, en revanche, leur appartinrent, et répandirent les Jésuites au fond même du Tyrol et dans toute l'Allemagne du Midi. Ils purent, cinquante ans d'avance, jeter les bases profondes de leur œuvre capitale, la Guerre de trente ans.

En France, plus contestés, mal vus par les parlements, attaqués par les gallicans, ils eurent cependant une action plus directe encore, et par l'intrigue, et par l'enseignement.

Indépendamment de leur collége de Clermont et autres, qui, en dix ans, élevèrent dans un bigotisme étroit, meurtrier, la fatale génération qui va reprendre la Ligue, ils dirigent, ou ils inspirent, les séminaires de prêtres anglais, qui, à Rome, Douai, Saint-Omer et Reims, forment les dévots renards qu'on jettera en Angleterre.

Vers l'année 1577, les Jésuites, par cette double force de la direction et de l'enseignement, se trouvaient la tête réelle du monde catholique. Ils devinrent hommes d'État et directement acteurs dans les affaires humaines Leur Père Possevin agit en Pologne et dans le Nord, y mena toute l'intrigue diplomatique. De leurs séminaires de France sortirent les auteurs réels des conspirations d'Angleterre.

Tout cela, en apparence, de concert avec l'Espagne,

mais, comme on va voir, souvent dans une voie fort indépendante et suspecte à Philippe II.

Un caractère de ce parti, si fin et si informé, c'était d'être cependant extrêmement chimérique. Il est visible qu'il avait bâti tout un roman sur Don Juan d'Autriche, le bâtard de Charles-Quint. Roman qui péchait par la base. On voulait employer Philippe à fonder et élever cette dangereuse création qui aurait tourné contre lui. Et on le supposait si simple, qu'il irait les yeux fermés, sans être éclairé au moins par la jalousie !

On gagna d'abord sur Philippe de ne pas faire le bâtard prêtre, comme l'avait recommandé Charles-Quint dans son testament. On gagna encore sur lui de lui faire donner un commandement, de l'employer à la guerre des Mauresques, guerre intérieure et facile, qui lui assurait des succès. Don Juan, doux et adroit, se montra si dévoué dans l'affaire de Don Carlos (où la mort du fils, il est vrai, était toute à son profit), que Philippe n'hésita pas à investir ce jeune homme modeste du plus brillant commandement, celui de la flotte chrétienne qui battit les Turcs à Lépante (1571). Don Juan vainquit par les Vénitiens (cf. Hammer, Charrière, etc.), comme Guise à Dormans vainquit par Strozzi, dont personne ne parla.

Voilà le héros catholique. Jeune, vainqueur, agréable à tous, rayonnant dans ses cheveux blonds, parmi les fêtes enivrantes que lui donna l'Italie, il commence à se découvrir. Il dit des mots qui font penser : « Qui n'avance pas recule. » Et encore : « Si quelqu'un aime plus la gloire, je me jette par la fenêtre. » Les Guises (du moins le cardinal) étaient alors en Italie. Le lien

se forme, lien d'amitié, qui sera plus tard alliance.
A ce héros il faut un trône. Les uns disaient à
Philippe que, comme époux de Marie Stuart, il vau-
drait mieux que Norfolk. D'autres, quand Don Juan
s'empare de Tunis, font écrire par le pape au roi
qu'il devrait créer pour son frère cette royauté de
Barbarie.

Philippe commence à comprendre. Il répond qu'il
veut démolir Tunis Il éloigne de son frère un confident
dangereux, met près de lui un espion, un certain
Escovedo. Mais celui-ci tourne, se donne à Don Juan,
travaille pour lui à Rome, devient la cheville ouvrière
du grand projet de la royauté.

En 1574, on revient à la charge près de Philippe
pour l'affaire d'Angleterre, et encore en 1577 L'homme
influent près le roi était alors le jeune secrétaire
Perez. On tâche de le gagner aux intérêts de Don
Juan, qui veut aller aux Pays-Bas Perez révèle tout
au roi. Philippe est bien étonné, effraye même, quand
il voit arriver Don Juan, à qui il a défendu de venir
Cependant, soit obsession, soit plutôt dans la pensée
qu'il le perdrait plus sûrement dans une aventure impossible, il l'envoie aux Pays-Bas

Don Juan traverse la France, déguisé, ne s'arrête
que chez les Guises C'est probablement alors qu'il fit
avec Henri de Guise cette secrète alliance (que l'ambassadeur d'Espagne dénonça bientôt à son maître)
pour la conservation des deux couronnes. L'un eût
conservé Philippe, comme l'autre *conservait* Henri III.

Philippe avait gardé près de lui le suspect Escovedo
pour lui donner, disait-il, les fonds nécessaires. Mais

ces fonds ne vinrent jamais Le roi fit exactement ce qu'aurait fait un ami d'Orange ou d'Élisabeth. Il s'arrangea de manière que le héros ne pût rien faire, se désespérât et mourût de faim.

Il arrivait juste au moment où les Belges imitaient la Hollande et rompaient avec l'Espagne. Les Espagnols révoltés avaient saccagé Anvers sans que le gouvernement, maître de la citadelle, fît rien pour les en empêcher (Morillon à Granvelle, novembre 1576). Cet événement horrible, dont frémit toute l'Europe, avait donné une force imprévue au prince d'Orange; Don Juan trouvait la situation presque désespérée. Ce qui étonne et ce qui peint l'audace vraiment absurde du parti qui le poussait, c'est qu'à ce moment où l'Espagne défaillait devant la révolution des Pays-Bas tellement agrandie, on faisait écrire le pape à Philippe II pour qu'il fît faire par Don Juan l'expédition d'Angleterre. Marie Stuart, pour le décider, déshérita son fils, et légua l'Écosse au roi d'Espagne pour lui ou *autre des siens*. Il ne bougea pas.

Il voyait parfaitement que son frère eût agi comme général du pape plutôt que comme Espagnol. Les Jésuites avaient nettement précisé la chose, disant aux États de Belgique que, *Don Juan étant l'homme de Sa Sainteté, leur serment d'obéissance à Rome ne leur permettait pas de rester sous tout autre prince*, même catholique (De Thou). Ils se laissèrent plutôt chasser de Malines et d'Anvers

Don Juan eût probablement tenté l'invasion de l'Angleterre sans l'avis de Philippe II, s'il eût obtenu des Belges d'équiper une flotte et d'emmener ses Espagnols *par mer*. Mais ils dirent toujours *par terre*, et Philippe II fut pour eux, contre l'avis de Don Juan.

Qui sait, une fois en mer avec ses brigands espagnols, les premiers soldats du monde, ce qu'eût fait le jeune aventurier?

Où aurait-il abordé? En Angleterre? ou en Espagne?

Que pensa le roi quand il sut que le dangereux intrigant qui menait son frère, Escovedo, prétendait que, maître de Santander et de Pena, on pouvait le devenir aisément de la Castille, quand Escovedo lui-même lui demanda d'être nommé commandant de la Pena? Il fit tuer Escovedo (31 mars 1578). Don Juan mourut le 1er octobre.

En mai, précisément un mois après la mort d'Escovedo, Don Juan tomba malade au siége de Philippeville, *de fatigue*, dit-on, *et de désespoir*.

Il était désespéré et de la mort d'Escovedo, et de la publication de sa correspondance qui le démasquait, peut-être aussi de son triste succès à Namur, qu'il avait surpris aux Belges pendant qu'il traitait avec eux. Il était connu, et percé à jour, jugé traître des deux côtés.

Plusieurs le crurent empoisonné, et dirent qu'il l'avait été, sur l'ordre de Philippe, par l'abbé de Sainte-Gertrude.

« Mais Don Juan était son frère? » Faible raison pour un homme qui avait fait mourir son fils, Don Carlos, si peu dangereux.

Don Juan l'était extrêmement en ce moment Il laissait là, dit on, son roman d'invasion anglaise pour un projet plus raisonnable Il écouta le prince d'Orange.

et pensait à se proposer pour épouser Élisabeth en ad-
mettant toute liberté religieuse aux Pays-Bas. Élisabeth était femme ; Don Juan, fort agréable, paré du
souvenir de Lépante, eût bien aisément éclipsé le duc
d'Anjou, qui était laid, hideux de petite vérole, et qui
semblait avoir deux nez (V. Strada, Van Reydt, la
vie de Mornay et autres auteurs rapprochés par Groen,
VI, 452).

Le deuil de Guise à la mort de Don Juan prouve assez
leur alliance secrète, si vraisemblable d'ailleurs, et
dont on a voulu douter sans aucune raison sérieuse.

CHAPITRE IX

Le Gesù. — Premier assassinat du prince d'Orange [1]. 1579-1582

Les Jésuites, subordonnés par les papes dominicains, comme avait été Pie V, régnèrent à Rome sous
Grégoire XIII (Buoncompagno), qui était un juriste de
Bologne, longtemps laïque et fort mondain, étranger à
l'esprit des anciens ordres religieux. Ils le prirent par
deux passions, l'une bonne et l'autre mauvaise, par
son désir de relever l'enseignement catholique et par

[1] Je n'attends pas, comme d'autres, 1586 et le procès de Marie
Stuart pour parler de la série des conspirations jésuitiques; je les
prends à l'origine, à la mission de Campian, à la première arrivée
de Ballard en Angleterre, 1580. Le procès de Ballard et de Babington (*State strials*) montre parfaitement qu'il faut remonter

sa faiblesse paternelle pour un bâtard qu'on lui mit dans la tête de faire roi d'Irlande (1579).

Il acheta et abattit un quartier de Rome pour établir le *Gesù* dans des proportions immenses, avec vingt salles d'enseignement et des cellules aussi nombreuses qu'il y a de jours dans l'année. A l'ouverture, on prononça vingt-cinq discours en vingt-cinq langues, et on appela le nouvel établissement le *séminaire de toutes les nations*.

De ce centre, l'influence des Jesuites rayonnait nou-seulement sur les colléges de leur ordre, mais tout autant sur divers établissements qui n'en portaient pas l'enseigne, comme le séminaire anglais de Douai, foyer redoutable des conspirations d'Angleterre. A la prière d'Élisabeth, Philippe II l'éloigna de Douai en 1574; mais il fut recueilli à Reims par le cardinal de Lorraine et les Guises, qui le maintinrent malgré Élisabeth et Henri III. Il fournit vers 1579 une centaine de missionnaires qui, dirigés par les Jésuites, inondèrent l'Angleterre, pendant qu'une armée du pape envahissait et soulevait l'Irlande.

Au défaut de Don Juan, on avait espéré mettre le jeune roi de Portugal, Dom Sébastien, à la tête de la croisade d'Irlande et d'Angleterre. Philippe II parvint

très-haut, avant l'assassinat du prince d'Orange Tout cela es' d'une pièce. Les evenements militaires alternent avec les conspi rations . un jour l'epee, un jour le couteau. — Le curieux, c'est l'emulation des deux polices, qui se debauchent leurs agents l'une a l'autre —.Quant aux tentatives de descente, le moment interessant est celui ou Guise, entrave par l'Espagne, essaye de se lier, *sans elle et contre elle*, aux catholiques anglais, très-bien exposé par M Mignet, *Marie Stuart*, II, p 235.

à le détourner vers la croisade d'Afrique, qui le débarrassa de Sébastien, et lui ouvrit bientôt la succession
portugaise. Il appela les Jésuites en première ligne au
conseil de conscience, par qui il fit examiner son droit
sur le Portugal. Mais il les aida fort peu dans leur
grande affaire contre Élisabeth. Il donna à peine quelques hommes pour l'expédition irlandaise, qui traîna
deux années dans les forêts et les marais de l'île, et
finit misérablement.

Les Jésuites, ordre espagnol, étaient peu sûrs pour
l'Espagne. Ils cheminaient sous terre à part. Ils pré·
féraient des hommes de fortune ou d'aventure, Don
Juan, Dom Sébastien, les Guises. Ceux-ci, en 1583,
sous la direction des Jésuites, firent aux catholiques
anglais l'offre d'envahir avec les Espagnols, mais de
chasser les Espagnols dès qu'on s'en serait servi.

Chose plus curieuse encore, nous verrons les Jésuites, vers 1584, agir sans l'aveu du pape et contre
ses vues C'était pourtant leur Grégoire XIII. Mais,
comme prince italien, il était épouvanté de la grandeur que la Ligue préparait à Philippe II. Le pape
qui suivit, Sixte-Quint, beaucoup plus prince que pape,
abominait la révolte, détestait la Ligue. Les Jésuites
l'amenèrent à grand'peine à l'approuver.

Il ne faut pas les regarder comme de simples instruments. Il faut les prendre en eux-mêmes. Chose
difficile, possible cependant. Ils ont unité parfaite sous
un masque varié.

Ils ont des esprits fins et doux comme leur diplo-
mate Possevin, aimable, savant, laborieux, le maître
de saint François de Sales et qui n'en obtient pas moins

de la Savoie la persécution des Vaudois. Ils ont des
esprits violents pour l'action révolutionnaire, des docteurs en assassinat, comme la plupart de ceux qui firent les missions contre Élisabeth.

De même que, dans leurs missions, ils employaient
tous les costumes (surtout celui d hommes d'épée), ils
paraissent aussi en justice avec toutes sortes de doctrines et d'affirmations diverses Les tribunaux ne sa-
vent comment prendre ces esprits fuyants dans leurs
démentis éternels. Généralement ils nient d'abord,
puis, convaincus, ils avouent, et à l'échafaud ils nient
Forts du principe d'Ignace (obéissez jusqu'au péché
mortel inclusivement), ils mentent hardiment dans la
mort, sûrs d'être justifiés par le devoir d'obéissance

Sur toute chose, oui et non Cependant, lorsqu'on
connaît leur unité stricte, lorsqu'on sait que chaque
livre publié par un des leurs est examiné, discuté, ap-
prouvé par la censure très-attentive de l'ordre, on
comprend que leurs divergences, leurs contradictions
apparentes, leurs reculades d'un moment sur tel ou
tel point, sont préméditées et voulues.

Ainsi, quand ils virent que leur ami Sanders, l'auteur de la *Monarchie visible de l'Église,* qui avilit les
évêques, scandalisait beaucoup de catholiques anglais,
ils démentirent un moment cette doctrine, sauf à la
reprendre De même, tels de ces catholiques digérant
difficilement le principe du *tyrannicide,* quelques confesseurs jésuites le désapprouvèrent, tandis que la
masse de l'ordre continuait à l'enseigner, et en faisait,
contre Orange, contre Elisabeth et contre Henri IV.
un persévérant usage

Cette doctrine du *tyrannicide* se forma dans leurs séminaires par un éclectisme baroque, qui mêlait grossièrement deux esprits peu associables. D'une part, tout prince *excommunié* n'est plus prince, n'est plus homme; il est hors la loi; il perd l'eau, le feu, l'air, en un mot le droit de vivre; si l'Église ne le tue pas, sa vie est à qui veut la prendre. D'autre part, hommes de collége, les Jésuites ne manquaient pas de fourrer dans ce droit papal les citations latines des meurtres républicains des *tyrans* de l'antiquité; ils les trouvaient toutes faites dans le fatras du cordelier Jean Petit, pour justifier en 1409 la mort du *tyran* d'alors.

Voici comment Harmodius, Aristogiton, Brutus devinrent amis de Loyola.

Ces actes audacieux d'hommes isolés qui, de leurs bras, aux dépens de leur propre vie, attaquèrent la toute-puissance, furent cités pour autoriser les assassinats payés par le puissant des puissants, le maître de l'Espagne et des Indes. Le Brutus de l'Escurial put commodément poignarder, pour son argent, le tyran Guillaume d'Orange et le tyran Henri IV.

Spectacle neuf Seulement il fallait bien s'entendre sur un point : quel est le tyran? Les Portugais, les Hollandais disaient que c'était Philippe. Son général, Farnèse, le prince de Parme, fort imbu de ces doctrines, et qui lui-même endoctrinait spécialement les assassins, fait donner l'explication nécessaire par un homme à lui, le docteur en droit Ayala, qui écrit en 1582, imprime en 1587 : « Le tyran qu'il faut tuer, c'est le tyran *illégitime* » En Espagne, le casuiste Toledo reproduit la distinction Toute la matière enfin est

splendidement élucidée par le Jésuite Mariana, dont le
livre peut s'appeler un manuel du régicide, dédié au
roi futur, le jeune infant (Philippe III).

Là on voit avec étonnement la platitude et la sottise,
la puérilité de cet enseignement qui avait tant d'influence Jugeons-en par ce distinguo . défendu d'empoisonner le tyran dans une coupe , permis de l'empoisonner par la selle de son cheval Pourquoi ? Parce
que, prenant la coupe, ce serait lui qui se tuerait, et
la mort serait *active* ; on lui ferait commettre le péché
de se tuer Mais en empoisonnant la selle, la mort ne
sera que *passive*, etc.

Certes, si ces docteurs n'avaient agi sur leurs disci-
ples que par ces sottises, ils n'eussent pas produit
grand effet. Ils avaient en main des moyens tout
autrement efficaces. Ce n'est pas par la scolastique
qu'ils agirent, c'est par le roman. Nés du roman
(comme on a vu) des *Exercitia* d'Ignace, manuel
pour faire des romans, ils en trouvèrent un tout fait
dans l'aventureuse destinée des Guises, dans leur
charmante et coupable nièce, Marie Stuart, dans la
belle princesse captive qu'il s'agissait de délivrer. Les
Anglais eurent le tort de donner vingt ans durant,
aux Jésuites, cette épouvantable force d'une émou
vante légende Dieu sait comme ils s'en servirent
comme ils maintinrent leur Marie toujours belle é
toujours jeune. Mieux on la tenait invisible, et plus
elle restait adorable. Elle vieillit, elle prit perruque,
et l'effet resta le même. Tout ce qu'il y avait de
jeunes catholiques, de jeunes prêtres de Rome à
Paris, de Reims à Madrid, de Vienne à Anvers, se

mouraient d'amour pour elle, de fureur contre Elisabeth, contre les amis d'Élisabeth, Henri IV ou le prince
d'Orange, contre tous les protestants.

C'est ainsi qu'avec la pitié on fait, tant qu'on veut,
de la rage, et que l'amour peut devenir l'aiguillon de
l'assassinat.

Les années 1579 et 1580 sont extrêmement impor-
tantes. On y voit se former de toutes parts l'orage
contre Élisabeth. A côté de l'invasion tentée en Irlande, nous voyons entrer en Écosse un agent des
Guises qui, en dix-huit mois, parviendra à faire périr
le régent Morton, chef des protestants. En Angleterre, entrent diverses missions de Jésuites, la mission officielle de Persons et Campian, envoyée de
Rome; la mission officieuse de Ballard, envoyée de
Reims, qui, sous l'habit d'homme d'épée, et se faisant
appeler le capitaine Fortescue, parcourra cinq ans
l'Angleterre et préparera le grand complot de 1586.

Pourquoi tant d'efforts à la fois? C'est que les
Jésuites, arrivés à leur apogee sous Grégoire XIII,
observaient avec fureur qu'au total la vieille cause,
en réalité, perdait.

La Saint-Barthélemy n'avait servi qu'à créer le
grand parti des modérés. Les États de Blois n'avaient
réussi qu'à montrer, dans une assemblée créée par la
Ligue, la Ligue impuissante. La banqueroute de Philippe II et la paralysie des Guises ajournant l'affaire
de France, on avait essayé, manqué l'intrigue de Don
Juan. Les Pays-Bas catholiques, il est vrai, revenaient
à l'Espagne, mais ruinés, secs et taris, à ne s'en servir
jamais. Les ruines d'Anvers exhaussaient Londres et

tout à l'heure Amsterdam La petite, indestructible
Hollande, la grande Angleterre de Shakspeare, de
Drake, de Raleigh et de Bacon, dressaient leur jeune
pavillon, désormais l'espoir du monde.

Donc il fallait hâter les choses. Elles se gâtaient
trop en tardant. On voulait agir brusquement par le
poignard ou le poison, parce qu'avec un roi d'Espagne
ruiné, hésitant, une grande guerre semblait impossible

Élisabeth était le but. En 1579, on tira du pape un
ordre précis pour détruire Élisabeth par tous les
moyens, sans délai. Ce qui le prouve, c'est que, le
15 avril 1580, les agents de l'exécution demandèrent
au pape un répit, trouvant pour le moment la chose
dangereuse et impossible (De Thou, lib. 74). Le pape
répondit que les catholiques anglais pouvaient ajourner la prise d'armes, mais que rien ne pouvait ajourner l'exécution d'Élisabeth.

Telle était la pensée de Rome, mais il faut connaître
aussi la cour de Philippe II.

Le duc d'Albe et les violents étaient alors disgra-
ciés. Si le modéré Gomez était mort, un homme analogue, le jeune Antonio Perez, avait beaucoup d'influence. Par son travail agréable, par la veuve de
Gomez, la princesse d'Éboli (ex-maîtresse de Philippe II, dont Perez faisait la sienne), il semblait fort
auprès du roi.

Modéré de sa nature, il n'en avait pas moins subi
la nécessité cruelle de tuer le traître Escovedo Cet
acte, loin de l'affermir, le rendait moins agréable, et
le confesseur du roi travaillait à le renverser. On

n'osait encore proposer au roi de rappeler le duc
d'Albe. On lui insinua, au contraire, d'appeler le
modéré Granvelle qui, depuis de longues années, languissait en Italie. On savait parfaitement que Granvelle, las de l'exil, ferait tout ce qu'on voudrait

En effet, le 28 juillet 1579, jour où l'on arrêta
Perez et la princesse d'Éboli, Granvelle arriva à Madrid. L'une des premières mesures de cet ancien
modéré fut de proposer au roi de proscrire le prince
d'Orange. Le 13 novembre, il écrit . « Comme Orange
est pusillanime, il pourra bien en mourir ; ou bien, en
publiant cela en Italie et en France, on trouvera
quelque désespéré qui fera l'affaire. » Philippe II
répond en marge : « Cela me paraît très-bien. »
(Groen, VII, 166)

Je crois que Granvelle paya de cette complaisance
ceux qui avaient obtenu du roi son retour. La lettre
du 30 novembre, écrite au nom du roi, donna l'ordre
au prince de Parme. Lettre ostensible où l'on spécifie
les motifs de la proscription : Orange est un assassin
qui a voulu faire tuer le duc d'Albe et Don Juan d'Autriche. Orange est un voleur qui veut ruiner le clergé,
les nobles, ceux qui ont substance , il fait son profit des
troubles ; il transporte les deniers où il lui plaît pour
après s'en servir. Orange s'attribue le nom de bon
patriote, et *il est le tyran* du peuple.

Ce dernier mot équivaut à une signature. La doctrine
que les Jésuites enseignaient alors dans leurs séminaires, c'est *le meurtre des tyrans*

C'est à cette époque que, dans les dépêches, Guise,
leur homme, n'est plus nommé *Hercule*, mais *Mucius*,

étant appelé alors à d'autres vertus civiques, à devenir un Mucius Scévola, un tueur de Tarquins.

La lettre n'est point de Granvelle Il écrivait le français à merveille, avec une netteté singulière. Et cette lettre est un brouillis, un gâchis, un pêle-mêle, où la construction ténébreuse, la phrase serpentine, allongée et tortillée, à force de replis, se dénonce et devient claire, comme œuvre de Loyola.

Ce qui désigne mieux encore les Jésuites, c'est cette prodigieuse assurance et cette intrépidité dans le mensonge, qui qualifiait comme voleur celui *qui jamais ne voulut manier les fonds publics*, et comme assassin le *chef du parti de l'humanité*.

Je n'hésite pas à déférer ce dernier titre au glorieux prince d'Orange Qu'il emporte cette couronne. Les amis de la tolérance, de la douceur, les ennemis de l'effusion du sang, ce grand peuple, vraiment moderne, qui partout commence alors, il en est le chef alors. A leur tête, l'histoire le salue, et le voit marcher, auguste, vénérable, dans l'avenir.

Ce caractère fut tel en lui, et poussé si loin, que son renom d'habileté en fut compromis. Il fut habituellement l'avocat des catholiques, et il aurait voulu (chose certainement imprudente) qu'on les reçût en Hollande Leurs tentatives pour le tuer ne l'en corrigèrent pas Il reste de lui des lettres où il prie les magistrats pour ses assassins, et demande que, si l'on ne veut leur donner la vie, on leur épargne la douleur, qu'on s'abstienne des supplices atroces qui étaient alors en usage.

Mais revenons à la France. C'est du séminaire de

Reims, fondé par les Guises, que partent en 1579 les
conspirateurs d'Angleterre Et c'est de l'hôtel de Guise,
de l'intimité et de la clientèle de cette maison, que, la
même année, part pour l'Écosse, ainsi que nous avons
dit, un Stuart, M. d'Aubigny, gracieux jeune homme
qui captera le jeune roi, et fera périr le régent Morton,
allié d'Élisabeth Roman bizarre, improbable, chimérique, qui se vérifia pourtant à la lettre, dans une ra-
pidité terrible. Aubigny aborda en septembre 1579,
réussit, plut et charma, fut maître, en moins de dix-
huit mois, ce doux et charmant Aubigny put décapiter
Morton. Élisabeth avait perdu toute influence sur
l'Écosse, et les Guises, par leur Aubigny, tenaient le
trône de l'Écosse.

Ils n'allaient pas si vite en France. On voit qu'une
force énorme d'inertie les arrêtait, celle du parti *politique*, qui, sans même remuer, les entravait, les paralysait, les usait à ne rien faire.

Une entrée royale qu'ils firent à Paris, un grand
duel arrangé où ils tuèrent les mignons du roi Maugiron, Caylus (ajoutez encore Saint-Mesgrin, assassiné
aux portes du Louvre), ce n'était pas, en conscience,
de quoi occuper le public dans un intervalle de sept
ans.

Le clergé aussi fit tort au parti par une insigne imprudence. Il se brouilla avec Paris. En 1579, en concile provincial, il décida que désormais il ne rem-
plirait plus l'engagement qu'il avait pris en 1561 de
payer les rentes de l'Hôtel de Ville Les Parisiens, indignés, objectaient que, si la ville était chargée de ces
rentes, c'était à la prière même du clergé, qui voulait

qu'on empruntât pour faire la guerre aux hérétiques.
Cette suspension des rentes allait arrêter tout commerce, affamer un nombre infini de petits rentiers,
qui étaient des pauvres, des orphelins, des veuves.
Une redoutable émeute allait éclater. Déjà on fermait
les boutiques. Le peuple courait les rues, comme si
l'ennemi eût été aux portes. Quelques-uns voulaient
que l'on prît les armes. Le prévôt des marchands alla
demander secours au Parlement Ce corps eut la hardiesse d'ordonner l'arrestation des pères du concile,
du moins de leur défendre de sortir de Paris. Le roi
les fit venir, irrités, mais effrayés, et obtint d'eux
qu'ils payeraient au moins dix années encore.

Le parti, moins sûr de Paris, vit le Louvre se fortifier. Les mignons ressuscitèrent, beaucoup plus redoutables. Le roi, cette fois, prit pour favoris deux hommes
jeunes mais fort importants, fort braves, en état de
tenir le pavé contre la maison de Lorraine. L'un,
Joyeuse, était un très-grand seigneur, dont la maison
avait eu des alliances avec la maison royale. L'autre,
d'Épernon, intrigant, habile, intrépide, descendait du
fameux Gascon Nogaret, qui souffleta Boniface VIII.
Par d'Épernon, le roi croyait rallier les politiques ; par
Joyeuse, les catholiques ; il l'envoya même à Rome ne
désespérant pas de le faire accepter, à la place de
Guise, pour chef de la Ligue Ne pouvant rien comme
roi, il eût voulu, par ces deux hommes, devenir chef de
faction. Il travailla à leur faire des fortunes mons-
trueuses. A l'un, il donna la mer, à l'autre la terre,
faisant Joyeuse amiral, d'Épernon colonel général de
l'infanterie, avec le gouvernement de Metz, Toul et

il se recréa, du fond de sa banqueroute, des ressources pour envahir l'Angleterre et la France. Le
peuple étant ruiné, il commença à manger les privi-
légiés, tomba sur les prélatures et sur les grandesses ;
il en vint à l'entreprise désespérée de vendre les biens
des communes (Ranke).

Après le jugement moral, vient la sentence juri-
dique J'appelle ainsi la décision par laquelle les États
généraux le déclarèrent indigne et déchu de la souve-
raineté, posant ce principe d'éternel bon sens qui pourtant parut si nouveau : *que les rois sont faits pour les
peuples*, et que, s'ils n'agissent pour eux, par le fait ils
ne sont plus rois. Ces doctrines étaient dans les livres.
Mais ici elles apparaissent formulées en lois, solen-
nellement prononcées par la bouche même d'un peuple, contre le premier roi du monde.

La grandeur révolutionnaire de cet acte est en ceci,
qu'il risquait d'isoler l'État nouveau, de lui faire des
ennemis des princes de France et d'Allemagne, et surtout d'Élisabeth. Celle-ci détestait la révolution autant
que le calvinisme. Elle intriguait en Écosse autant
contre les puritains que contre le parti de Marie Stuart.
Elle y tentait l'entreprise ridicule d'y introduire, par son
ambassadeur Randolph, le culte anglican. Elle aurait
tourné le dos à la Hollande si les catholiques ne l'a-
vaient forcée à s'en rapprocher par leurs complots et
leurs tentatives acharnées d'assassinat.

Sans avoir l'étonnante douceur du prince d'Orange
et d'Henri IV, Élisabeth n'aimait pas le sang. Jusque-
là, elle avait sévi très-mollement contre ses ennemis
catholiques. Au milieu de leurs tentatives si fréquentes

de révolte dans le Nord et en Irlande, cinq seulement
en dix ans avaient été mis à mort Mais, à partir de
1580, son très-clairvoyant ministre Walsingham les lui
montra qui, de tous côtés, marchaient à elle, et d'un
concert persévérant, systématique, visaient à lui ôter
la vie.

Le sentiment de ces dangers aurait fait souhaiter pas-
sionnément à la reine l'alliance de la France, mais une
alliance sérieuse, offensive même au besoin. De là l'accueil extraordinaire qu'elle fit au duc d'Anjou, que le
prince d'Orange créait duc de Brabant et souverain des
Pays-Bas. Quoi qu'on ait dit, je crois que, dans ses
avances publiques au duc et quand elle lui mit son
anneau, Élisabeth était sincère. Elle l'était par la
crainte de l'Espagne et du parti catholique. Elle
croyait, par cette démonstration hardie et définitive,
entraîner Henri III et Catherine contre Philippe II. Ils
n'osèrent faire ce grand pas.

Cependant un dissentiment grave divisait les catholiques anglais. Plusieurs, honnêtes et loyaux, étaient
scandalisés de l'audace des Jésuites et des Guises Le
coup subit par lequel un favori intrigant, l'homme des
Guises, Aubigny, avait surpris, emporté la mort du
régent d'Écosse, était pour les honnêtes gens de tous
les partis un fait scandaleux. Non moins scandaleuse
aussi une tentative d'Henri de Guise pour surprendre
sur l'Empire, sur les Allemands, ses amis, la ville libre
de Strasbourg. La tentative avortée dérangeait fort
l'idéal qu'on s'était fait du caractère chevaleresque de
ce héros catholique.

Le chef du séminaire de Reims, le fameux docteur

Allen, pour ramener l'opinion, fit une touchante apologie des missions des Jésuites, qui n'avaient d'autre but, dit-il, que de convertir l'Angleterre, de consoler les pauvres catholiques anglais. Nulle idée de toucher à l'autorité royale. Ce qui appuyait Allen, c'est que l'un des exécutés, le Jésuite Campian, avait juré sur l'échafaud qu'il n'avait jamais passé un jour sans prier *pour la reine.* — « Pour quelle reine? » lui dit-on. » — « Pour la reine Élisabeth. »

Mensonge intrépide par-devant la mort, qui d'autant mieux couvrait le travail ardent, violent, qu'à ce moment même précipitait le parti.

Deux mois après cette mort, cette dénégation solennelle, le 7 mars 81, le complot nié acquérait sa forme définitive. Les Jésuites avaient tissé leur vaste filet entre les Guises et leurs agents d'Écosse et d'Angleterre. Ce jour même ils tirent d'Aubigny, qui gouvernait l'Écosse, une adhésion écrite par laquelle ils croient pouvoir entraîner Philippe II.

Huit jours après (18 mars), Orange est assassiné. Un jeune Espagnol le poignarde; un moment on le croit mort.

C'est un spectacle cruel de voir, par ces continuelles tentatives, la mort constamment assise au foyer du prince d'Orange. Ce grand homme, dans sa vie horriblement déchirée par les agitations publiques, n'avait vécu que de la famille. Il l'avait eue quelque temps trouble et désolée par une fille de Maurice de Saxe, d'un cœur traître comme son père. Il l'avait eue douce et paisible par une princesse de Bourbon, malheureusement maladive, engagée profondément dans le sort de

son mari, et qui mourut de ses périls. Donc, à ce moment lugubre, menacé d'une mort infaillible et comme
entouré de l'assassinat, il se trouvait veuf encore, et
seul sur son foyer brisé.

En France, vivait la fille de l'Amiral, Louise de
Coligny. Cette jeune dame n'avait épousé son premier
mari qu'à la veille de sa mort, elle épousa de même
le prince d'Orange tout près de mourir. Elle était étonnamment la fille de l'Amiral ; elle en avait la sagesse
et l'extraordinaire beauté de cœur. Elle donna au grand
homme, dans cette année suprême, cette insigne consolation d'avoir près de lui l'image, l'âme même de
Coligny.

CHAPITRE X.

La Ligue éclate. 1583-1586.

On dit qu'un puritain anglais, condamné pour je ne sais quel acte qu'on qualifia de rébellion à avoir le poing coupé, n'eut pas plutôt subi l'opération, que, de l'autre main, ôtant son chapeau, il s'écria : « Vive la reine ! »

Nous en disons autant, nous spectateurs lointains, qui, à trois cents ans de distance, assistons à cette crise. Arrivés à ce point (1582), où nous voyons le prince d'Orange manqué pour cette fois, mais si entouré de poignards et si sûr de périr, comme ce puritain, nous disons : « Vive Élisabeth ! »

La Hollande longtemps défendit l'Angleterre en occupant Philippe II. Maintenant à l'Angleterre de défendre le monde! La tête d'Élisabeth est le palladium commun des nations.

Les événements récents montraient de tous côtés un immense complot, un concert étonnant de guet-apens, de meurtres, de ténébreuses surprises. Nous avons vu en 1579 coïncider l'invasion papale d'Irlande, les missions de meurtre en Angleterre et l'intrigue des Guises en Écosse, qui, en un an, escamote le roi et le pouvoir, tue le régent, menace Élisabeth.

Le jeu continue, et serré. Nous suivrons le synchronisme des guerres et des assassinats.

On y mettait peu de mystère. Tout furieux, bien endoctriné à Reims, à Bruxelles ou à Rome, pouvait aller droit à Madrid, sûr d'être bien accueilli. Ou, plus directement encore, il allait au prince de Parme ; le froid et cruel tacticien mettait l'assassinat au nombre de ses meilleurs moyens de guerre. Il n'entreprit la grande affaire du siècle, le siége d'Anvers, que lorsqu'il eut réussi à la longue à faire tuer le prince d'Orange.

La mort d'Élisabeth, en ce moment, eût eu des conséquences plus vastes et plus funestes encore. La postérité doit un grand souvenir à la forte unanimité du peuple anglais, à la vigueur du parlement, à la clairvoyante sagesse du vieux ministre Walsingham, qui entoura la reine d'une police redoutable, déjoua celle que l'Espagne avait dans Londres, entra par mille moyens aux plus secrets foyers du fanatisme où se tramait le meurtre, et ne laissa de ressource au parti que la guerre déclarée, la solennelle et folle invasion de l'Armada.

Ni les États généraux de Hollande, ni le parlement d'Angleterre n'avaient la longanimité d'Orange et d'Henri IV, cléments tous deux jusqu'a paraître indifférents au bien et au mal Habituellement assassinés (Henri IV le fut douze ou quinze fois), ils trouvaient naturel de vivre parmi les catholiques, parmi ceux à qui l'on faisait un devoir de les tuer. Orange persista dans la magnanime imprudence de les recevoir en Hollande malgré les États généraux.

Certes, les précautions étaient bien naturelles, lorsqu'un mois après l'assassinat manqué de Guillaume, on découvrit un complot des Guises et du prince de Parme pour assassiner Alençon.

Le meurtrier Salcède, d'origine espagnole, d'une famille ennemie des Guises, d'un père tué à la Saint-Barthélemy, put tromper d'autant mieux.

Les Guises, pressés par l'Espagne de commencer la guerre civile, ne pouvaient, ne voulaient rien faire tant qu'Alençon était en vie. Salcède était à eux, ayant été sauvé par eux de la potence. Il était caché en Champagne sous leur abri. Ils l'envoient à Madrid, ou ce bandit est caressé, flatté du roi, qui le fera riche, grand, tout ce qu'il voudra, pourvu qu'il tue. On lui met force argent en main, il lève des soldats pour Alençon. Sûr moyen d'être bien reçu Mais le prince d'Orange y vit clair. On s'informa, on sut que Salcède avait passé par le camp du prince de Parme, filière ordinaire des assassinats. On prend l'homme; il se voit perdu; pour avoir grâce, il donne une confession complète, non du petit complot de meurtre, mais du complot universel de guerre, de guerre civile, que les

Guises et l'Espagne organisaient partout, le plan dé-
taillé, minutieux de la Ligue, ville par ville et homme
par homme. Henri III fut épouvanté, voyant ses maréchaux, ses ministres, ceux qui avaient en main le secret de l'État, d'accord pour le trahir, pour armer
contre lui.

Certes, si le siècle n'eût étonnamment baissé de
cœur et de morale, la découverte de tous ces guet-
apens eût soulevé le monde d'indignation, réveillé tous
les cœurs. Il n'en fut pas ainsi. L'immensité même du
complot frappa les imaginations, découragea les résis-
tances. Deux ans durant encore, cette épouvantable
machine ouverte, éventrée, mise au jour, resta béante.
Et le sentiment public n'en fut pas soulevé. Au contraire, l'homme d'exécution, le prince de Parme, n'en
poursuivit que mieux son œuvre stratégique sur les
Belges, abattus, effrayés et lassés.

Il agissait. Les Guises, non moins dénoncés et percés à jour, n'agissaient pas. Leur situation devenait
honteuse et ridicule. Ces grands conspirateurs, levant
le bras dans les ténèbres, surpris par la lumière, restent là sans pouvoir frapper. Ce qui aggravait leur situation, c'est qu'en Écosse, leur Aubigny, après son
sanglant succès sur Morton, n'en était pas moins dé-
trôné, et qu'il apparaissait que le parti des Guises et
de Marie Stuart n'avait aucunes racines. Les Jésuites
eux-mêmes avaient précipité les choses en compromettant Aubigny par le projet trop manifeste de ca-
tholiciser l'Écosse Leur échec d'Écosse et d'Irlande
les réduisait à une troisième tentative, audacieuse et
désespérée, ils poussaient Guise en Angleterre (1583).

Si la chose avait pu se faire par les secours du pape
et sans Philippe II, elle eût été tentée certainement.
Le chef du séminaire de Reims, le docteur Allen, assurait qu'il suffisait d'avoir de l'argent et des armes,
qu'on trouverait des hommes, et en foule, de l'autre
côté. On était sûr du jeune roi d'Écosse. L'affaire se
fût exécutée par Guise et le duc de Bavière, voué sans
réserve aux Jésuites, avec des soldats allemands et
des réfugiés anglais, quatre mille hommes en tout.
Guise voulait seulement que le pape donnât cent mille
écus.

Les Jésuites eussent été ravis de pouvoir se passer
de Philippe II. Les catholiques anglais avaient horreur et peur des Espagnols. Philippe venait de montrer dans sa conquête du Portugal une rigueur atroce
pour les prêtres et religieux déclarés contre lui. Il
avait méprisé l'intervention du pape, et l'exécution
faite, ce bon fils de l'Église avait tiré de Rome absolution plénière pour avoir fait tuer deux mille moines.

Les Jésuites n'osaient cependant tenter ce grand
coup d'Angleterre sans consulter l'Espagne. Cela arrêta
tout. L'ambassadeur espagnol à Paris, Tassis, leur signifia que l'affaire ne se ferait pas, ou qu'elle serait
espagnole; que le roi y donnerait quatre mille hommes,
mais que la saison était avancée, l'Angleterre *trop*
froide, qu'il fallait remettre la partie Guise sentit très-
bien que l'occasion se perdait Il écrivit au pape que le
roi d'Espagne consentait, mais qu'il fallait de l'argent,
et il osa faire dire aux catholiques anglais qu'après
l'invasion, *si les Espagnols ne partaient, lui-même aide-*
rait à les chasser.

Philippe II le connaissait bien. Voilà pourquoi il ne
voulait rien faire Les papiers de Don Juan, trouvés
après sa mort et mûrement étudiés, lui avaient trop
appris ce qu'il devait penser de Guise. Défiance sage
mais qui fit tout manquer.

Guise écrivait au pape le 26 août (1583), et il eût
agi en septembre si l'argent fût venu En octobre, la
police anglaise savait tout, on était en armes, l'Angleterre sauvée pour toujours.

Le 18 janvier 1584, Élisabeth chassa de Londres
l'ambassadeur d'Espagne Mendoza, un ennemi furieux
qui avait été dans tous les complots contre sa vie, et
qui couvrait d'une altière attitude sa basse perfidie
d'assassin.

L'horizon s'éclaircit ; tout tourne à la violence Philippe II commence dans tous les ports d'Espagne les
apprêts gigantesques de l'Armada (De Thou). Le prince
d'Orange succombe par ses amis et par ses ennemis.
Alençon, créé, sacré par lui duc de Brabant, Alençon
qu'il défend contre de trop justes soupçons, fait l'odieuse
tentative de se saisir d'Anvers et des places principales ; ses gentilshommes crient : « Vive la messe ! à
bas les États ! » Ils succombent, sont massacrés. A
grand'peine, le prince d'Orange sauve ces misérables
de la vengeance du peuple. Son protégé va se cacher
en France et meurt submergé dans la boue (10 juin
1584). Orange lui-même était mort de ce coup, comme
popularité. Il se réfugie en Hollande, où Balthasar Gérard, spécialement prêché, encouragé par les Jésuites
et par Farnèse, le tue d'un coup de pistolet (10 juillet
1584).

Farnèse avait bien calculé le vide immense qu'allait
laisser sa mort, et l'embarras de la Hollande, égarée,
effarée. Ce trop grand homme avait rempli tout de son
activité, habitué tout le monde à se reposer sur sa sagesse. Il meurt, et l'on croit tout perdu. Le pays se
remet à un enfant, au petit Maurice, le fils du Taciturne, sombre enfant, très-précoce, plein d'audace, de
combinaisons, d'un avenir douteux qui rappelait son
père, mais bien plus son aïeul maternel, le dangereux
Maurice de Saxe, qui tour à tour servit ou trahit l'Allemagne.

En attendant, Farnèse ne craint plus rien. Il s'établit en tous sens sur l'Escaut. Il a le temps pour tout.
Il enveloppe Anvers de travaux gigantesques, et personne ne le trouble. Il creuse tranquillement des ca-
naux pour amener des vivres, des matériaux. Tout le
recours des Belges, qui, par une seule flotte de Hollande, eussent forcé, détruit ces travaux, c'est d'aller
se plaindre en France, d'aller chercher la force, où?
aux pieds d'Henri III!

Hélas! celui-ci eût eu besoin de défenseur, bien loin
de défendre personne. Chaque jour plus solitaire, il a
pour conseil la Ligue elle-même. Et, que dis-je? sa
mère le trahit.

Cela est absurde, incroyable, et cependant certain.
De Thou, qui le dit positivement, peut se tromper souvent sur les choses étrangères; il ne se trompe guère
sur l'intime intérieur que savait très-bien sa famille.

Catherine n'avait aimé personne qu'Henri III. Mais
elle aimait une chose davantage, le pouvoir et l'intrigue. Vieille comme elle l'était, elle les voulait tou-

jours, **et** détestait les deux vizirs, Épernon et Joyeuse. Cela la rapprochait des Guises. Ceux-ci lui faisaient croire qu'à la mort de son fils ils l'aideraient à mettre sur le trône *ses parents de Lorraine*. Étrange aveuglement. Cette femme de tant d'esprit ne voyait pas ce que les plus simples voyaient, que les Guises travaillaient pour eux.

Une guerre étrangère eût grandi les vizirs Une guerre intérieure, qui allait brouiller tout et embarrasser tout le monde, pouvait rendre la vieille dame nécessaire. On serait trop heureux de l'aller chercher, de la prier d'intervenir.

Ainsi, quand ces malheureux Belges, si obstinés pour nous, vinrent la troisième fois se donner à la France, ils trouvèrent presque tout le monde contre eux, le roi tremblant que l'Espagne ne se fâchât ; il n'osa les recevoir d'abord, leur fit dire d'attendre à Senlis.

L'Espagne était pourtant fort inquiète. Elle s'engageait alors dans la grande affaire du siége· d'Anvers Vingt vaisseaux de France qui eussent paru dans l'Escaut pouvaient changer toute la situation. Il y eût eu un revirement incalculable. Anvers manqué, Farnèse perdait force, tout lui échappait.

Les Guises aussi étaient très-inquiets. Ils voyaient d'Épernon et Joyeuse gagner beaucoup de terrain. Comment ? En faisant justement ce que la royauté fit au siècle suivant avec tant de succès, la conversion et l'amortissement de la noblesse protestante. On ne menaçait pas, on ne violentait pas , mais à tout huguenot qui venait à la cour, on disait d'amitié, tout bas, qu'il

n'aurait jamais rien, ne parviendrait à rien, que le
roi voudrait faire quelque chose pour lui, mais qu'il
ne pouvait rien que pour les catholiques (De Thou,
lib. 81).

Donc l'Espagne avait intérêt, et les Guises avaient
intérêt à s'entendre et presser les choses. Leur traité
se fit à Joinville, 31 décembre 1584.

Le prétexte, religieux et populaire, fut le danger que
courait la France catholique si le roi laissait le royaume
à un hérétique, au roi de Navarre. Le but ostensible
fut d'assurer la succession à un prince catholique, le
vieux cardinal de Bourbon, oncle d'Henri IV.

Cet acte d'*Union* fut la porte par où l'Espagne entra
en France.

L'acte était-il sérieux, sincère, excusé par la nécessité religieuse? Le meilleur catholique, le duc de Nevers, ne le crut pas, refusa d'y entrer. Le pape ne le
crut pas. Grégoire XIII et Sixte-Quint virent fort bien
que ce n'était qu'un acte politique

Philippe, qui venait de tuer tant de moines en Portugal, et qui offrait sa fille au roi de Navarre, était-il
aussi fanatique qu'il le paraissait?

Henri III, contre qui se faisait l'Union, était un très-
bon catholique, pénitent des Jésuites. De cœur et de
nature, il avait une vive antipathie contre les protestants. Il présentait aux catholiques un titre, certes,
grave, ayant plus que personne décidé la Saint-Barthélemy.

Et le roi de Navarre, ce monstre d'hérésie, quel
était-il au fond? Un homme d'esprit, infiniment glis-
sant en toutes choses, dont on avait bien vu déjà les

faciles revirements ; il s'épuisait à dire *qu'il ne demandait qu'à s'instruire*, que d'avance il se soumettait à ce
que déciderait un libre concile, qu'il ne recherchait
que la vérité, etc., etc. Il en disait tant, que ses protestants en étaient fort pensifs.

Non, il faut dire la chose comme elle est, l'affaire
est politique. Nous avons eu raison de terminer en
1572 les *guerres de religion*.

Mais, justement au point de vue politique, j'admire
une chose, c'est que Philippe II, à cinquante-huit ans,
n'ayant qu'un héritier de six, après sa banqueroute,
maigre, épuisé, tari, étant depuis vingt ans en travail
sans finir rien aux Pays-Bas, ayant mis jusqu'à trois
années pour la petite affaire du Portugal, ayant besoin de tant de forces pour faire face à la guerre immense qui lui commençait sur toutes les mers, s'em-
barquât encore de surcroît dans cette ténébreuse affaire
de la Ligue, dont il était bien sûr de ne voir jamais le
bout !

Au reste, quand on le voit travailler en même temps
tout le Nord, entretenir des pensionnaires pour les
élections de Pologne, vouloir employer le Polonais à
soumettre la Suède, vouloir s'établir en Danemark,
afin de prendre l'Angleterre à revers (Ranke), on est
tenté de le croire un peu fou.

Nous avons vu, du reste, la vieille Catherine entreprendre à son compte la conquête du Portugal et des
Açores.

Pyrrhus et Picrochole en sont humiliés ; Don Qui-
chotte est un sage. Il faut aller aux faiseurs d'or, aux
furieux souffleurs, pour trouver des comparaisos.

Ajoutez que Philippe II entrait dans cette folie de la
Ligue d'une manière bien peu sensée encore, bien propre à la faire échouer. Il voulait employer les Guises, et
il s'en défiait; il avait peur qu'ils ne réussissent trop. Il
voulait et ne voulait pas, agissait et n'agissait pas. Un
misérable subside qu'il leur donna de cinquante mille
écus par mois, assuré pour six mois (en tout trois cent
mille francs), n'était rien pour solder des armées, soutenir un grand parti ; c'était assez pour compromettre
les Guises, les rendre ridicules par l'hésitation, ou pour
leur faire casser le cou

Les Guises étaient fort riches, ayant entre eux un
million de revenu. Affamés par le roi d'Espagne, ils
allaient nécessairement être obligés de se ruiner pour
le servir. Il y comptait probablement.

Les résultats se virent bientôt. Dès le surlendemain
du traité (le 2 janvier 1585), le comité directeur de la
Ligue est posé à Paris; il agit, pousse, précipite, crie,
achète des armes; tout fermente, bouillonne, dans
une agitation furieuse. Le trésorier de la Ligue *est celui
même de l'Évêché,* l'évêque était toujours Gondi, le
frère du conseiller de la Saint-Barthélemy. Quel emploi
du trésor? *L'achat des armes.* Déjà on projetait les
Barricades.

Ce conseil se tenait ou chez le trésorier, ou bien à la
Sorbonne, ou encore aux Jésuites de la rue Saint-
Antoine. Les furieux curés de Paris siégent d'abord,
avec quelques marchands ruinés. Mais, pour rendre
l'appel au peuple plus éloquent, plus significatif, on y
joignit des massacreurs connus de 1572. Cela toucha
tout le monde, la Grâce agit, les chefs des confréries,

appelés au conseil, furent très-dociles, et devinrent,
chacun dans leur corps, d'excellents instruments.

Le peuple cependant, le vrai peuple, ne savait rien
de tout cela. Les machinistes qui menaient l'affaire
agirent, comme en toute bonne tragédie, par les deux
moyens d'Aristote, par la terreur et la pitié.

Par la terreur. « Les protestants étaient en marche,
arrivaient pour brûler Paris, tuer tout, déjà au faubourg Saint-Germain, dix mille étaient cachés qui
repassaient leurs couteaux. » Mais la pitié faisait encore plus que le reste ; au cimetière de Saint-Séverin
et ailleurs, on exposait de grands tableaux des pauvres martyrs d'Angleterre, avec force détails horribles, des gens étaient là, baguette en main, pour
expliquer la chose tout haut, et tout bas ils disaient :
« Voilà comme le Béarnais va traiter les bons catholiques. »

Coups violents. Les femmes rentraient en larmes et
bouleversées ; les hommes ne savaient plus que dire.
Une telle émotion du peuple enhardissait le Comité. Il
voulait, dès lors, tout finir, enlever Henri III, prendre
la Bastille et le Louvre . Et après ?. . Après, viendrait
Guise. Mais il restait chez lui en attendant. Le Comité
s'en émerveillait fort L'ambassadeur d'Espagne, Mendoza, l'appelait à Paris Le prince de Parme, qui avait
sur les bras la gigantesque affaire d'Anvers, le priait,
le sommait d'agir Guise recevait l'argent d'Espagne et
ne le gagnait pas.

Tout ce qu'on obtint de lui, ce fut de faire surprendre
Toul et Verdun. Cette audace timide eût pu irriter le
roi sans l'effrayer, et le pousser à accepter l'offre des

Pays-Bas. Les Espagnols poussèrent Guise ; ils exigèrent qu'il dressât directement son étendard et marchât vers Paris. Farnèse écrivait coup sur coup à Mendoza, qui disait à Guise · « Il le faut »

Le 21 mars, il obéit, s'empara de Châlons, commença la guerre civile.

A la nouvelle, le cœur manqua au roi Il fit venir les Belges, il refusa les Pays-Bas, et les recommanda à la grâce de Dieu.

Guise avait rassemblé la noblesse de Champagne, son frère Mayenne celle de Bourgogne, et le cardinal de Bourbon celle de Normandie. Un solennel appel fut fait, au nom de l'Union, aux parlements, aux prélats et aux villes. Lyon y céda, mais non Marseille, et non Bordeaux. Le duc de Nevers écrivit que sa conscience lui défendait d'armer contre son roi sans une autorité plus haute, et il alla à Rome consulter cette autorité.

Les choses ne se décidant pas plus vivement en faveur de la Ligue, le roi ne se fût pas hâté de traiter s'il eût été soutenu des siens. Mais d'Épernon était malade. Joyeuse craignait d'irriter les catholiques, espérant follement se substituer au duc de Guise. Le roi, seul et embarrassé, avait là fort à point l'inévitable reine mère, qui ne demandait qu'à négocier. Elle trouva tout à coup des jambes, redevenue jeune et leste, elle court à Nemours s'arranger avec Guise Sa négociation consiste à livrer tout.

Proscription du protestantisme Désarmement du roi. Pour garantie, des places données à tous et à chacun : à Guise, Toul, Verdun, Châlons, à Mayenne,

Dijon, Beaune, à Aumale, à Elbeuf, d'autres places,
Dinant au duc de Mercœur Enfin le futur roi, le
cardinal de Bourbon, aura Soissons en attendant Paris
(traité de Nemours, 7 juillet 1585) Le roi est chargé
de solder les garnisons des places que l'on tient contre lui

Une chose était plus claire et montrait mieux encore
que l'Union n'était pas contre le roi, mais contre la
France. Ces admirables citoyens, qui ne parlaient que
d'elle, travaillaient pendant le traité à donner à l'Espagnol ce que l'Anglais avait eu si longtemps, un port
une place de débarquement, pour envahir tout droit
par le plus court, au plus près de Paris. C'était Bou-
logne-sur-Mer qu'ils marchandaient. Un prévôt de la
ville était gagné ; Aumale, le frère de Guise, était
aux portes, attendant qu'on ouvrît. Il fut un peu surpris, en approchant, d'être accueilli avec des volées
de boulets.

Un homme du roi, qui assistait au conseil ligueur à
Paris, avait su tout, révélé tout.

Quand le pauvre roi de Navarre apprit le traité de
Nemours, qui mettait Henri III dans les mains de la
Ligue, on dit que sa moustache en blanchit en une
nuit Il se croyait perdu

Il le crut mieux encore quand le pape Sixte-Quint
vaincu par les ligueurs, l'excommunia ; dès lors, les
catholiques, incertains comme le duc de Nevers, allaient
agir avec les Guises. Le tiers parti, il est vrai, faisait
des vœux pour lui; le duc de Montmorency, pré-
voyant bien que la Ligue lui arracherait le Languedoc, s'était uni à lui. et, le 10 août, avait publié un

manifeste en commun avec lui et le prince de Condé.
Les *politiques* cependant, parti timide, inerte, n'étaient
pas un puissant appui. Il eût succombé, sans nul
doute, si l'Espagne eût franchement, fortement se-
condé les Guises.

Henri de Guise était, comme Don Juan, le martyr
de Philippe II. Rien de plus touchant que ses cris de
détresse, de famine, à l'ambassadeur Mendoza. Celui-
ci le repaît de mots. Tantôt c'est une grande armée
que le roi catholique embarque, et ferait arriver si
l'on avait Boulogne, tantôt ce sont des fonds qui
viennent.

En réalité, rien.

Et la Ligue aux abois n'a nul expédient que de préparer (7 octobre 85), par ordonnance royale, la vente
des biens des protestants.

Le roi triomphait tristement de cette misère, comme
disant : « Vous l'avez voulu. » Au clergé, à la ville,
au parlement, il annonçait que la guerre demandait
par mois quatre cent mille écus. Le clergé se ven-
geait ; il le faisait gronder en chaire. On le chapitrait
vertement et en face, chaque sermonneur lui prescri-
vait ce qu'il avait à faire.

Philippe II regardait ailleurs. Toute son attention se
fixait sur l'armée anglaise qu'Élisabeth avait enfin
donnée aux Pays-Bas, sous le commandement de Leicester. La Ligue, délaissée de l'Espagne, voyait bien
que le roi allait finir par s'arranger avec le roi de
Navarre. Des deux côtés, à Paris, à Madrid, on se
jugeait fort en péril, et, si la Providence avait si à
propos appelé à elle le prince d'Orange pour faciliter

le siége d'Anvers, il était désirable qu'elle éclarcît de nouveau l'horizon par la mort de la reine d'Angleterre.

Telle était la pensée de Reims. Deux machines s'y préparaient pour accélérer le miraclo.

CHAPITRE XI

Les conspirations de Reims. — Mort de Marie Stuart. 1584-1587

Si l'on veut comprendre l'état de la France mieux qu'on ne l'a fait jusqu'ici, il faut, pendant quatre mois, de mai en août, voir suspendue cette menace épouvantable de l'expédition espagnole et de l'affaire d'Angleterre.

C'est là, on ne peut en douter, ce que le roi d'une part, et de l'autre Henri de Guise, considéraient attentivement et suivaient de l'œil. Cette question supérieure dominait les petites affaires de la Ligue, qui visiblement pouvaient se trouver un matin tranchées d'un coup. La France regardait d'en bas passer cette terrible *Armada*, comme un immense oiseau noir qui, s'il emportait l'Angleterre, la frapperait elle-même.

Violente est l'effronterie de comparer à ce temps celui d'Élisabeth et le petit nombre de traîtres qu'elle frappa dans un règne de crise, dans une lutte si inégale contre la coalition de l'Europe catholique

Après les écrits de Pole, l'âme de ces séminaires et leur véritable Bible était le grand ouvrage du docteur Sanders, *De Monarchiâ visibili Ecclesiæ*, livre écrit par un secrétaire de Marie la Sanglante et sous le patronage du duc d'Albe (Louvain, 1571) Sanders, homme savant, sincère, qui mourut pour sa doctrine dans l'invasion d'Irlande en 1579, établit, non-seulement que le christianisme est la monarchie du pape, mais *qu'il est la monarchie*, une religion essentiellement, fondamentalement monarchique, la religion du pouvoir absolu.

Maintenant, représentons-nous ces jeunes cœurs d'exilés, cherchant, dans l'ardeur de leurs rêves, le monarque, le sauveur visible. Hélas! est-ce Philippe II? Ce politique hésitant a-t-il les allures d'un cœur ferme dans la foi? Ce défenseur de l'Église, qui devint en Portugal le cruel bourreau de l'Église, devait leur mettre d'étranges contradictions dans l'esprit Le duc d'Albe, admirable en Flandre comme exécuteur d'hérétiques, fut justement l'exécuteur des moines en Portugal. Un Dominicain célèbre, qui, du haut d'une montagne, vit ces carnages de moines et ces incendies de couvents exécutés par le général du roi catholique, ne résista pas au combat que cette vue mit en lui, il tomba à la renverse. On le relève, il était mort.

Herrera remarque que, dans les dernières années de Philippe, la mystérieuse *junte de nuit* qui gou-

vernait sous lui (et presque sans lui), dans ses maladies fréquentes, ne comptait pas un ecclésiastique.

C'étaient des laïques, des juristes, qui revoyaient,
censuraient et corrigeaient les actes du clergé espagnol.

Mais le pape, ce dieu sur terre, c'est lui sans doute
qui répond aux pensées de l'ardente école? Sauf un
seul, les papes d'alors furent bien moins pontifes que
princes.

L'outrage, l'outrage cruel du duc d'Albe en 1555,
avait frappé le cœur des papes, l'avait secrètement
corrompu. Devenus vassaux de l'Espagne, leurs pensées de rébellion leur donnaient fréquemment la tentation antipapale de s'unir précisément avec les ennemis de la cause catholique, qui étaient ceux de l'Espagne. Paul III fit des vœux pour les protestants, et
même appela les Turcs. Grégoire XIII, que les Jésuites croyaient entièrement à eux, refusa d'approuver
la Ligue. Sixte-Quint, dit De Thou, eût été charmé si
Henri III eût accepté contre l'Espagne la protection
des Pays-Bas.

Dans ces variations du pape et de l'Espagne, on
comprend que les Jésuites eurent une prise infiniment
forte sur ces jeunes exaltés, quand (sous les formes les
plus humbles de l'obéissance) ils imaginèrent d'agir
sans Philippe, par Don Juan, par les Guises (1583),
même sans le pape (1585).

C'est un point essentiel. Hors de l'action romaine et
de l'action espagnole, les Jésuites souvent tramèrent,
les réfugiés anglais exécutèrent et agir, surtout pour
délivrer Marie Stuart et faire périr Élisabeth.

Les Jésuites, si admirables d'ardeur et d'activité, avaient pourtant deux défauts :

L'un, que note Marie Stuart (9 avril 1582), d'être souvent imprudents et compromettants, de jouer, par leur furie d'intrigue, avec la vie même de la prisonnière.

L'autre défaut qu'articule notre ambassadeur Châteauneuf (Labanoff, VI), c'est que les Jésuites, encore si nouveaux, nés en 1543, s'étaient déjà tellement gâtés, que la police anglaise trouvait toujours à acheter dans leurs maisons des espions contre eux-mêmes :

« Il n'y a colléges de Jésuites, ni à Rome, ni en France, où on n'en trouve qui disent tous les jours la messe pour se couvrir et mieux servir à la reine Élisabeth. »

Une éducation de mensonge, quand même elle serait donnée dans une vue de sainteté et pour un but de dévouement, n'en corrompt pas moins les âmes, et les ouvre aux choses basses, aux plus honteux changements. La vie d'intrigue, de faction, que les Jésuites menaient, n'étant plus simples auxiliaires, mais chefs réels, et moteurs des actes les plus hasardés, les mûrissait extrêmement, les précipitait sur la pente d'une corruption précoce. Voilà des Jésuites politiques qui deviennent aisément espions. Tout à l'heure, vont commencer les terribles procès de mœurs qui frappèrent les Jésuites professeurs, spécialement en Allemagne (procès imprimés par Joseph II).

La corruption politique ne leur fut pas particulière. « Il y a beaucoup de prêtres en Angleterre, tolérés par la reine, pour pouvoir, *au moyen des confessions auri-*

culaires, découvrir les menées des catholiques » C'est encore l'ambassadeur de France (Labanoff, VI) qui nous donne ce fait piquant, que la confession ouvrit le parti catholique à la police protestante.

Les pièces publiées par M. Capefigue (t. IV, 178-179) nous apprennent combien ces tristes moyens étaient nécessaires contre les machinations meurtrières d'un roi dont la police fut le génie spécial, contre la corruption d'un maître des Indes, qui, dans ses plus grands embarras d'argent, en trouvait cependant pour acheter les ministres, agents, domestiques de ceux à qui il en voulait, qui poussa ce mépris de l'homme, cette foi à l'or, jusqu'à croire qu'il achèterait les premiers hommes du temps, les ministres d'Élisabeth !

L'homme de Marie Stuart, Melvil, qui connut l'un de ces ministres, Walsingham, organisateur de la contre-police qui neutralisa celle de Philippe II et sauva Élisabeth, Melvil n'en fait nullement l'horrible portrait que tracent les autres catholiques Il vit en lui un vieillard extrèmement maladif, qui, dans sa faiblesse, et sûr de sa fin prochaine, jugeait sa vie bien employée s'il sauvait celle dont la tête était, pour ainsi dire, une clef de voûte pour l'Europe. Et, en effet, Élisabeth de moins, tout allait tomber

Dans ce duel des deux polices, laquelle vaincrait ? C'était une curieuse question de moralité. Elle fut jugée par le fait. Au cœur du parti catholique, où se trouvaient des hommes admirables relativement, la doctrine du pieux mensonge et de l'équivoque maintint un germe pourri où vinrent toujours des insectes. Là toujours eut prise l'ennemi. Reims ne sut presque jamais ce que faisait Walsingham. Et Walsingham sut toujours ce qu'on préparait à Reims.

On doit s'étonner d'autant plus qu'on ait constamment échoué contre Élisabeth, que le parti opposé avait contre elle l'arme la plus victorieuse en révolution, celle qui non-seulement exalte un parti, mais qui l'étend, le multiplie, le fait pulluler et le renouvelle. Cette arme, c'est le roman, la légende, ce trouble des cœurs, cette prise toute-puissante sur les bons sentiments du peuple. Qui a fait en France la contre-révolution, sinon Louis XVI, Madame et le petit Dauphin, la charmante Marie-Antoinette? Qui eût dû renverser aisément Élisabeth? Le roman de Marie Stuart, celle-ci d'autant plus terrible, qu'elle était non-seulement le miracle célébré, le rêve de tous les hommes, mais le suprême martyr d'une si grande religion. Le monde catholique, à genoux, quand il faisait ses prières, ne se tournait pas vers Rome, ne se tournait pas vers Madrid, il regardait vers l'ouest, vers la tour de la prisonnière. Celle-ci, le matin, le soir, pouvait dire · « On pleure pour moi »

Qui pouvait y être insensible? Tout le monde savait par cœur les très-beaux vers où Ronsard, cette fois vrai et grand poete, rappelle l'impression charmante, mélancolique et religieuse qu'il eut quand il la vit sous ses blancs voiles de reine veuve dans les bois de Fontainebleau, quand les arbres, les vieux chênes, les pins sauvages s'inclinaient. la saluaient « comme chose sainte».

ineffaçable souvenir, et sans cesse renouvelé par les poetes de tous les partis Nos plus sérieux historiens

en subissent le charme. Je ne m'en défendrais pas sans
tant de preuves qui montrent en cette fatale fée tout
ce qui faisait le danger du monde.

Ses portraits aussi, il faut dire, du moins les plus
sérieux, protestent contre la légende. A la grande bibliothèque, à celle de Sainte-Geneviève, à Versailles,
on entrevoit l'attrait fantasmagorique de cette pâle rose
de prison. Mais, en même temps, le long visage, en-
cadré d'une blanche coiffure de béguine ou religieuse,
vous dénonce le génie des Guises. La bouche serrée,
petite, l'œil fixe et baissé, n'indiquent en aucune façon la douce résignation dont la parent des récits
menteurs. Ils disent la reine, et non la sainte. On y
devine très-bien la tragique violence qui vengea si
cruellement sur Darnley l'offense à la royauté, et qui,
sans scrupule, acceptait le meurtre d'Elisabeth.

Que pouvait la reine d'Angleterre quand cette mortelle ennemie vint, non de sa volonté, mais forcée par
le péril et poussée en Angleterre? L'Henri IV anglais
l'eût tuée, le nôtre l'eût peut-être lâchée. Élisabeth
hésita et, en la gardant dix-neuf ans, tint suspendu
sur sa tête, entassa et épaissit un épouvantable orage.

De ces dix-neuf ans, pendant quinze elle fut fort
doucement traitée, étant reine de ses gardiens, le comte
et la comtesse Shrewsbury, faisant de l'une son amie,
de l'autre, dit-on, son amant. Elle enveloppa la famille ;
une jeune et jolie nièce, qu'ils élevaient comme leur
enfant, devint le bijou de la prisonnière ; elle l'avait
jour et nuit, la faisait coucher avec elle. Voir sa lettre
charmante « A Bess (Elisabeth), ma bien-aimée camarade de lit. »

Elle avait une petite cour, douze demoiselles d'honneur, une écurie considérable et de nombreux serviteurs (Châteauneuf, dans Labanoff, VI).

Outre ce que donnait Élisabeth, elle tirait de France le revenu de son douaire. Elle avait son monde à Paris, son intendant Paget (qui fut dans tous les complots), et des ambassadeurs dans toutes les cours.

Elle correspondait toujours, quoi qu'on fît, avec tout le monde, avec l'Espagne, avec les Guises, avec ses partisans d'Écosse. Elle remuait tout de ses lettres éloquentes et calculées, dont plusieurs sont des pamphlets. Les unes, tendres, plaintives, humbles ; d'autres, horriblement satiriques.

Il en est une bien hardie, c'est celle où elle parle tantôt du cautère de la reine, tantôt de sa vanité, et enfin du caprice honteux qu'elle aurait eu pour Simier, l'envoyé du duc d'Anjou.

Plus irritantes encore peut-être sont les lettres où Marie Stuart se pose elle-même comme une sainte, ces lettres si douces, si humbles, où elle lui offre des broderies et des travaux de sa main. Traits touchants qu'on trouve à peine dans la Légende dorée ! Quel effet devaient-ils produire sur les âmes simples ! Que de pleurs durent verser les femmes ! Quelle rage durent mettre ces choses dans le cœur des hommes, de ces jeunes gens exaltés qu'on enivrait de son nom ! Cette douceur de la prisonnière aiguisait cent poignards contre Élisabeth.

Les catholiques anglais étaient cinquante mille, d'après un dénombrement (Lingard). L'attaque d'une telle minorité contre un grand peuple uni, déterminé à dé-

fendre sa foi, sa liberté, sa croissante prospérité, qu'il
voyait reposer sur la tête d'Élisabeth, cette attaque
coupable eût été de plus ridicule sans l'assassinat et
l'invasion. Et l'assassinat même était un coup douteux
quand il s'agissait d'une reine adorée, défendue par
l'unanimité nationale et portée sur le cœur du peuple.
Les Jésuites, pour tenter la chose, ne durent trouver
guère que des fous

Les héros des dernières conspirations furent d'abord
un Gallois Parry, homme d'imagination et d'aventure,
comme sont fréquemment les Gallois ; plus tard, un
jeune gentleman, Babington, qui avait vu Marie Stuart,
étant page chez le comte de Shrewsbury ; comme tant
d'autres, il avait pris feu ; c'était l'amoureux de la reine,
délivrée, il était bien sûr qu'elle ne manquerait pas de
l'épouser.

L'affaire de Parry commença à peu près au moment
où l'on manqua l'assassinat du prince d'Orange (1582).
On en parlait partout. Parry, dans une querelle, voulut
tuer quelqu'un, le manqua, s'enfuit, se fit catholique
à Paris, où on ne manqua pas de lui conseiller de tuer
Élisabeth. Un savant jésuite qu'il vit à Venise lui démontra doctement la légitimité de la chose, le poussa
à s'offrir au pape. Revenu à Paris et causant de tout
cela légèrement, il se rendit suspect ; un Jésuite, plus
fin que les autres, et surpris de l'étourderie avec laquelle on se confiait à ce bavard, lui dit que, dans son
ordre, *on n'enseignait qu'à obéir, jamais à conspirer
contre le souverain*. Parry, ébranlé, fut raffermi par
d'autres ; on se chargea d'obtenir des lettres pontifica-
les, positives et expresses, qui lèveraient ses scrupules.

Etait-il dégoûté? l'envie de tuer était-elle sortie de sa tête légère? Quoi qu'il en soit, passant en Angleterre janvier 1583), il demanda à voir la reine, lui dit qu'on conspirait contre elle. Quelque parti qu'il prît, cet aveu jouvait lui servir ou à obtenir un bon poste qu'il demandait, ou à être moins surveillé. Mais le parti ne lâchait pas son homme. On lui donna le livre du grand docteur de Reims, Allen, qui justifiait la trahison. On lui apporta des lettres de Rome, où le pape le bénissait, l'encourageait, lui disait de persévérer. Parry reprit l'envie de tuer et se confia à un sien cousin catholique qui le dénonça. On arrêta en même temps un Jésuite, Creichton, qui, d'abord, *ne connut pas* Parry; puis le connut, mais *ne se souvint pas* qu'il lui eût parlé de l'affaire, puis s'en souvint; mais il l'avait chapitré fort et ferme, *détourné de son crime.* C'était la finale ordinaire. Les Jésuites s'en lavèrent les mains, et jurèrent que Parry n'avait été qu'un agent de Walsingham.

Ceci en février 1584. Le 10 juillet, comme on a vu, fut tué enfin le prince d'Orange, la Hollande paralysée, et le prince de Parme put avec sécurité hasarder le siége d'Anvers; le 10 même, il prit Lillo, à une lieue d'Anvers, commença les travaux, somma la ville en novembre. Pour empêcher les secours de France, on fit la Ligue (31 décembre), et, pour empêcher les secours d'Angleterre, on monta de nouveau une machine contre Élisabeth.

Le prince de Parme avait toujours vu et endoctriné les assassins des Pays-Bas, les Salcède, les Gérard, etc. *Il donna un congé* à un brave catholique anglais,

nommé Savage, qu'il avait dans ses troupes. Le *hasard*
voulut que Savage allât au séminaire de Reims, le
hasard voulut que, ce brave contant ses beaux faits
d'armes aux prêtres, un docteur, qui n'était pas de la
conversation, l'entendît, il s'y mêla et dit au militaire
qu'il y avait une chose plus belle à faire : c'était de
tuer Élisabeth (State trials).

Savage fut un peu étonné; il n'y avait pas pensé. Il
n'osa dire à ces pieux personnages que leur proposition lui paraissait un crime. Il dit . « La chose est
difficile. » Il avait la tête dure, et il leur fallut trois
semaines pour faire comprendre à ce soldat qu'une
reine excommuniée de la bouche du pape devait être
tuée sans scrupule. A force d'entendre la chose, il s'y
accoutuma, et promit ce qu'on voulut.

Les Jésuites jasaient toujours trop. Au lieu de mener
leur homme tout chaud qui eût frappé sans raisonner,
ils s'en allèrent demander à Paris l'aveu de l'ambassadeur d'Espagne, Mendoza, et ils voulurent lier l'affaire avec celle du pauvre fou Babington, l'amant de
la reine.

Pourquoi ces deux sottises? Ils répondent qu'elles
étaient nécessaires : 1º il fallait que Mendoza leur
donnât des troupes espagnoles, *les catholiques anglais
étant trop peu nombreux,* 2º il fallait que Babington en
fût, pour faire avaler à ces catholiques une invasion
espagnole *qu'ils redoutaient.* En d'autres termes, les
Jésuites n'avaient là-bas presque personne. Ils voulaient forcer l'Angleterre; il y fallait l'épée, la ruse,
et, pour réunir ces moyens, il fallait parler de l'affaire,
la confier, la traîner, manquer de tout.

Le gouvernement anglais, ferme sur sa large base, qui était la nation, plongeait un clairvoyant regard dans leurs conciliabules. Le Jésuite Ballard, qu'ils envoyèrent de Reims à Mendoza, était suivi depuis six ans par Walsingham; il l'avait laissé près de cinq années courir l'Angleterre, ayant près de lui un agent sûr; il ne l'avait pas arrêté, non plus que Babington, voulant pénétrer davantage et savoir jusqu'où l'on irait. Ballard revint en Angleterre, au printemps de 1586, pour lier les deux affaires de Babington et de Savage.

L'assassinat semblait d'autant plus nécessaire aux Jésuites, que leur grande affaire de la Ligue n'aboutissait à rien, et que l'Espagne languissait. Philippe II avait été malade en 1585 (Gachard, Philippe II, introd.). Personne, pendant quelque temps, n'ouvrait plus les dépêches, et rien ne se faisait. On le décida avec peine à organiser sa *junte de nuit*, qui le suppléa un peu.

Donc, tout allait lentement. On voulut hâter, simplifier par la dague ou le couteau.

Le Jésuite Ballard se croyait bien déguisé, faisait l'homme d'épée. Babington se croyait discret, n'ayant associé à l'affaire que cinq ou six de ses amis, jeunes gentlemen, aussi graves que lui. Savage enfin passait le temps à se faire faire un habit exprès pour le jour de l'exécution.

Un mot très-fort du duc de Nevers, qu'il dit au jeune de Thou sur Henri de Guise, convient aussi bien à tout le parti. Ces gens embrassaient trop de choses, filaient trop de fils à la fois, s'embrouillaient de trop de pro-

jets, sans voir assez si les points de suture les feraient
s'agencer ensemble. De telle sorte que leur histoire
ressemble à tel roman de l'abbé Prévost, qui a, de
temps en temps, tout un roman pour parenthèse. L'ensemble se relie comme il peut.

Ici l'affaire, tissue de tous ces fils, était bien assez
compliquée sans y mêler Marie Stuart. Pourquoi la
compromettre ? Pour agir sur les catholiques écossais,
pour tirer d'elle un testament ? On y parvint, mais on
causa sa mort. et l'on manqua toute l'affaire.

Elle était fort resserrée depuis un an, sans communication Les fortes têtes de Reims imaginèrent d'essayer d'arriver à elle par un des leurs, le jeune
docteur Gilbert Gifford, dont la famille nombreuse et
importante avait justement sa maison tout près du
château de Chartley, où l'on gardait Marie Stuart. Ce
jeune homme paraissait fort sûr, ayant son père enfermé pour cause de religion, lui-même sorti de l'Angleterre à douze ans, élevé huit ans par les Jésuites
à Reims et en Lorraine Il présentait toutes les conditions d'un bon agent, jeune et presque sans barbe, ins-
pirant confiance, mais vieux d'expérience et d'études,
ayant voyagé, vu l'Europe, parlant très-bien diverses
langues. On a dit de Gifford, comme de Parry et de
bien d'autres, qu'il était un agent de Walsingham,
rien n'indique qu'il le fût alors.

Il pouvait être encore sincère à Reims quand il prit
cette mission, et croire, comme tous ces Jésuites, que
l'Angleterre était prête pour l'événement. Mais grande
dut être sa surprise, en revoyant ce pays qu'il avait
quitté à douze ans, de le trouver tout autre qu'on ne

LES CONSPIRATIONS DE REIMS. 151

disait, de voir cette association de tout un peuple pour
la vie de la reine. La prodigieuse prospérité du pays
dut faire songer aussi un homme clairvoyant qui venait de parcourir l'Italie désolée et la pouilleuse Castille. Les voyages, la comparaison des mœurs, ne font
pas peu au scepticisme ; tel qui part fanatique revient
indifférent.

C'est alors que le vieux Walsingham l'aura fait
venir, lui aura dit qu'il les tenait tous, ayant sous la
main ce Ballard et ce Babington sans daigner les
prendre, mais que lui Gifford en valait la peine, et
que, puisqu'il était si décidé au régicide, il en avait
une belle occasion en tuant la reine d'Écosse, au lieu
de tuer Élisabeth.

Élève des Jésuites, Gifford justifia leur enseignement, montra qu'il avait profité, et qu'il était un
Jésuite accompli. Il se fit leur intermédiaire, gagna un
brasseur de Chartley pour porter, rapporter dans ses
tonneaux les dépêches du parti et les lettres de Marie
Stuart, de façon qu'elle pût se perdre.

Élisabeth la détestait et cependant la défendait, in-
fatuée qu'elle était du caractère sacré des rois, effrayée
de l'exemple si on en venait à tuer juridiquement une
reine. Elle sentait très-bien la force que les puritains
en tireraient, qu'un roi dès lors serait un homme res-
ponsable, justiciable. Elle voyait distinctement l'échafaud de Charles Ier.

Mais Burleigh, Walsingham, Leicester, qui étaient
nominativement proscrits par Philippe II et recom-
mandés aux assassins, n'entraient guère dans les pré-
voyances de la reine. Ils voyaient le moment, le danger

actuel; Élisabeth tuée, ils n'auraient pas vécu une heure. Tous les ports d'Espagne bouillonnaient (dès 1584) du mouvement de l'Armada. La Ligue lui offrait la rade de Boulogne, à six heures de Plymouth. Si Farnèse et ses vieilles bandes passaient, c'était fini. Marie de sa tour, sortait reine, et son avénement lâchait le soldat dans les rues de Londres.

On avait vu Milan et Rome sous l'Espagnol, sous l'épouvantable torture des *Maranes*, moitié Africains. On avait vu le sac d'Anvers, une scène bien au delà des plus horribles rêves. Tous les rivages d'Angleterre s'étaient couverts de fugitifs, hommes et femmes, nus, navrés, sanglants... Maintenant au tour de Londres. L'Anglaise charitable qui avait reçu la Flamande mourante dans son lit savait ce que c'était que les saccagements de ville, et elle s'évanouissait d'épouvante à la seule idée.

L'Angleterre résisterait-elle? Il n'y avait pas d'apparence. Pourquoi? Parce qu'elle avait l'ennemi dans son sein, parce qu'il y avait quelqu'un à Chartley, qui, le lendemain de sa descente, donnerait aux Espagnols deux armées, anglaise, écossaise, ou du moins ferait dire au peuple des marchands : « Traitons, devançons le pillage. » Un sûr moyen d'être pillé.

Aujourd'hui le traité. Demain le sac de Londres. Après-demain le silence des ruines, que l'on voyait aux Pays-Bas, le commencement des longues tortures à petit bruit, les moines de toute couleur, les mendiants soldats, la torture et les poux.

Hypothèse? Imagination? Vains rêves? Point du tout. La grande flotte de l'Armada, quand elle vint traîner le long des côtes, exposa aux marins anglais une superbe élite de moines, blancs, gris, noirs, un corps d'inquisiteurs tout prêts.

Il n'y avait aucune famille anglaise qui, le soir, à genoux, ne demandât, avec prières, larmes et sanglots, la mort, la prompte mort, de cette malédiction vivante dont le prétendu droit livrait l'Angleterre.

Reine propriétaire (c'est un mot de Philippe II) Propriété terrible, de haine et de fureur. De quoi Marie Stuart mourut-elle? D'avoir fait un *legs de l'Angleterre* (20 mai). L'Angleterre léguée la tua.

C'est pour avoir cette lettre du 20 mai que les Jésuites, dans leur frénétique passion, nouèrent avec elle la correspondance qui la mena à la mort. Non-seulement elle y donne l'Angleterre à l'Espagne, mais elle dit que, si son fils ne se fait catholique, *elle le livrera* à Philippe II.

Les Jésuites Persons, Holt et autres, étaient déjà en Écosse pour cette œuvre pie ; ils travaillaient avec les Guises. Henri de Guise appuyait ardemment les envoyés d'Écosse près de Philippe II. On voyait bien ces allées et venues ; on comprenait qu'une révolution allait se faire. Henri III, inquiet, envoya un ambassadeur à Édimbourg, ce que la France n'avait pas fait depuis dix-huit ans. Enfin, pour rendre la chose encore plus claire, ces insensés d'Écosse se mirent à dire la messe et se refirent catholiques, comme s'ils avaient déjà vaincu.

Il est évident que tous perdaient la tête. Ils écrivaient, jasaient, conspiraient en plein vent, sans voir seulement, tristes marionnettes, qu'ils s'agitaient au

fil que tirait Walsingham. Babington, le plus fou
(c'est son droit d'amoureux), en vient à écrire à
Marie, *à sa chère souveraine*, tout ce qu'on fait pour
elle. « Quant à ce qui tend à nous défaire de l'usur-
pateur, six gentilshommes de qualité, mes amis fami-
liers, entreprendront l'exécution tragique. » (16 juillet
1586.) A quoi Marie répond sans hésiter : « *Il faudra*
mettre les six gentilshommes en besogne, etc. »
(27 juillet.)

Ce n'était pas la première fois que Marie consentait
la mort d'Élisabeth. Mais ici, par ce mot fatal, elle
avait l'air de l'ordonner. Son secrétaire Nau, à qui
elle dictait, la pria à genoux de ne pas envoyer cette
lettre. Mais c'était fait. La folie est contagieuse. Et
Babington était si naïvement fou, que tous, sur ces
belles ailes, naviguaient dès lors avec lui entre ciel et
terre, ayant perdu de vue ce bas monde des réalités.
Il en était venu au point de ne plus s'inquiéter de l'é-
vénement, mais seulement de craindre que les visages
des six héros ne fussent perdus pour la postérité, il en
fit faire un grand tableau où ils étaient très-ressem-
blants, faciles à retrouver, attention délicate pour la
police, et dont purent le remercier les agents de Walsingham.

Philippe II était content. Il avait bien serré la bonne
lettre où Marie donnait trois royaumes. Il ordonne
qu'on se prépare pour agir promptement, sur-le-
champ, etc.

Cependant, à ce moment même où il sent tout le prix
du temps, il veut que la nouvelle du coup aille d'abord
à Paris, non tout droit à Farnèse en Flandre, et c'est

Mendoza qui, de Paris, transmettra à Farnèse l'ordre de départ, *de sorte qu'Élisabeth tuée,* dans cette crise brûlante où chaque minute avait un prix énorme, *il y aurait eu cinq ou six jours perdus* avant que le secours espagnol mît à la voile ! Cela peint Philippe II, et classe l'animal à sang froid.

Walsingham, tenant son affaire, crut pouvoir emporter la chose auprès d'Élisabeth par un grand coup de peur. Il lui dit tout en une fois. Elle en fut renversée.

Fallait-il attendre les actes ? Il semblerait que le hardi ministre en fût d'avis Il n'arrêta qu'un homme, le vieux Ballard, voulant sans doute que les autres, effrayés, se précipitassent dans un commencement d'exécution, et qu'on les prît armés. Ils n'osèrent, devinant bien que déjà de toutes parts ils étaient pris, enveloppés

La sûreté de Marie semblait être en ceci, qu'il n'y avait rien de son écriture. Elle dictait, et Nau écrivait la minute, qu'un autre secrétaire chiffrait Nau d'abord noblement, fermement, nia tout Mais Babington avoua tout, Ballard tout, et quand ils eurent subi, au nombre de quatorze, le supplice des traîtres, Nau remit de l'eau dans son vin. Il dit de point en point comment se faisaient les choses, et que Marie avait dicté.

Elle se défendit d'abord par le silence, refusant de répondre, disant qu'elle était reine, étrangère et non soumise aux lois anglaises ; qu'elle était venue en Angleterre *sans y être forcée.* Ceci était très-faux. Elle 'aurait pas pu se sauver. Notre ambassadeur, Castelnau, dit nettement qu'à peine réfugiée en Angleterre, elle conspirait et qu'Élisabeth fut contrainte de la retenir.

Après le silence, elle essaya le mensonge et l'équivoque, disant ne pas connaître Babington, *puisqu'elle ne l'avait jamais vu*, soutenant même *qu'il ne lui avait point écrit, qu'elle ne lui avait point répondu.* Elle prit Dieu à témoin *qu'elle n'avait jamais consenti à ce qu'on conspirât contre la reine d'Angleterre.*

Tous les historiens, chose curieuse, admirent la dignité de cette défense! Tous estiment que l'accusée y fut grande et vraiment reine! Peu s'en faut que ce jugement ne soit cité à côté des jugements des martyrs, des héros de la vérité!

Les plus judicieux écrivains copient ici sans examen les misérables pamphlets, généralement anonymes, que les événements produisirent; par exemple, l'Innocence de la *très-chaste* et débonnaire Marie, le Martyre de la reine d'Écosse, la Mort de Marie Stuart, etc , et tout ce qu'a ramassé la compilation de Jebb. Ces romans furent imprimés la plupart dans l'année même des *Barricades* et de l'*Armada.* Ce sont des armes de guerre lancées contre Élisabeth et contre Henri III. Le but est d'exalter les Guises, de faire croire que le roi de France trahit sa parente, et n'intervint pas pour elle. Une foule de détails inexacts devaient avertir que ces histoires sont des pamphlets et des pamphlets ignorants. Par exemple, l'auteur du *Martyre* dit que Gifford, à Paris, logeait chez le conspirateur Morgan (Jebb, II, 281), chose matériellement impossible; Morgan était à la Bastille

Beaucoup d'ornements romanesques montrent aussi que ces livres sont écrits pour les belles ruelles et les dames du continent, spécialement les détails sur la blancheur de Marie, sa gorge d'albâtre (307); spécialement le conseil qu'elle aurait tenu la veille avec ses femmes et ses serviteurs sur sa toilette du lendemain (639), le satin gaufré, le taffetas velouté, les bas de soie bleue, les jarretières de soie, et jusqu'aux caleçons de futaine blanche. Est-il sûr que ces belles choses aient tellement occupé une âme en présence de l'Éternel?

Mais ce qui me rend ceci encore plus suspect, ce sont les saletés ignobles qu'on ajoute sur Élisabeth (651) Quand la fureur fait descendre jusqu'à fouiller de telles choses, on peut croire que l'historien qui se moque de la pudeur se moquera de la vérité.

Chevaliers de Marie Stuart (je parle surtout au bon Schiller, dupe de son cœur au point d'écrire ce drame violent contre ses propres idées), examinons, je vous prie, la vraie cause qui vous a tous tellement aveuglés, dévoyés, jusqu'à suivre aveuglément les plus sots pamphlets des Jésuites.

« Son jugement fut irrégulier. » Non, ce n'est pas la vraie cause qui vous a passionnés. Bien d'autres procès analogues vous ont passé par les mains sans que vous y insistiez.

Dites la chose comme elle est, n'en rougissez pas. La vraie cause qui vous émeut, qui nous émeut tous, c'est que *c'était une femme*.

Tuer une femme! c'est en effet une chose horrible, et qui soulève! La mort de la plus coupable semble un crime de la loi.

Je n examinerai donc pas ce qui serait advenu de l'Angleterre si l'invasion espagnole eût trouvé vivante la dangereuse créature qui faisait l'unité secrète du parti catholique anglais, son lien avec les Guises, avec toutes les conspirations du continent. Que de femmes pourtant alors, des millions de femmes anglaises, eussent trouvé pis que la mort dans la vie de cette femme.

J'aime mieux, mettant ceci à part, répéter ce que j'ai dit ailleurs avec plus de force que personne (*Rév. française*, t. VII) : « Il n'y a contre les femmes nul moyen sérieux de répression. Elles sont souvent coupables ; elle sont moralement responsables ; et cependant, chose bizarre, *elles ne sont pas punissables*. Malheur au gouvernement qui les montre à l'échafaud ; on ne l'en excuse jamais. Celui qui les frappe se frappe ; qui les punit se punit. Elles sont le monde de la Grâce ; la loi ne peut rien sur elles. »

Élisabeth le sentit cruellement, profondément. De là sa pitoyable tentative de faire croire qu'elle eût pardonné, mais qu'on devança ses ordres. Elle voyait parfaitement que cette mort, juste ou non, la poursuivrait dans tout l'avenir ; elle voyait que l'acte odieux que lui arrachait le péril pouvait sauver l'Angleterre, mais la perdait elle-même à jamais dans le cœur des hommes.

CHAPITRE XII [1]

Henri III est forcé de s'anéantir lui-même. 1587.

La sombre, mais belle histoire, qui finit en 1572, a été justement intitulée *les Guerres de religion*. L'histoire misérable que nous faisons maintenant devrait s'appeler *les Intrigues sous prétexte de religion*.

Les catholiques peuvent là-dessus s'en fier au pape lui-même. Sixte-Quint avait en dégoût la grande tartuferie à laquelle on l'associait. Ce bon père, tout oc-

---

[1] Aux chapitres XII et XIII, j'ai suivi fréquemment De Thou pour l'intérieur de Paris. Les siens y avaient de fortes racines, et purent savoir beaucoup, étant et au Palais, et à la Cour, et dans les rues ; son père le président était colonel de quartier. — Personne n'a bien compris qu'aux Barricades Guise était traîné par l'Espagne, qui le risqua, comme un brûlot, pour pouvoir faire partir l'Armada.

cupé de sa petite affaire romaine, d'arrêter et de faire
pendre les bandits de son désert, regardait de loin sans
plaisir la sotte pièce de la Ligue. Il voyait de mauvais
œil ce que *ses fils* les ligueurs et *ses fils* les Espagnols
s'obstinaient à faire pour lui. Il leur donnait à la rigueur des parchemins et des bulles, point d'argent, se
disant trop pauvre. « Si j'en avais, disait-il ironique-
ment aux ligueurs, je n'aurais garde d'en donner pour
la guerre ; je suis un homme de paix. »

C'était un rusé paysan qui n'était pas dupe. Il voyait
qu'il n'y avait guère de vérité dans tout cela, qu'on ne
travaillait pas pour lui, et que, s'il y avait succès, ce
serait la grandeur de l'Espagne, dont il dépendrait plus
encore.

L'Espagne marchant sur l'Europe, menaçante malgré sa fatigue et son appauvrissement ; l'Espagne, aidée
d'une force immense d'illusion et de terreur, poussée
par l'armée du mensonge, unie si intimement à la
réaction fanatique qu'elle n'avait pas même besoin de
la ménager, voilà ce qu'on voyait venir.

Force fatale qui, quoi qu'elle fît, parfois insultant le
pape, parfois massacrant des moines (comme on vit en
Portugal), n'en semblait pas moins catholique et la
catholicité elle-même.

On a vu les sournoises, maladroites et impuissantes
tentatives des Jésuites en 1578 et 1583, pour agir sous
Philippe II par des épées d'aventuriers. Ils retombent
toujours à l'Espagne ; ils sont à sa discrétion.

On va voir de plus en plus la sottise de la Ligue,
qui voudrait être par elle-même, le chimérique roman
de Guise, qui vainement se figure *qu'il se servira de*

Philippe II. Il ne fait rien que se perdre. La Ligue n'a de force sérieuse que par sa base espagnole.

La Ligue fut-elle une chose française et nationale ? Les Français du xvi° siècle (après le Gargantua et pendant qu'écrit Montaigne !) sont-ils véritablement si fanatiques et si sots ? Les actes soi-disant populaires qu'entasse M. Capefigue auront peine à me le faire croire. Il prend, copie tout ce qu'il trouve aux Archives de la ville, convocation de la milice, ordres d'armer les bourgeois, programmes de fêtes publiques, et il appelle tout cela des actes du peuple, les élans municipaux de la bonne ville de Paris, l'action des confréries, des halles, etc., etc. Lisez avec attention ; vous reconnaissez des actes officiels, émanés de l'autorité.

Ce qui d'avance m'avait mis tout d'abord en défiance sur cette prétendue popularité de la Ligue pendant vingt années, c'est la longueur du temps même. La France n'est pas si longtemps folle. Une pièce qui traîne ainsi, qui n'aboutit pas promptement, qui recommence sans cesse pour avoir de fréquents entr'actes et laisser la scène vide, n'est pas une pièce française. Il y fallait une patience qui n'est pas de cette nation. On l'aurait sifflée cent fois si le véritable auteur, le clergé, n'eût été là, avec sa forte police de boutiquiers ruinés, de mendiants à bâtons, et son arrière-garde espagnole.

Dès 1586, dans les dépêches d'un agent très-clairvoyant, vivement intéressé à la chose, l'ambassadeur de Savoie, je trouve cet aveu curieux . « *La Ligue a dégoûté tout le monde.* » (Archives diplomatiques de Turin, 27 mai 1586, portef. 5.)

Qui dit la Savoie dit l'Espagne ; Philippe II venait
de donner sa fille au jeune duc de Savoie. C'est l'aveu
des intéressés, de ceux qui comptaient se servir de la
Ligue pour démembrer la France, qui travaillaient
dans ce but, qui pratiquaient Marseille et Lyon
(*Ibidem*, 27 avril 1587.)

Si la Ligue avait eu en France les fortes et vastes
racines nationales qu'on suppose, Guise n'eût pas eu
besoin d'attendre toujours Philippe II. Quoiqu'il tirât
du clergé, quoiqu'il tirât de ses biens qu'il était obligé
de vendre, il tendait toujours les mains à l'Espagne ;
il en recevait l'aumône, et, la lutte s'engageant, il en
sollicitait les troupes.

Il savait très-bien que la Ligue, en campagne, n'aurait pu tenir devant le Roi, uni au roi de Navarre. On
le vit en 1589.

Dans les villles mêmes, si faciles à terroriser (nous
l'avons vu tant de fois), la Ligue eût eu le dessous, si
elle n'eût sans cesse employé le moyen suprême, à
savoir : le *peuple*, son *peuple* d'assommeurs, celui qui
mangeait à midi la soupe des couvents et touchait le
soir l'argent espagnol. C'est par ces bandes qu'elle fit
les élections de la milice en 1588.

L'étranger, toujours l'étranger. Voilà ce que tout
Français un peu clairvoyant voyait à travers la Ligue.

Allez donc, sots érudits, rapprocher les temps de la
Ligue de ceux de la Convention ! Comparez, je vous prie,
les défenseurs et sauveurs du territoire avec ceux qui
livraient la France.

Cette misérable France, si loin de ses premiers élans
spontanés, nationaux, si loin d'Étienne Marcel et des

vrais États généraux, qu'avait-elle pour se défendre, au xvie siècle, devant la puissance espagnole? Hélas! rien que la royauté.

Cette royauté funeste, cruellement dépensière et folle, elle est encore le point central où il faut bien ici se rallier.

Cruel abaissement des temps. Dans le précédent volume, nous stigmatisions justement le sauvage fou Charles IX et l'homme femme Henri III. Nous voici réduits maintenant, par la Ligue, ce monstre d'hypocrisie, à regretter Charles IX, à favoriser Henri III [1].

_____

[1] 12 février 1586 Les amis de Guise s'effrayent. Il ne va pas au Louvre qu'avec trois cents gentilshommes Je croy qu'on verra bientost esclatter ce que le roi couve au fonds de la nue, le desdains qu'il porte dans sa poitrine. — 20 fevrier Guise va toujours a pied au milieu de ses gentilshommes à cheval. M. de Sauves a dit que si Guise se hasardoit à s'accoutumer avec sa femme, il le feroit mourir sans respect — 16 fevrier On croit qu'il (Guise?) est venu pour offrir de l'argent au roi de la part du clergé pour continuer la guerre contre le roi de Navarre — 28 fevrier. Hypocrisie de Guise. Il dit à l'ambassadeur de Savoie qu'il ne parlera point de paix, qu'il embrassera en bon serviteur le parti que suivra le roy, qu'en ces jours de pénitence. ou les debats etoient bannis, on parleroit des affaires, que dans quinze jours il retourneroit dans son gouvernement, ou il serviroit mieux le roy. — 10 mars 1586. Guise fait effort pour que l'argent que donne le clergé soit remis en ses mains pour la guerre Il visite ceux de Paris, tous les conseillers et présidents. — 13 mars. Le roi met ordre que le sieur de la Noue se jette dans Genève avec soixante gentilshommes, du consentement de ceux de la ville (pour la garder contre la Savoie) — 14 mars La nécessité d'argent les fera tous changer sans vergogne. M. de Guise est pauvre et vend tous les jours. Argent comptant lui pourra faire changer de conseil. Et le clergé payera tout

23 mars 1586 — Le roi ne consulte plus sa mère. Il met des

« Suis-je bien moi ? » disait ce juif dans les cachots
de l'Inquisition. « Mais non ! je ne suis point moi ! »
L'histoire en dit autant ici et se méconnaît elle-même.

On aurait cru que la furie de ce Charles, tombant
aujourd'hui à droite pour tomber demain à gauche,
etait le pire gouvernement. On l'eût cru, on se fût
trompé. Il y avait encore alors un peu d'ordre financier, quelque obstacle aux vaines dépenses. Barrière
détruite, abaissée à l'avénement d'Henri III. Donc
ce sera celui-ci qui marquera le fond du fond ? Son

impôts pour rendre odieux Guise, qui veut la guerre. — 1er mai.
On réduit Guise par la pauvreté. Il vient d'engager sa meilleure
terre de 25,000 fr de revenus. — 14 mai. Guise dit au roi en partant · Je vois que mes ennemis, du vivant de S M., peuvent m'ôter
l'honneur et la vie; mais je leur montrerai avec combien de
malheurs cela adviendra. Cent ans après nous, on sentira la plaie
qu'ils auront faite à ce royaulme — Guise aspireroit à la couronne après la mort du roi — 27 mai La Ligue a dégoûté tout le
monde Guise s'est laissé mener par le nez. — 18 juin. Devotion
d'Henri III Le pape le prie de modérer ses abstinences — 10
juin. On va imprimer les lettres de Guise a l'Espagne et au pape.
Le roi est devenu le plus fort. — 4 juillet. Le roi a dressé 12 enfants joueurs de luth, et les fait coucher a la garde-robe —15 février Joie de la Savoie Le jeu commence Le duc pourra tomber
enfin sur Genève que le roi défend — D'Espernon périra le premier, et l'on profitera de ses debris — 20 février. Le roi devient
mélancolique, n'aime plus le bruit, se retire aux Capucins Il
laissera faire Les mignons sont ennemis entre eux. Joyeuse
trahirait Épernon pour Guise — 6 mars. Henri III dit qu'il vou-
droit que Savoie fût dans Genève, qu'il s'en réjouiroit avec le duc.
— 31 mars Le roi s'abandonne ; mais si d'Épernon vient, il peut tuer
ses ennemis. Épernon dit qu'il les fera sauter des galeries du Louvre —20 avril Le roi, larme à l'œil, met le chapeau de Joyeuse à
Épernon, et celui d'Épernon à Joyeuse, et les deux chapeaux sur
sa tête : union — 29 avril Il faut que le duc de Savoie gagne
Marseille et Lyon. Sans Marseille, point de Provence, sans Lyon,

Épernon et son Joyeuse sont le pire gouvernement?
Mais non, nous n'y sommes pas; voici les grands ré
formateurs qui vont guérir tous les abus, les Lorrains
et les ligueurs, défenseurs irréprochables des franchises nationales. Que nous apportent ceux-ci? et quel
serait leur succès s'ils venaient à bout de leur œuvre?
Ils ne vivraient pas un quart d'heure sans subir deux
conditions : *un démembrement féodal*, qui mettrait la
France en pièces; et la tête de ce monstre *serait le
tyran étranger*.

Nous voilà donc à ce point de défendre Épernon,
Joyeuse. Dans la faiblesse actuelle du roi de Navarre,

point de Dauphiné. — 2 juin Savoie pourroit se déclarer défenseur du roi, qui lui remettroit ses places plutôt qu'à un d'Epernon.
— 4 aout. Guise, au desespoir, avoue qu'il appellera les Espagnols — C'est à ce point de ses affaires le plus ébranlé qu'il fera
bon traiter avec luy Je luy ay faict tenir les 2 billets. On verra ce
qu'il repondra.—3 septembre. (Aux États), il y aura quelque querelle d'Allemand qui troublera la fête Les fourriers des princes s'y
entrebattent deja. — 11 septembre. Le roi est vindicatif et dissimulé, mais qui n'exécute pas, il sera toujours prevenu par M. de
Guise — 12 septembre. Guise a 5,000 arquebusiers dans Orleans,
et l'ambassadeur offre du secours à Guise, qui se croit fort et ne
veut encore agir. — Guise en vient à nonchaloir, reprend ses
amours avec madame de Sauves — Le roi fait entendre qu'il le
fera connetable —1589, 17 mars. Le president Jeannin m'est venu
trouver, il m'a dit que V. A. devoit agir, que M. du Maine estant
elu lieutenant de l'Estat, ne pourroit sans rougir consentir ouver-
tement et du premier abord qu'on demembrast la France —
Voyant qu'il parle vaguement comme Guise, le Savoyard répond
durement, écarte les belles paroles de Jeannin, dit qu'il lui faut au
moins le Dauphine sous la protection de la Savoie. — Les trois ou
quatre qui menent les affaires offrent le Dauphine et la Provence.
— *Dépêches inédites de l'ambassadeur de Savoie.* Archives de
Turin.

en attendant qu'il grossisse et soit Henri IV, ces deux
drôles, contre les Lorrains et le parti espagnol, se
trouvent les gardiens de la nationalité Confessons cet
avilissement et cette extrême misère. La France, dans
ce moment, périrait sans la royauté, qui elle-même
n'existe que dans ces deux tristes vizirs.

S'ils avaient été d'accord, le trône, à l'état vermoulu,
eût eu encore quelque force D'Épernon était un homme
de résolution; il voyait très-bien dans Paris combien
l'œuvre de la Ligue était chose artificielle, toujours il
demanda au roi de lui permettre d'agir. La Ligue entraînait les foules par ruse et terreur; mais fort aisément la terreur aurait été reportée de l'autre côté Ce
ne fut, comme on va voir, que par une panique habile
qu'on réunit un moment le peuple pour les *Barricades*. Si l'on eût pris les devants, les vrais ligueurs,
pour une action sérieuse, n'auraient pas été nombreux

Épernon était une épée. Mais le manche, qui le tenait? Une pauvre chose pourrie, la volonté d'Henri III,
qui n'en était pas seulement à garder son secret une
heure. Il ne pouvait rien retenir : c'était son infirmité.
Catéchisé par Épernon, et louant son énergie il s'en
allait rapporter tout à son gouverneur Villequier et à
la vieille Catherine, qui le faisaient savoir aux Guises

Si Joyeuse n'était pas un traître, c'était du moins
un jeune fou. Sa marotte était de supplanter Guise Il
était suivi en effet de tout ce qu'il y avait de cerveaux
vides dans la jeune noblesse : loyaux étourdis qui n'aimaient ni les replis italiens du fameux héros catholique, petit-fils des Borgia, ni l'austérité empesée, la

roideur des calvinistes. Joyeuse était leur grand homme ; ils admiraient sa grandeur à jeter l'or par les
fenêtres. Il ressemblait à Henri III. Le souci de celui-ci
n'était ni la Ligue ni l'Espagne : c'était la rivalité
d'Épernon et de Joyeuse.

Cependant, qu'il le voulût ou non, il penchait vers
ce dernier, pour la raison toute simple que Catherine,
Villequier, d'O, c'est-à-dire le vieil intérieur, étaient
aussi du côté catholique, et ne lui demandaient aucun
acte d'énergie, de résolution, mais seulement de rester
tranquille et d'aller où il allait (au gouffre de l'Espagne et des Guises). Avec Épernon, il eût fallu se
botter, monter à cheval, s'appuyer du Tiers parti et
même du roi de Navarre, faire le coup de pistolet,
peut-être livrer un combat désespéré dans Paris.

La fermentation y était grande, facile à entretenir
dans l'état d'extrême malaise où étaient les populations. La peste, peu auparavant, avait horriblement
sévi, et, dit-on, tué trente mille hommes. Cette mal-
heureuse ville en deuil était triste, aigrie, crédule.
Le service de Marie Stuart que l'on fit à Notre-Dame
exalta fort les esprits. Le printemps permit de faire
des processions nombreuses, qui, en même temps,
étaient des revues de la faction. Les Guises y faisaient
venir de Picardie, de Thiérache, de Champagne,
même de Lorraine, de pauvres diables, hommes et
femmes, dont la misère exaltait la dévotion. Les pèlerins, en habits blancs avec des croix, hurlaient des
chants dans tous les patois de la France ou en mauvais allemand. Ce spectacle portait au cerveau. Beaucoup avaient peur; d'autres s'animaient, devenaient

furieux. D'ardents agents de la Ligue, emportant de
Paris ces torches, les secouaient par toute la France.
Dans les confessionnaux, on disait aux femmes trem
blantes : « N'ayez peur ; la sainte Union a quatre-vingt
mille hommes armés ; nous serons heureux dans trois
mois ; il n'y aura qu'une religion. »

Un fait montre où l'on en était. Le conseil de l'U-
nion, tenu aux Jésuites, avait décidé que Boulogne
serait livrée à l'Espagne. Le roi, averti, empêcha la
chose. Loin d'être déconcerté, deux ans de suite on
revint à la même entreprise. L'homme qui devait
livrer Boulogne fut amené en triomphe sous le nez du
roi, caressé d'hôtel en hôtel. Paris le vit ; le Louvre
l'endura, il ne se trouva pas un Français pour mettre
la main sur le traître. Tellement la longueur des maux
avait énervé les meilleurs ! Tellement l'étincelle nationale et le sens de la Patrie, déjà si vifs au temps de la
Pucelle, s'étaient plus d'un siècle après misérablement
affaiblis !

Que la petite minorité protestante, réduite du cinquième au dixième de la population française, fût
tentée d'appeler au secours pour ne pas être égorgée,
on le comprend à la rigueur. Mais que cette majorité
qui se prétendait énorme, qui se disait la nation, amenât l'étranger en France, c'est là ce qui avait droit
d'étonner et d'indigner. Et quel étranger encore ? Non
tel petit prince allemand, non quelques bandes de
reîtres, mais l'épouvantable géant qui venait d'en-
gloutir l'empire portugais, les Indes orientales, ayant
les occidentales !

N'avait-on pas sujet de croire qu'un tel roi retiendrait pour toujours ce qu'on lui mettrait dans les mains?

Attendre le secours d'Espagne, c'était la politique des Jésuites, celle des Guises et des hauts ligueurs Mais leurs bas associés, ceux qui travaillaient la boue de Paris, avaient hâte de *jouer des mains*. Il leur tardait de jouir de ce qu'on leur avait promis. Les modérés qu'il fallait égorger, c'étaient principalement ceux que l'on désirait piller.

Il y avait de bons coups à faire cnez M. le chancelier, chez M. le premier président, etc., etc. Pour en venir au pillage, il fallait surprendre le roi, l'enfermer, le tuer ou le tondre, lui faire suivre sa vocation et en faire un capucin. Trois fois de suite en six mois, on crut mettre la main sur lui

Trois fois, il fut averti, se tint sur ses gardes. Nous possédons le récit de l'intrépide Poulain, qui, chaque soir au conseil de la Ligue, où on pouvait le poignarder, apprenait ce qu'on ferait le lendemain contre le roi. On a suspecté cette pièce. Mais elle est tout à fait d'accord avec tous les documents qu'on a publiés depuis.

Comment servir Henri III? Il se trahissait lui-même. Son entourage lui fit croire que Poulain était payé par les huguenots. Il l'envoya faire ses révélations à un Villeroy, ami de Guise, et qui le tenait au courant de tout.

L'orage semblait devoir écraser le roi de Navarre ! Il faut regarder la carte, voir l'étroite et misérable petite bande de terrain où il se trouve acculé, ayant par derrière l'Espagne, par devant la grande France

catholique, Henri III uni à la Ligue, qui allait, bon
gré mal gré, marcher contre lui.

Il est vrai que tous les protestants d'Europe s'é-
taient émus, cotisés, le roi de Danemark en tête,
pour payer une armée allemande qui ferait une di-
version. Les ligueurs dirent à l'instant que c'était
Henri III lui-même qui appelait les Allemands. S'il ne
combattait pas l'invasion, tout le monde le jugeait
traître. S'il la combattait, il se fermait tout retour du
côté des protestants, il se brouillait à jamais avec
l'Allemagne et la Suisse protestante; il appartenait
dès lors à la Ligue, qui le traînait la chaîne au cou.

Il lui fallut bien pourtant, devant l'émeute perma-
nente, prendre ce dernier parti. La Ligue donnait des
troupes à Guise; le roi se mit à la tête des siennes, et
il fallut que d'Épernon avec lui combattît les Allemands au profit de la Ligue.

Comment l'armée de Navarre joindrait-elle celle
d'Allemagne à travers toute la France? Grand problème. Loin d'avancer à sa rencontre, le Béarnais re-
culait devant une grosse armée royale que menait
Joyeuse. Plus d'une fois il se trouva près de périr,
entre deux rivières et deux grands corps ennemis Son
vrai sauveur fut Joyeuse et son incapacité. Cet intrépide étourdi, suivi d'un monde de grands seigneurs à
tête non moins légère, avait obtenu carte blanche du
roi et la permission de donner bataille Inquiet de son
crédit baissé, il voulait se relever par quelque succès
éclatant qui le mit au-dessus de Guise et lui conciliât
la Ligue. En attendant, sur sa route, il faisait le bon
catholique en massacrant tout; il avait juré, disait-il,

de faire mourir quiconque sauverait un seul huguenot.
Toute son inquiétude, c'était d'être joint trop tôt par
le maréchal Matignon, un Normand fort entendu,
qu'on lui envoyait pour tuteur et qui tâchait de le rejoindre.

Joyeuse trouve l'ennemi à Coutras, et ne perd pas
une minute pour se faire battre à plate couture, disperser, détruire et tuer (20 octobre 1587).

La petite armée protestante, outre sa supériorité
morale de troupe aguerrie, se montra une armée moderne comme art et habileté L'artillerie, bien placée
et bien commandée, fit du premier coup un dégât immense dans les rangs serrés de Joyeuse, et la sienne,
plus forte, n'eut aucun effet. Des pelotons d arquebusiers, marchant devant le roi de Navarre et les deux
Condé, leur préparèrent la besogne. Ils rompirent les
catholiques, renversèrent les brillants escadrons. Et
alors, l'infanterie protestante survenant, un grand
massacre commença; deux mille morts restèrent sur
la place, parmi lesquels ce beau monde de seigneurs
et le fanfaron Joyeuse.

Point de victoire plus complète. La chambre où dîna
le roi de Navarre était pleine de drapeaux, tout le
monde ivre de joie, lui calme autant qu'auparavant,
modéré et bon pour les prisonniers jusqu'à rendre à
quelques-uns leurs enseignes pour les consoler. Les
ministres étaient stupéfaits de voir un homme si modeste. D'autres, observateurs sérieux, entrevirent l'a-
bîme insondable d'indifférence à toute chose qui, sous
cette surface aimable, se trouvait en effet chez lui.

Nulle autre prise que les femmes, pour quelques

jours, à la Rochelle, éloigné de sa maîtresse, la fameuse Corisande, il lui avait fallu la fille d'un magistrat de la ville. Les ministres avant la bataille lui rappelèrent ce péché, sans disputer, il en fit une sorte de satisfaction, d'amende honorable abrégée. Puis le lendemain de la bataille, il laissa tout, et s'en alla, avec sa brassée de drapeaux, chez sa Corisande d'Audouin.

Il est vrai que tout le monde le quittait Chacun avait hâte d'aller reposer chez soi. Et cette armée allemande qui venait tout exprès pour eux, qui allait la diriger? Un seul des chefs protestants y avait songé, et, par une course intrépide de deux cents lieues en pays ennemi, était parvenu à la joindre. C'était le fils de Coligny.

Abandonnée à elle-même, l'armée étrangère allait comme un grand vaisseau sans pilote ou comme un homme ivre, sans savoir ce qu'elle faisait; le soldat même menait ses chefs. Les Allemands avaient trouvé en Champagne leur vainqueur, le vin, le raisin, la vendange; leur voyage était devenu une sorte de bacchanale. Puis le camp fut un hôpital; on laissa des hommes sur tous les chemins.

La nouvelle de Coutras, qui leur vint le 28 octobre, les avait encouragés. Mais ce qui leur porta un coup terrible à ne pas s'en relever, ce fut de voir que le roi, que d'Épernon, qu'on leur avait dit amis, vinrent à eux comme ennemis. D'Épernon leur ferme la route Il les arrête, les démoralise, les corrompt, décide les Suisses qu'ils avaient à les quitter, à se joindre aux Suisses du roi.

Henri III se trouva ainsi avoir deux fois servi la Ligue et s'être porté deux coups. Par la défaite de Joyeuse il se trouvait ruiné dans sa force principale, et par le succès d'Épernon il brisait les Allemands, qui eussent été contre la Ligue ses meilleurs auxiliaires.

Ceux-ci, n'espérant plus rien, indisciplinés, sans ordre, ne se gardant même plus, offraient à Guise une belle prise. Par deux fois, il tomba sur eux, et eut deux petits avantages que la Ligue porta jusqu'au ciel. Le roi, au contraire, qui avait fait le grand coup, en décourageant les Allemands, fut partout proclamé traître, coupable, dûment convaincu de les avoir fait échapper.

La Ligue crut dès lors n'avoir plus rien à ménager avec un homme mort, qui venait par complaisance de s'exterminer. A ce roi crevé, on put sans danger donner le dernier coup de pied. Le parti, assemblé à Nancy, lui fit la demande de *s'unir mieux à la Ligue* (il venait de se perdre pour elle), de subir le concile de Trente et la domination du pape, d'accepter l'Inquisition, de donner des places aux ligueurs, de vendre les biens protestants pour entretenir en Lorraine une armée catholique, de taxer les convertis au tiers de leurs revenus, enfin *de ne faire grâce à aucun prisonnier*.

Condition atroce. On avait soin d'ajouter que, si un prisonnier, pour sauver sa vie, voulait se faire catholique, il ne le pouvait *qu'en cédant la totalité de ses biens*.

Était-ce tout? Non, on exigeait que le roi, de plus,

éloignât de lui ceux qu'on lui désignerait. Cela voulait
dire Épernon, quelques seigneurs qui lui restaient
encore fidèles, sa garde, les quarante-cinq de son
antichambre.

C'était lui demander sa vie.

On sentait que, poussé jusque-là, il disputerait,
qu'acculé dans le désespoir, il essayerait quelque
chose, s'obstinerait à vouloir vivre, — et, par ce crime,
mériterait sa déposition.

CHAPITRE XIII

Le roi d'Espagne fait faire les Barricades de Paris. Mai 1588

« Le duc de Guise est triste, écrivait à son maître l'envoyé de Florence ; il a perdu la gaieté qui lui était habituelle. A peine âgé de trente-cinq ans, il a déjà des cheveux blancs aux tempes. Regrette-t-il d'avoir manqué son but ? Forme-t-il de nouveaux projets ? » (Alberi, Cath.)

Il n'est pas difficile maintenant de répondre à cette question. Guise sentait dès lors parfaitement le nœud qui le tenait au cou. *Il ne pouvait agir ni sans l'Espagnol ni par lui*. Il devait périr au lacet dont fut étranglé Don Juan.

On l'a vu en 1583, lancé par les Jésuites, vouloir jouer le tout pour le tout, et brusquer l'affaire d'Angleterre ; un mot de Mendoza le ramena en arrière.

En 1587, Philippe lui avait promis de l'argent et des
troupes, l'assistance même du prince de Parme ; mais
le 11 août, il écrivait que, le roi de France agissant
lui-même contre les Allemands, *il était inutile* d'aider
le duc de Guise ; celui-ci resta faible, réduit aux escar-
mouches, incapable de faire de grandes choses.

Philippe II avait sur les Guises l'opinion du duc
d'Albe, que c'étaient des brouillons et de dangereux in-
trigants. Leur alliance avec Don Juan ne dut pas modifier cette opinion. Il sut probablement l'offre de Guise
aux catholiques anglais (1583) de les aider à chasser
l'Espagnol quand on s'en serait servi.

L'envoyé d'Henri III, Longlée, toucha Philippe à un
point bien sensible en lui disant (1587) : « Qu'une
étroite liaison existait entre Guise et le prince de
Parme. » Celui-ci, comme tous les Farnèses, avait eu
toujours à se plaindre du roi d'Espagne. On avait vu
la dureté sauvage de Charles-Quint au meurtre de
Pierre Farnèse, et sa saisie sur tous les enfants qui,
par leur mère, étaient pourtant les propres petits-fils
de Charles-Quint. Cette mère, Marguerite de Parme,
gouvernante des Pays-Bas, servit avec intelligence et
d'un zèle admirable, sans obtenir la moindre gratitude
pour ses intérêts d'Italie. Elle en pleurait souvent. Au
fils de Charles-Quint, elle fit un grand don, elle donna
son fils, Alexandre, le grand tacticien, ce fort et froid
génie qui, mêlant la victoire au crime, la douceur à la
cruauté, reconquit pour l'Espagne tous les Pays-Bas
catholiques. Il venait de mettre le sceau à cette œuvre
par le siége d'Anvers, la plus grande opération du
siècle, lorsque la mort de son père le fit prince de

Parme. Philippe II, qui s'était longuement fait tirer l'oreille pour leur rendre Plaisance et peut-être ne désirait pas que les Farnèses s'affermissent, refusa durement au prince d'aller voir ses États ; il redouta l'effet qu'aurait au-delà des monts l'apparition de ce vainqueur, qui avait fait ce que n'avait pu le duc d'Albe, et la réflexion qui fût venue que l'Espagnol n'était grand que par le génie et le sang italien Donc, on le cloua en Flandre ; usé déjà, malade, désirant le soleil, on lui dit que c'était assez d'aller aux eaux de Spa ; on lui défendit l'Italie, on le retint au Nord, pour traîner jusqu'au bout dans la guerre des marais, des fanges et des brouillards

Parme était mécontent, et Guise mécontent.

Philippe II les tenait tous deux comme deux chevaux généreux, deux arabes pur sang attelés à une charrette.

Il employait le prince de Parme dans les travaux immenses de construction nécessaires pour la flotte complémentaire de bateaux plats qui devait porter son armée en Angleterre sous la protection de l'Armada. De son grand général, il avait fait un bûcheron, un charpentier, que sais-je ? Il lui fit d'abord abattre une forêt de Flandre pour les matériaux, puis ramasser dans tout le Nord d'innombrables tonneaux pour faire les ponts, puis réunir une masse incroyable de fagots ou fascines qui feraient des retranchements pour l'armée débarquée. Long et fastidieux travail, ridicule même par l'excès des précautions, jusqu'à bâtir dans les bateaux des fours à cuire le pain pour un trajet de deux jours Ajoutez qu'une chose travaillée ainsi publi-

Belles promesses. Mais les tiendrait-on ? Philippe II
poussait vers l'Angleterre tout ce qu'il avait d'argent
et de force. Il voulait, la Ligue voulait que Guise se
jetât dans Paris. Périlleuse exigence. Guise n'avait
pas assez de forces pour y venir en ennemi. Et il était
difficile d'y venir en ami, lorsque déjà il faisait la
guerre au roi en Picardie, chassait ses garnisons, se
moquait de ses ordres.

Mettre Guise à Paris avant de lui donner des forces,
c'était tenter le roi, et, selon toute apparence, l'obliger
de le tuer. Cela n'arrêta pas les meneurs. L'ambassadeur d'Espagne était déterminé; il lui fallait l'explosion. Les Jésuites étaient déterminés; la soutane est
hardie, comme les femmes qui ne risquent guère; et
l'on a vu de plus, par l'affaire de Marie Stuart, combien ils étaient romanesques, mauvais appréciateurs
du possible et de l'impossible, compromettants surtout
et peu ménagers de la vie de leurs amis. Pour les
autres meneurs, hommes d'exécution, vieux massacreurs connus, qui risquaient bien plus que les prêtres,
ils se voyaient percés à jour, menacés de très-près, et
ils avaient grande hâte de diminuer leur péril en y
associant le duc de Guise.

C'était leur serf, ils lui signifièrent que s'il n'arrivait pas, il ferait bien de ne jamais mettre les pieds
dans Paris.

Il se mit en voie d'obéir, il fit venir de Picardie le
duc d'Aumale, appela le ban et l'arrière-ban des siens,
fit filer dans la ville un monde de seigneurs, de gentilshommes et de soldats, comme avant la Saint-Barthélemy. « Tout se perdait comme dans une forêt

épaisse ou une grande mer. » On a vu déjà en 1572 comment cela *se perdait*. L'immensité des couvents, des colléges, des vastes cloîtres de chanoines à Notre-Dame, Saint-Germain-l'Auxerrois, pouvait cacher toute une armée

Cependant on chauffait Paris à blanc par le grand moyen qui ne manque jamais, la peur de la famine Des mines allongées, des visages pâles erraient Des gens prudents se parlaient a l'oreille On disait « Que deviendrons-nous ? »

Le roi, seul à Paris, n'ayant pas d'Épernon, était fort inquiet. Il envoya Bellièvre à Soissons pour tâcher d'y retenir Guise, le priant assez bassement de ne pas venir, de ne pas augmenter le trouble Guise paya cet ambassadeur de quelques paroles hypocrites, et s'en débarrassa. Puis, l'ayant fait partir, lui-même monte à cheval, lui laissa la grande route, et, par des chemins de traverse, arriva à Paris en même temps que lui Le lundi 9 mai, il entra à midi.

Presque seul, ayant à peine cinq ou six cavaliers, il entra dans la foule de la rue Saint-Denis, le nez dans son manteau, sous un grand chapeau rabattu Là, un jeune homme à lui, comme par espièglerie, enleva le chapeau et tira le manteau « Monseigneur, faites-vous connaître. »

Un cri s'élève · « C'est le duc de Guise ! » Les Parisiens, qui se croyaient déjà affamés, n'auraient pas vu toute une armée pour eux et un grand convoi de farines avec tant de satisfaction. Les vivats éclatèrent Une dame, au pas d'une boutique, baissa son masque (les élégantes suivaient cette mode italienne), et, d'un riant visage lui dit . « Bon prince ! te voilà !... Nous sommes sauvés ! »

A ce mot, on s'élance, on baise ses bottes. Les fleurs pleuvaient. Il y eut des simples qui frottaient leurs chapelets contre lui pour les sanctifier. Il est entouré, étouffé presque, peut à peine passer. Il souriait, mais avait hâte de profiter de la surprise qu'allait causer son arrivée. Il parvint, non sans peine, à l'Hôtel de Soissons (Halle au Blé), chez la reine mère. Elle qui négociait, qui croyait l'empêcher de venir, elle le voit tout venu, pâlit, bégaye. Lui, modeste, il assure qu'il ne vient que pour se justifier.

Il espérait en elle. Il avait besoin d'elle pour qu'elle donnât à son fils des conseils de lâcheté. La vieille femme va prendre sa chaise et le conduire au Louvre. En avant, elle envoie Davila, son jeune chevalier, dire au roi que Guise est venu.

Le roi fut si surpris qu'il chancela, s'appuya du coude sur une petite table, soutenant sa tête avec la main dont il se couvrit le visage. Le colonel corse Ornano et un abbé Del Bene, qui étaient là, dirent qu'il fallait le poignarder. L'abbé, avec douceur, citait le mot biblique . « Je frapperai le pasteur ; les brebis seront dispersées. »

C'était un conseil très-hardi ; cependant on croyait que le roi le suivrait et ne se laisserait pas braver dans son Louvre. Crillon, mestre de camp des gardes, voyant le duc entrer, enfonça son chapeau et ne le salua pas, comme un homme qu'on allait tuer. Sixte-Quint aussi, quand on lui conta la chose, était surpris qu'il fût sorti vivant.

Il n'y avait pas grande force au Louvre. Mais sans nul doute, c'eût été un coup de terreur épouvantable qui d'abord eût paralysé. Beaucoup de gens auraient fui de Paris. Le roi avait des hommes d'exécution, Biron, Crillon et Ornano. Il tenait, outre le Louvre, la Bastille et l'Arsenal, où était l'artillerie. Selon toute apparence, il eût eu vingt-quatre heures pour lui.

Mais lui-même avait peur. Et il avait près de lui des gens comme Villequier, qui avaient encore plus peur, calculant que, si on prenait le Louvre et le roi, eux, ils payeraient l'affaire ; la foule les eût mis en morceaux. Ils prêchaient pour la douceur, lorsque le duc entra avec la reine mère. Il était défait, pâle, ayant, aux antichambres, aux escaliers, passé entre des épées nues, et perdu là toutes ses politesses sans qu'on lui répondît.

Le roi, de son côté, était très-altéré, et son visage montrait une résolution violente. Il lui dit sèchement : « Pourquoi êtes-vous venu ? » Puis à Bellièvre « N'étiez-vous pas chargé de dire. . ? » Et, Bellièvre voulant s'expliquer, le roi lui dit . « Assez » Et il tourna le dos au duc de Guise Selon un manuscrit, celui-ci s'assit sur un coffre, non pas par insolence, mais sans doute par émotion

Cependant les femmes, la reine mère, la duchesse d'Uzès, prenaient le roi à part, lui disaient cette terrible effervescence du peuple, et lui montraient la foule qui avait pénétré dans la cour du Louvre Bref, on le détrempait.

Guise sentit finement, vivement, ce moment de fluctuation. et prit congé. En sortant, il se demandait si

vraiment il vivait encore, et se blâmait de s'être livré
à ce hasard Mais il était sauvé. Il fit venir les meneurs de la Ligue et tous ses gens, il s'arma, s'assura
dans son hôtel, quoiqu'il n'en eût plus guère besoin,
ayant doublé de force par le succès de sa témérité.

Pendant ce temps-là, le roi avait fait venir Poulain :
celui-ci lui disait que la Ligue se réunissait le soir
dans telle maison, qu'on pouvait encore rafler tout.
Trop tard, beaucoup trop tard. Ce qu'on pouvait au
Louvre le matin, on ne le pouvait pas le soir, et hors
du Louvre. Le roi n'avait plus rien à faire.

Le 10, Guise était maître Avec quatre cents gentilshommes cuirassés sous l'habit, les pistolets dans le
manteau, il alla faire sa cour au roi, qui dut le bien
recevoir. Le bon duc alla ensuite rendre ses respects
à la reine régnante, et accompagner le roi à la messe,
enfin retourna à son hôtel à travers la foule enthou-
siaste

Il dîna Après son dîner, il alla chez la reine mère,
où le roi se rendit. Maintenant c'était au roi à se justifier Il le fit comme il put, se plaignant seulement des
étrangers qui étaient cachés en ville et désirant qu'on
les chassât. Guise s'offrit pour y aider. Ce fut une farce;
on se moqua des envoyés du roi.

Cela le mit dans une colère d'enfant. « Je dompterai
Paris, » dit-il. Il envoie ordre aux Suisses de venir de
Lagny. On le sut presque avant qu'il l'eût dit, et tout
le soir, toute la nuit, on sema le bruit que le roi ferait
le lendemain l'exécution des meilleurs catholiques et
mettrait la ville au pillage.

Le matin, les Suisses entrent vers quatre heures

avec leurs fifres et quelques gardes-françaises, mèche allumée. Démonstration ridicule. Guise ayant déjà tant de forces, son frère Aumale à une lieue, toutes ses bandes dans la ville, un tiers de la ville pour lui! le tiers armé, le tiers actif.

Le roi comptait sur les deux autres tiers, et il avait cru faire un grand coup politique en faisant capitaines, colonels de la garde bourgeoise, des hommes du parlement Le colonel président de Thou, mis dès le soir avec ses gens au poste des Innocents, ne put même les y tenir, ils s'en allèrent, disant que Paris allait être pillé, et qu'ils voulaient défendre leurs femmes et leurs enfants. Le colonel président Brisson, qui était le plus doux des hommes, fut si bien pris par les ligueurs, que, de gré ou de force, il se mit avec eux.

Dès cinq heures du matin, l'un des Seize (chefs des seize quartiers de Paris), le procureur Crucé, fait sortir de chez lui trois garçons en chemise qui crient aux armes dans le quartier Saint-Jacques.

« Qu'y a-t-il? » dit chacun. « C'est le fils de Coligny qui est au faubourg Saint-Germain, avec ses huguenots. »

A neuf heures du matin, tout le quartier ecclésiastique des colléges et séminaires, l'évêché, la Cité, étaient déjà barricadés. On prit le Petit-Châtelet. On s'empara des ponts. Tout cela exécuté par Crucé et la noire populace en robe qu'on appelait les écoliers. Le tocsin fut d'abord sonné au cloître Saint-Benoît, sur la pente de la rue Saint-Jacques. La place d'armes était Saint-Séverin, au bas de la rue.

Une dépêche espagnole (Ranke, V, 6) nous apprend
que tout ceci se fit *contre l'avis de Guise*. Il eût voulu
seulement intimider le roi, et il dit dans la nuit qu'il
était sûr, dès lors, d'en obtenir les États généraux
(où on l'aurait fait connétable). Il n'en voulait pas
davantage pour le moment.

C'était un vilain jeu dans sa pensée, très-périlleux,
de se barricader contre son roi et de lui livrer dans sa
capitale une bataille en règle. On a vu par le premier
Guise la prudence excessive de ces Lorrains . François
voulait un ordre écrit pour la bataille de Dreux.

Guise ne négligea rien pour faire croire qu'il n'était
pour rien dans l'affaire, qu'il s'en lavait les mains.
« Je dormais, dit-il dans une lettre, quand tout commença. » Et, en effet, il se montra le matin à ses fenêtres en blanc habit d'été, dans le négligé d'un bon
homme qui à peine s'éveille et demande : « Eh! que
fait-on donc? »

Il avait placé dans chaque quartier des gentilshommes pour enhardir le peuple. Mais il prétendait que
cette hardiesse s'arrêtât aux menaces.

Ce qui est curieux, c'est que la pensée du Roi était
exactement la même. Il avait expressément recommandé deux choses 1º de ne rien prendre et de payer
les vivres dont on aurait besoin ; 2º de ne pas tirer.

Tout fut très-lent sur la rive droite où était l'hôtel
de Guise. Les barricades, terminées à neuf heures dans
le pays latin, ne se firent qu'à midi de l'autre côte.

Dans le quartier de l'Université, Crucé et les me
neurs du parti espagnol trouvèrent un vigoureux
appui dans le jeune comte de Brissac, qui était au duc

de Guise, mais qui ne tint compte de ses réserves Brissac haïssait le roi, qui s'était moqué de lui, et voulait se venger.

La place Maubert, entre l'Université et la Cité, était un point fort important pour séparer les deux Paris, les deux émeutes. Crillon l'occupe, il y trouve Brissac. En vain il demande au Louvre la permission de charger; le roi persévère dans ses défenses. Ce brave reste là sans agir, et misérablement livré.

Brissac ne demanda pas permission à l'hôtel de Guise Il fit ses barricades. Il s'empara de la Cité, du Petit-Châtelet et des entours du Marché-Neuf, où étaient des compagnies suisses. Là et partout commodément placé et maître des fenêtres, d'en haut, il fit tirer sur eux. Il en fut de même plus tard sur l'autre rive, au cimetière des Innocents. Ces Allemands qui étaient là sans vivres, tout exposés aux coups, et qui recevaient sans rendre, finirent par se mettre à genoux, leur rosaire à la main, criant en leur patois . « Bons catholiques ! bons catholiques ! »

Les Parisiens en tuèrent passablement. Ce qui les rendait furieux, c'était un mot qu'avaient répandu les ligueurs, en l'attribuant ici à Biron, là à Crillon, et ailleurs aux officiers suisses . « Messieurs les Parisiens, mettez des draps au lit ; nous coucherons ce soir avec vos dames. »

Ainsi le sang coula et la guerre fut lancée. Dès lors l'*Armada* put sortir Très-probablement, le jour même (12 mai), avant le soir, Mendoza dut écrire à Madrid, puis, de Madrid partit l'ordre d'embarquement. Opération immense qui pourtant fut faite le 28; le lendemain eut lieu le départ. Seize jours avaient suffi pour tout.

Guise aussi était embarqué sur l'inconnu, et plus qu'il ne voulait. Les États généraux qu'il allait assembler pour en tirer cette charge de haute confiance, comment jugeraient-ils un acte si sauvage de flagrante rébellion ?

Les troupes se trouvaient prisonnières entre les barricades, et on ne pouvait les retirer. Le roi envoya prier Guise de sauver ces pauvres diables, d'épargner le sang catholique.

Chose odieuse, bien nouvelle alors, que le roi dût à son sujet la protection des siens et demandât grâce ! Cela aurait pu faire un revirement, au moins de pitié. Le Louvre, désert le matin (De Thou), l'était moins vers le soir ; cinq cents gentilhommes (Davila) s'y réunirent pour le défendre. Parmi eux, un Montmorency (l'Estoile).

Brissac, au nom de Guise, alla offrir une sauvegarde à l'ambassadeur d'Angleterre, qui le reçut fort mal. Et, comme le jeune homme hypocritement s'inquiétait pour lui, lui conseillait de fermer son hôtel, demandait s'il avait des armes, l'Anglais dit sèchement : « Mon arme, c'est la foi publique ; mes portes resteront ouvertes. Je ne suis pas envoyé à Paris, mais bien en France. Je serai où sera le Roi. »

Du reste, Guise avait de bonne heure et de lui-même travaillé à apaiser tout. Ces furieux bourgeois, devenus tout à coup des lions, il les arrêta, leur tira des mains les Suisses et les gardes-françaises. Sans armes, une canne à la main, il parcourait les rues, recommandant la simple défensive ; les barricades s'abaissaient de-

vant lui. Il renvoya les gardes au Louvre ; il rendit les
armes aux Suisses. Tous l'admiraient, le bénissaient.
Jamais sa bonne mine, sa belle taille, sa figure aimable, souriante dans ses cheveux blonds, n'avaient autant charmé le peuple. Le 9 mai, c'était un héros ; le
12 au soir, ce fut un dieu.

Ce dieu, comme la situation le voulait, avait deux
visages, il était prince, il était peuple ; il saluait gracieusement les gentilshommes, avec nuance et distinction, et ne refusait pas aux mains sales les grosses
poignées de main. Sa figure était d'un Janus, tout
autre sur chaque joue. Sa balafre, voisine de l'œil, le
rendait fort sujet aux larmes, de sorte qu'il offrait deux
aspects, souriant d'un œil, et pleurant de l'autre.

Le prince de Parme, sombre Italien, qui ne connaissait pas la France, jugea sévèrement la conduite de
Guise. « Il aurait dû, dit-il, ou ne pas commencer, ou
aller jusqu'au bout Qui tire l'epée contre son roi, doit
jeter le fourreau. » La vrai pensée des Espagnols,
c'est que la guerre civile n'était pas assez engagée.

Leurs agents, et surtout leurs moines, poussaient
aux dernières violences ; ils voulaient qu'on forçât le
Louvre. Et, si le roi avait péri dans la bagarre, ils
n'en auraient pas fait un grand deuil, étant sûrs désormais d'avoir une bonne guerre civile. irrévocable,
qui donnerait le champ libre à Philippe II.

L'intérêt de Guise était autre. Il eût été déshonoré.
La chose eût été sur son dos. Le roi, tellement fini
dans l'opinion, pouvait faire pitié, il est vrai, mais
non reprendre force. Lui, grandi et si haut dans l'estime du peuple, après une telle journée, il croyait avoir

peu à craindre Par le Roi ou par les États, il ne pouvait manquer d'avoir cette épée de connétable ou de
lieutenant du royaume, à laquelle sa douceur magnanime lui avait donné nouveau droit. Même hors Paris,
il crut tenir le roi, puisqu'il tenait la France. Mais le
roi pris, le roi tué, Guise baissait ; l'opinion tournait,
accusé, affaibli, il était trop heureux alors de se livrer
sans réserve à l'Espagne, la mort du roi le constituait
valet de Philippe II.

La reine mère, allant de l'un à l'autre, conseillant
toujours, donnait au duc, au roi, deux étranges conseils, bien propres à la faire suspecter Elle voulait
que le roi allât se montrer aux barricades, apparût
aux ligueurs dans sa haute majesté. Un sûr moyen de
se faire prendre. Et, quant au duc, elle l'engageait a
se mettre dans le Louvre avec le roi, et à le garder ;
elle lui promettait tout de la reconnaissance royale,
spécialement la lieutenance générale. « Mais, madame,
disait-il, voulez-vous que j'aille me jeter tout seul et en
pourpoint parmi mes ennemis ?... J'en suis bien marri.
Mais que puis-je ? Un peuple furieux, c'est comme un
taureau échauffé qu'on ne peut retenir .. »

Il n'ajoutait pas une chose, c'est que, tout brave
qu'il était, il n'aurait jamais osé barrer le chemin à ses
maîtres, je veux dire à la tourbe des moines et agents
espagnols

Je ne crois pas qu'un homme si avisé, si informé, ait
ignoré que le roi avait toujours une porte libre pour
s'en aller. Si Guise les faisait garder toutes, *moins une*
(celle des Tuileries), c'est que probablement, n'osant
défendre le roi et cependant craignant pour lui, il

voulut que son mannequin royal gardât la clef des champs.

La dernière violence n'était nullement invraisemblable. La duchesse de Montpensier, Brissac et autres, marchaient d'accord avec les furieux fanatiques et les agents de l'étranger. Le 13, vendredi, à deux heures, on se remit à sonner le tocsin. Les bas meneurs, l'avocat la Rivière, le tailleur la Rue, le cabaretier Perrichon, commençaient à crier : « Les barricades au Louvre !... Allons prendre ce b..... de roi ! » Un bataillon sacré se formait au pays latin de la fine fleur espagnole, huit cents séminaristes avec quatre cents moines de toute robe et de tout couvent, et pour capitaines les prédicateurs. Leur mot de ralliement était : « Allons chercher *le frère* Henri ! »

Ils n'auraient peut-être pas fait un grand exploit au Louvre. Mais ils auraient mis le duc de Guise dans un terrible embarras ; il n'eût osé ni agir avec eux, ni agir contre eux, ni même rester neutre à ne rien faire.

La reine mère, vers les six heures du soir, était chez lui, lorsque Menneville, le plus intime confident de Guise, lui dit tout bas : « Le roi est parti. » Guise fut étonné ou feignit l'étonnement. Mais il ne remua point, il ne se mit pas à sa poursuite. Toute la cavalerie dépendait de lui. Les Parisiens, moines et écoliers, ne se seraient pas risqués en plaine contre les Suisses et les gardes que Guise avait rendus et que le roi emmena avec lui.

Il s'était décidé vers cinq heures à partir, et encore parce qu'on lui dit que Guise pourrait bien aussi l'assaillir avec les autres. Du Louvre, à pied, la baguette

à la main, il alla aux Tuileries où étaient les écuries
et monta à cheval. Les princes, seigneurs et conseillers, Montpensier, Longueville, Saint-Paul, le grand
prieur, un cardinal, Biron, Aumont, Cheverny, Villeroy, Bellièvre, y montèrent avec lui. Les hommes de
robe longue, comme Cheverny, montèrent comme ils
étaient, sans bottes, assez embarrassés de cette subite
résolution. Il n'est pas vrai qu'on se soit enfui à toute
bride, puisque devant marchaient les gardes et les
Suisses à pied.

Le roi laissa le secrétaire Pinard pour expliquer poliment au duc de Guise pourquoi il se décidait à
partir.

En s'en allant, dit-on, il jeta feu et flamme contre
cette ville qu'il avait toujours habitée, et enrichie par
son séjour, négligeant Blois et Fontainebleau que les
autres rois préféraient, et qui traitait si mal son prince
débonnaire, trop fidèle bourgeois de Paris.

CHAPITRE XIV

L'Armada [1]. Juin, juillet, août 1588.

La France troublée, livrée, vendue, la Hollande en
défiance très-grande de l'Angleterre, l'Allemagne paralysée par l'Empereur, la décomposition du monde
protestant, tels furent les vents favorables qui, le 29
mai, enflèrent les voiles de l'*Armada*.

Elle surprit Élisabeth. Retardée par la tempête, elle
rentra à la Corogne, n'en sortit que le 21 juillet, et ne
fut que le 29 en vue de Plymouth. Deux mois s'étaient

[1] De Thou, si complet ici, doit être comparé aux Anglais ; il
donne la part importante que les Hollandais eurent à la chose.
Les *Mémoires de la Ligue* contiennent les dépositions des Espagnols naufragés, t. II, p. 452. Nos archives possèdent trois curieuses
ballades anglaises, avec gravures ; on y voit les grils, fouets, etc.,
qu'apportaient les Espagnols (*Archives de Simancas*, B, 6. 76).

passés, et elle était encore à temps de tenter l'invasion, la flotte anglaise étant faible, et les milices, fort peu aguerries de l'Angleterre, se rassemblaient lentement.

L'Angleterre fut sauvée par trois choses : l'héroïsme de sa marine, le découragement du parti catholique après la mort de Marie Stuart, et spécialement la puissante assistance de la Hollande, qui bloqua le prince de Parme et le cloua au rivage de Flandre.

Si ces choses ne s'étaient pas rencontrées, les vaillants marins anglais, et leurs petits vaisseaux n'auraient pas été assez forts pour faire face aux deux dangers. Pendant qu'ils luttaient avec l'*Armada*, le prince de Parme aurait eu le temps de passer d'un autre côté, avec ses trente mille hommes, les premiers soldats du monde. Dès lors, tout était fini.

La Hollande ne le permit pas.

Ceux qui préconisent la force du gouvernement monarchique auront fort à faire ici. Il semble qu'après sa résolution violente contre Marie Stuart, la reine d'Angleterre ait faibli; on put croire que l'abeille avait perdu son aiguillon.

Évidemment elle flotta pendant une année, ne sut pas ce qu'elle voulait. Elle découragea ses amis, enhardit ses ennemis.

Les États généraux, au contraire, après avoir déjoué le complot de Leicester, réprimé la populace, qui voulait un maître étranger, sans rancune, sans aigreur, essayèrent d'éclairer la reine d'Angleterre. Ils lui dirent qu'elle risquait de se perdre, elle, l'Angleterre et la Hollande, en écoutant les Espagnols, ils

lui dirent que le seul mot de paix allait produire une
énervation déplorable, un fatal resserrement des cœurs
et des bourses. Ils lui montrèrent l'*Armada* toute
prête dans les ports espagnols, qui allait les surprendre affaiblis, engourdis. Eux qui, depuis vingt
années, soutenaient de leur propre sang et de leur
propre fortune la querelle de l'Europe, ils supplièrent
l'Angleterre, qui n'avait rien fait encore, de ne pas se
tenir déjà pour trop fatiguée. La guerre l'avait en
graissée; Londres avait bu la substance d'Anvers et
des Pays-Bas; elle avait en elle une Flandre. Toutes
les peurs, toutes les ruines, le sauvetage des richesses
et les industries fugitives avaient fait la large base de
cette pyramide d'or qui depuis a monté toujours, et
d'où l'opulence britannique voit sous elle toute la
terre. C'était la Hollande, épuisée d'une guerre terrible, qui priait cette grasse Angleterre de ne pas
dire : « Je suis trop pauvre pour combattre et me défendre. »

Élisabeth, en vieillissant, devenait plus qu'économe.
Elle trouvait lourde la charge d'aider la Hollande qui
pourtant depuis tant d'années lui évitait et le péril et
les frais d'une guerre directe. Pardonnerait-elle aux
États d'avoir déjoué Leicester et repris le gouvernement? Elle rappela celui-ci, mais lui montra six mois
après la plus haute faveur en lui confiant sa défense,
sa personne, l'unique armée qui couvrît sa capitale.

Le fameux amiral Drake, dont nous parlerons tout
à l'heure, ayant fait une pointe hardie dans le port
même de Cadix, Élisabeth parut épouvantée de son
audace. Elle dit qu'elle le punirait, et discuta avec le

prince de Parme ce qu'elle pouvait faire de réparation. Cependant, voyant l'*Armada* prête à mettre en mer, elle leva des matelots. Puis, sur de nouveaux pourparlers, elle désarmait encore Heureusement son grand amiral lui désobéit, autant qu'il le put.

Le 29 mai 88, l'*Armada* sortait de Lisbonne, et rien ne se faisait encore en Angleterre. Mais cent vaisseaux de Hollande bloquaient les côtes de Flandre, depuis l'embouchure de l Escaut jusqu'à Gravelines et Calais Farnèse, avec sa forte armée et ses bateaux innombrables, se morfondait sous la garde du lion de Hollande, qui le tenait là frémissant

Si la volonté, l'effort, l'extrême persévérance, la pesante attention portée sur les détails, si tout cela suffisait pour rendre digne de la victoire, certes, Philippe II en eût été digne Depuis quatre ans, malgré l age et la santé déclinante, des embarras de toute espèce, une grande pénurie d'argent, il était pourtant parvenu à organiser cette épouvantable machine.

Il y avait cent cinquante vaisseaux, huit mille marins, vingt mille soldats; on ne pouvait compter la noblesse et les volontaires. Il y avait deux mille canons, plus d'un million de boulets, cinq cent mille livres de poudre, sept mille mousquets, dix mille haches et hallebardes, un nombre énorme de chevaux, charrettes, instruments de toute sorte, pour remuer, porter la terre et faire des retranchements. Les munitions abondaient et les vivres surabondaient (jusqu'à quinze mille pièces de vin), de quoi manger pour six mois! Tout cela pour un trajet de quinze jours et pour entrer au pays le plus plantureux du monde!

J'ai dit les préparatifs que Parme faisait de son côté. Dans l'Escaut, cent bateaux de vivres et soixante-dix bateaux plats, portant chacun trente chevaux. A Newport deux cents plus petits pour porter les hommes. A Dunkerque, une vingtaine de vaisseaux hanséatiques, avec poutres, pointes et crampons pour être agencés ensemble. A Gravelines, vingt mille tonneaux, avec clous, cordes, à faire des ponts. Des montagnes de fascines.

Les Hollandais gardant la côte, il improvisa un canal superbe pour mener ses vaisseaux en pleine terre, d'Anvers à Gand et à Bruges, rejoindre le canal d'Ypres et sortir dans l'Océan sous l'abri de l'*Armada*.

Parme avait au camp de Newport soixante compagnies espagnoles, dix wallonnes et trente italiennes, la fleur militaire de l'Europe. Ajoutez cent neuf compagnies de toute nation, dans lesquelles sept d'Anglais, pour donner la main à l'Angleterre catholique.

Si grande, si admirable dans ce camp d'élite, la monarchie espagnole n'était pas moins merveilleuse dans les marins de l'*Armada*. Les Portugais de Gama, les Andalous de Colomb, qui, sous lui, trouvèrent l'Amérique, les aventureux pêcheurs de baleine, les intrépides Biscayens environnaient le pavillon dominateur de la Castille, et l'Italie elle-même, par une grande flotte de Naples, de Venise et de Toscane, apportait à l'*Armada* l'augure heureux de Lépante.

Telle avançait sur mer, immense, majestueuse, altière, cette masse à laquelle rien d'humain semblait ne pouvoir résister.

Mais ce qu'on n'en voyait pas était plus terrible
peut-être que ce qui frappait les yeux. On ne voyait
pas la France, la conjuration de la Ligue, qui, de nos
rivages, saluait la flotte au passage; enfin la défection
des meilleurs serviteurs du roi qui, devant une telle
force, perdaient courage et cessaient de lutter.

C'était certainement une des forces de l'*Armada* de
savoir les *Barricades* et la chute de la monarchie;
de savoir, en suivant nos côtes, que, là, tout la favorisait, qu'aucun port n'eût osé se fermer à elle. Ceux
de Bretagne, sous un cousin des Guises, lui étaient
ouverts; le Havre de Grâce dans les mains d'un ligueur déterminé; Calais tellement pour les Espagnols,
que le gouverneur tira le canon pour sauver un de
leurs vaisseaux.

Mais tous ces ports étaient étroits, peu profonds, et
ne pouvaient recevoir de tels vaisseaux de guerre. Le
roi d'Espagne tenait infiniment à Boulogne, belle rade,
où une partie de sa flotte, au besoin, eût pu s'abriter.

De là, l'effort persévérant des Guises pour s'emparer
de Boulogne en 1587 et 1588 La place était au duc
d'Épernon, qui, par des hommes sûrs, la défendit avec
acharnement contre les Guises et contre la faiblesse
de son maître qui la leur aurait livrée Il n'y a pas de
fait plus honteux dans toute l'histoire de France. La
première fois que les Guises manquèrent de s'en emparer, ils amenèrent, on l'a vu. promenèrent en triomphe le traître qui avait voulu leur livrer la ville.

Je crois que c'était l'une des principales raisons pour
lesquelles Philippe II avait pressé les *Barricades*. Il
voulait que nos ports, et surtout Boulogne, se trou-

vassent ouverts a sa flotte Le lendemain de l'événement, le 15 ou 16 mai, Aumale, avec la petite armée
qu'il avait devant Paris, alla tout droit à Boulogne.
On supposait que l'*Armada* allait passer. Une tempête
la retarda. Elle ne passa que le 28 juillet entre Boulogne et Plymouth. La noblesse qui suivait d'Aumale à
ce siége honteux, obéissait à regret, sentant qu'elle
se salissait à jamais par une telle trahison. L'affaire
traîna. Trois cents hommes de renfort furent mis dans
la place. Le vent emportait l'*Armada* au Nord. Si Boulogne avait faibli, un seul vaisseau détaché en eût pris
possession; l'Espagne s'y serait établie, affermie, et
peut-être cette épine fût restée deux siècles au cœur
de la France, comme jadis celle de Calais.

Ce fait de Boulogne et un autre que nous dirons furent les causes réelles pour lesquelles le bon sens
national se souleva plus tard, redoutable dans son
silence. L'audace et l'effronterie des Guises à se dé-
voiler ainsi comme agents de l'étranger sans pudeur,
sans ménagement, finirent par entrer au cœur des
Français; ils virent qu'ils étaient non-seulement trahis,
livrés, mais méprisés.

Tant catholique qu'on fût, on devait être épouvanté
au passage de l'*Armada*. Toute violence, toute tyrannie
y étaient. Et la flotte même se composait de victimes.
Ces Portugais, condamnés à servir leur impitoyable
bourreau, suivaient, en le maudissant, le pavillon de
Castille. Douze bâtiments de Venise, saisis contre le
droit des gens par leur ami et allié Philippe II, avaient
été contraints de se joindre à la grande flotte, de partager ses périls et ses défaites.

Le pape même, qui, à sa manière, combattait aussi pour l'Espagne par sa bulle contre Élisabeth, était-il libre en cette guerre et agissait-il de cœur? Italien et prince, tout autant que pape, s'il désirait la défaite du protestantisme, il redoutait la victoire du tyran de l'Italie. Sixte-Quint, loin de désirer la grandeur de Philippe II, eût souhaité que la France soutînt contre lui les Pays-Bas. Les humbles manifestations de Philippe, qui prétendait faire la guerre pour le saint-siége et d'avance s'en disait vassal, ne pouvaient tromper le pape. Déjà étouffé par l'Espagne, il savait bien que si elle venait à écraser l'Angleterre, tout était perdu en Europe. Misérable principicule du désert de Rome, dans quel néant tomberait-il? et comment echapperait-il à l'universelle asphyxie?

L'Inquisition espagnole, cette arme terrible, pour qui fonctionnait-elle? Instrument de confiscation, détournée à tous les usages de la police civile, appliquée même à la douane, elle donnait une force étrange, au besoin, cruelle pour le clergé même. Si Philippe II ne l eût eue, aurait-il osé verser par torrents le sang du clergé portugais, sauf à extorquer du pape son absolution?

Il fallait la furie folle des Jésuites, le génie bizarre, brouillon, demi-visionnaire qu'ils tenaient de Loyola, pour pousser dans une aventure qui eût mis Rome sous le pied de roi. Ils étaient montés sur la flotte avec force moines, les Cappuccini d'Italie et les Dominicains espagnols de l'Inquisition. Le vicaire général du Saint-Office y était en personne. Et, d'autre part, sur la côte de Flandre, le célèbre docteur Allen, le chef de

l'école du meurtre, que Philippe II venait de faire faire
cardinal légat d'Angleterre, attendait avec les soldats
pour passer et *travailler* avec eux *à la religion*.

Les Anglais ont assuré avoir trouvé sur les vaisseaux
espagnols des instruments de torture, chevalets, grils,
estrapades Pourquoi pas ? On n'eût pas épargné à
l'Angleterre vaincue ce qu'on faisait à Paris même.
Ce fut le premier fruit de la journée des *Barricades*.
En mai et juin, il y eut des faits exécrables qu'on ne
voyait plus depuis longtemps. Un maître d'école catholique, allant à la messe et communiant, fut jeté à l'eau,
comme suspect d'être huguenot Deux demoiselles
Foucaud, qui l'étaient et se maintinrent telles avec un
courage intrépide, furent condamnées à être étranglées, puis brûlées. On les mena bâillonnées au supplice. Mais ce n'était pas assez. On eut soin de couper
les cordes pour qu'elles tombassent vivantes dans le
brasier et fussent réellement brûlées vives.

Voilà ce que les Anglais avaient à attendre, ce qui
devait les rendre invincibles Certes, c'était une bonne
pensée de Philippe II d'avoir mis cette armée de moines sur le pont de ses vaisseaux, ces Jésuites, ces
inquisiteurs Exhibition politique, infiniment propre à
séduire l'Angleterre et lui donner l'empressement de
recevoir un tel joug !

Il y avait aussi une chose sur cette flotte qui devait
lui porter malheur c'est que ceux qui la montaient
étaient des ennemis de l'Espagne, qu'elle traînait, ou
des peuples amortis par elle, tombés au-dessous d'eux-
mêmes. Ces nations qui, séparément, avaient fait tant
de grandes choses, ces individus qui, pris à part,

étaient encore héroïques, mis ensemble se trouvaient faibles.

La grande puissance nouvelle, la pesante, l'inintelligente royauté des commis, le terrible bureaucrate de l'Escurial, cul-de-jatte qui gouvernait la guerre, c'était comme une masse de plomb qui pendait à l'*Armada* et l'empêchait de marcher, qui d'avance rompait les reins, cassait les ailes à la victoire.

Un homme qui vivait immuable dans ce palais de granit, dans un cabinet de dix pieds carrés, n'avait aucune notion du lieu ni du temps. A quinze années de distance, dans une guerre sur l'Océan, il copia servilement ce qui avait réussi à Lépante en 1571 sur la Méditerranée. Et il ne sut pas mieux faire la différence des hommes, croyant encore avoir affaire à la pesanteur des Turcs, ne tenant compte de l'audace des Anglais et Hollandais, dont les rapides corsaires, avant qu'il eût le temps de remuer, lui enlevaient ses navires jusque dans la mer Pacifique. A Lépante, les hauts vaisseaux, les châteaux flottants de Castille, avaient canonné à leur aise des Turcs qui ne bougeaient pas. Philippe refit ces gros vaisseaux, gigantesques galions, lourdes et massives galéaces, supposant que l'Anglais aurait la bonté de se tenir immobile et d'attendre en repos les coups. Seulement il ne trouva pas ces masses suffisamment lourdes; il y fit ajouter de bonnes poutres, de bons madriers, d'un énorme poids.

Une partie de ces vaisseaux paralytiques étaient remués à bras d'hommes, par des quantités de forçats, comme dans la Méditerranée; action nulle dans la

lame forte et longue de l'Océan. Et dangereuse de plus.
En pleine mer, un forçat anglais délivra ses cama-
rades, Turcs, Français, etc Sur trois vaisseaux portugais s'étendit la révolte, la tuerie. Hideux spectacle
de voir ces Portugais ennemis de l'Espagne, contraints
par elle et vrais forçats, egorgés par les forçats qu'ils
faisaient ramer pour l'Espagne!

Cette exécrable Babel de toutes les tyrannies du
monde, contenue pourtant encore dans une apparente
unité, était montée par un pilote qui devait la faire
enfoncer, le génie de l'Escurial, du Gesù, de l'Inquisition, — autrement dit, la mort des peuples et de la
pensée humaine.

Il semble que, du premier coup, la mer en ait eu
horreur. Dès la sortie de Lisbonne, dans les meilleurs
jours de l'année (29 mai), le vent devient furieux, il
lui brise quelques vaisseaux, surtout lui fait perdre du
temps. Elle se refait à la Corogne, mais elle n'entre
en Manche que le 28 juillet.

Il y avait une fatalité visible sur cette flotte espagnole, préparée depuis si longtemps. Un célèbre marin
de Lépante est nommé pour la commander; il devient
malade, il meurt. Puis c'est le vieux et illustre Santa-
Cruz. Philippe II le trouve trop lent, lui adresse un
mot amer; il en meurt. Philippe en est réduit à prendre pour amiral un haut seigneur homme de cœur,
Medina Sidonia, qui n'avait guère de mérite que sa
grande docilité. Celui-là, Philippe était sûr qu'il le
dirigerait toujours, le tiendrait en laisse Et, en effet,
le pauvre homme obéit, mais ne fit rien.

L'*Armada*, arrivée devant l'île de Wight, jeta l'ancre Elle croyait vraisemblablement avoir nouvelle du parti catholique. Mais les catholiques anglais avaient perdu avec Marie leur centre et leur unité Ils avaient été rudement éloignés des côtes, mis dans l'intérieur. Ils croyaient sentir au cou la hache de la reine d'Écosse et craignaient une revanche de la Saint-Barthélemy. L'*Armada* n'avait rien à attendre. L'Angleterre lui apparut, gardée et fermée silencieuse sous ses blanches dunes, et ne donnant pas un signe.

Cependant elle était en danger réel Quand les Espagnols passèrent en vue de Plymouth, des cent vaisseaux de la reine, cinquante seulement étaient prêts Drake fit la sublime imprudence de sortir, voulant que le pavillon anglais se montrât toujours, fort ou faible. Grande tentation pour les Espagnols. Un de leurs vice-amiraux, Martin Recalde, un de ces vieux marins de Biscaye, des hardis pêcheurs de baleine, brûlaient de combattre, de passer par-dessus Drake et de harponner Plymouth.

Il aurait bien pu réussir, débarquer et marcher sur Londres. La flotte avait vingt mille soldats, que les paysans de milice qu'on exerçait à Tilbury n'auraient pas arrêtés une heure Pendant ce temps, l'*Armada* eût écarté les Hollandais, amené les bateaux de Farnèse et réuni les deux armées.

Mais Philippe II était sur l'*Armada*, pour le salut de l'Angleterre, je veux dire son froid génie, sa lenteur, sa timidité A cet ardent Biscayen, Medina Sidonia opposa un petit papier, ordre suprême du maître.

Défense expresse de rien faire avant d'avoir été chercher le prince de Parme.

Ce ne fut que le 30 juillet que l amiral anglais put
sortir de Plymouth avec cent petites embarcations
qu'on appellerait aujourd'hui des bateaux Le lendemain, il aperçut les cent cinquante géants qui occupaient l'Océan de leur masse, de l'ombre sinistre de
leurs voiles immenses.

Il avait heureusement avec lui une élite d'hommes
intrépides, des têtes froidement héroïques et sans
imagination, qui, dans ces masses si hautes, virent
sur-le-champ une chose, c'est qu'elles tireraient trop
haut et ne toucheraient jamais; que plus on serait
près d elles, moins on souffrirait de leur feu. Ils résolurent d'attaquer presque à bout portant.

Il y avait là deux hommes extraordinaires, d'abord
Drake, qui revenait de faire le tour du monde, qui
avait forcé le mystérieux sanctuaire de l'empire des
Espagnols, l'océan Pacifique, qui s'était promené invincible à travers leurs flottes, avait forcé leurs villes,
terrifié leurs plus lointaines possessions. C'est lui qui
trouva l'extrême point sud du monde.

L'autre, Forbisher, simple capitaine, avait percé le
Nord jusqu'au Groenland Le premier, il avait cherche
le passage septentrional d'Amérique en Asie Avec ces
deux hommes, déjà de réputation immense, l'un du
Sud, l'autre du Nord, une force morale prodigieuse
était sur la flotte

L'Angleterre allait aussi ferme que si elle eût par
eux les deux pôles dans la main.

Les petits vaisseaux, volant plutôt qu'ils ne vo
guaient, passèrent derrière les Espagnols, leur prirent
le dessus du vent, les canonnèrent avec une audace.

une vigueur inattendues, prouvant la supériorité de
leur tir, comme de leur navigation.

Le 2 août, nouvelle épreuve. Les Espagnols, qui
avaient l'avantage du vent, ne purent le garder; ca·
nonnés, ils reculèrent, il est vrai, pour gagner Dunkerque, où ils invitaient le prince de Parme à se rendre
sur-le-champ. En attendant, un renfort d'une vingtaine de vaisseaux arrivait à la flotte anglaise avec
tous les grands seigneurs qui venaient prendre part
à la fête. Action très-vive le 4 août. Les deux flottes
se canonnaient à cent cinquante pas. Et cette fois, ce
furent encore les Espagnols qui se retirèrent, suivis
de près par les Anglais.

Chaque jour l'*Armada* fit de grosses pertes. Elle n'a-
vait pas l'avantage, donc ne pouvait débloquer les
bateaux du prince de Parme N'ayant pas battu les
Anglais, elle ne pouvait, derrière eux, aller trouver
les Hollandais et les arracher de la côte où ils bloquaient la grande armée. Le prince n'avait de vaisseaux qu'une vingtaine d'hanséatiques. Eût-il pu,
l'*Armada* n'allant pas à lui, lui aller à elle avec si
peu de force, hasarder ses trois cents bateaux, ce
grand nombre de soldats, en profitant d'une nuit, d'un
brouillard ?... C'eût été un acte de témérité insensée
qu'un jeune homme désespéré, ayant sa fortune à faire,
eût tenté peut-être, mais auquel Farnèse, si sage,
âgé d'ailleurs et malade, couvert de gloire, n'eût pas
songé, Philippe II, si extraordinairement prudent, lui
reprocha, après l'événement, de n'avoir pas fait la
folie. Il l'eût disgracié s'il l'eût faite.

Il y avait aussi une grande et très-grande difficulté,

c'est que les matelots que Farnèse avait *pressés* et amenés de force 's'enfuyaient de tous les côtés. Le brave soldat espagnol, si ferme sur terre, le noble *senor soldado*, déclarait avec gravité qu'il ne s'embarquerait pas sans la protection de la flotte.

Même sous cette protection, y avait-il sûreté? Les vaisseaux anglais, si rapides, n'auraient-ils pas, derrière la flotte et dans ses rangs mêmes, coulé les bateaux? Cela est assez probable. Mais tous n'eussent pas péri, et, si l'*Armada* en eût amené seulement un tiers, avec les vingt mille soldats qu'elle contenait elle-même, l'invasion aurait eu de terribles chances.

Drake ne leur donna pas le loisir d'en faire l'essai Dans la nuit du 7 au 8 août, il prit huit mauvais vaisseaux, les remplit de poudre, de toute sorte de ferraille, les poussa dans l'*Armada*, y mit le feu. La terreur, le désordre, furent épouvantables. On se souvenait d'Anvers, où nombre de soldats espagnols avaient été brûlés vifs. Sans attendre le signal, les vaisseaux coupèrent leurs câbles, se séparèrent et s'enfuirent à travers la haute mer.

Le vent les poussait aux côtes de l'Est. Ralliés à Gravelines, ils virent bientôt fondre sur eux la furieuse petite flotte qui, de plus belle, les canonna à bout portant.

Malgré leur force et la grande épaisseur du bordage, plusieurs vaisseaux furent percés, d'autres démâtés et désagrées. L'intrépide résistance de leurs capitaines ne servait de rien.

Le prince de Parme n'arriva que pour les voir emportés par un vent violent du midi, qui les mit bientôt, hors du canal, dans la mer du Nord, et jusque vers le Danemark, vers les côtes de Norwége, où le gros temps empêcha les Anglais de les poursuivre. Cette flotte de vaisseaux épars ne pouvait plus se diriger, ne s'appartenait plus. Ils avaient déjà perdu quinze navires et cinq mille hommes. Ils tournèrent, chassés ainsi, l'Angleterre et l'Écosse, couvrant la mer de leurs débris, et ils perdirent encore dix-sept vaisseaux sur les côtes d'Irlande.

En tout, quatre-vingt-un vaisseaux et quatorze mille soldats!

Ce n'était pas une flotte qui avait péri, mais un monde. Tout le Midi, traîné par Philippe II à cette misérable croisade, se sentit moralement atteint pour toujours.

Cette immense ruine, c'était celle, non de l'Espagne seulement, mais du Portugal, de Naples, [de Venise, de Florence, etc. La défaite était commune au monde catholique.

Et, de ces débris, rejaillit comme un éclat à la tête des Guises. Ils en furent atteints, blessés. Si l'*Armada* avait vaincu, qui aurait osé les frapper?

Grand véritablement, immense fut le triomphe d'É-lisabeth. Sa position sur toutes les mers devint dès lors offensive. Dans Cadix même et dans Lisbonne, c'était à Philippe à trembler.

Quand la reine, sur un cheval blanc, se montra en amazone au camp de Tilbury, l'enthousiasme, l'émotion, la tendresse, j'allais dire l'amour, éclatèrent. Ses cinquante-cinq ans disparurent. On la trouva jeune et admirablement belle. Cette fois se réalisa la préten-

tion de la reine, « qu'on ne pouvait soutenir en face
le rayonnement de sa beauté. »

Shakespeare fut historien, et le fidèle interprète du
sentiment national et de la reconnaissance européenne,
quand il salua en elle « la belle vestale assise sur le
trône d'Occident. »

CHAPITRE XV

Le roi, Guise et Paris pendant l'expédition de l'Armada.
Mai-août 1588.

Si l'on veut avoir l'idée du sauvage esprit de meurtre qui animait les colléges anglais de Douai, de Saint-Omer, de Reims et de Rome, il faut se reporter plus haut, remonter à leur docteur, le prince cardinal Pole, lire spécialement la lettre qu'il écrit pour gourmander la douceur d'une reine, qui cependant était Marie la Sanglante, et du jeune époux de Marie, qui était Philippe II (Granvelle, IV, 308, 1554). C'est par cette lettre furieuse qu'il envahit l'Angleterre, inaugura ce règne funèbre, où, quatre ans durant, fumèrent les bûchers. Non pas, comme ailleurs, bûchers de chair morte, de victimes étranglées, — mais bûchers de chair vivante, criante, hurlante, à qui l'on faisait sentir les pointes inexprimables d'un supplice calculé.

En réalité, c'était la journée des *Barricades* qui avait coupé le câble qui retenait la grande flotte. Les enfants perdus de la Ligue et le parti espagnol, le furieux et factieux ambassadeur Mendoza, avaient précipité la chose pour le moment où elle était nécessaire à Philippe II. Il n'avait pas tenu à eux qu'elle n'allât bien plus loin, le Louvre allait être attaqué, et Guise forcé par les siens de faire le roi prisonnier, extrémité terrible qui eût fait de Guise lui-même le serviteur dépendant, et j'allais dire aussi le prisonnier de l'Espagne. On a vu comme il s'en tira.

Guise connaissait parfaitement l'hypocrisie de Philippe II; et, comme il avait jadis désavoué le duc d'Albe, il était sûr que Philippe, qui venait de le forcer à agir contre le roi, peu reconnaissant de la chose et la trouvant incomplète, la désavouerait et lui reprocherait d'avoir attenté à la majesté des rois. Aussi Guise s'empressa d'envoyer à Mendoza une justification des Barricades et de la fuite du roi. « Il est parti avant que nous eussions le loisir de lui témoigner que les menaces et dangers avaient pu seuls nous éloigner du devoir que nous sommes résolus de lui garder inviolable » Puis ce fidèle sujet exprime l'espoir que : « Vous ne serez point inutiles spectateurs des entreprises qui se feront contre la religion, et *que le roi votre maître nous donnera secours* si notre prince veut se servir des huguenots, » etc.

Le lendemain de sa victoire, il demandait du secours. Il ne se sentait pas fort. Maîtrisé par cette foule dont il paraissait le maître, obligé de donner la main, sa blanche main de prince italien, à je ne sais

quels crasseux va-nu-pieds et massacreurs, le vrai
rebut de Paris, entouré et espionné de sacripants espagnols, dès le lendemain il fut excédé de son rôle de
tribun du peuple. Il fallut, pour leur obéir, qu'il fît un
prévôt des marchands, qu'il se saisît de la Bastille et
des petites places de haute et basse Seine qui assurent
les arrivages. Démarches hardies qui le brouillaient
de plus en plus avec Henri III au moment où il avait
hâte de se rapprocher de lui.

Ce qu'il désirait le plus, c'était de reprendre le roi,
d'être maître au nom du roi, connétable ou lieutenant
général du royaume, de façon que, si l'Espagnol retom-
bait d'Angleterre en France, il trouvât la besogne
faite, Guise assis déjà fortement, pouvant traiter plus
librement, chapeau bas, mais l'épée en main.

D'une part, il demandait le secours espagnol. D'autre
part, il faisait près du roi ce qu'il pouvait pour se
passer de ce secours.

Voilà pourquoi il permit, ou probablement suscita
des manifestations suppliantes, presques repentantes,
de la Ligue auprès du roi. Celui-ci, tout seul, à Chartres, attendant en vain et ne voyant point venir ses
hommes du tiers parti, vit à leur place arriver les ligueurs qu'il avait cru irréconciliables, implacables.

La première ambassade, il est vrai, fut une farce où
l'on n'eût pas trop distingué si on voulait flatter le roi
ou bien se moquer de lui. Henri III avait importé à
Paris les pénitents d'Avignon et les flagellants du
Midi. Lui-même, aux processions, figurait sous cet
habit. On imagina de lui envoyer une bande de pénitents. « Dans ce costume, disaient les Parisiens (De

Thou), il faudra bien qu'il nous reçoive. Il ne pourra fermer sa porte. » Ils s'adressèrent au frère d'un homme que le roi avait fort aimé, Henri de Joyeuse, devenu capucin sous le nom de frère Ange. Pour rendre la chose plus touchante, on en fit un mystère ambulant. Ange faisait le Crucifié. La tête couronnée d'épines, des gouttes de rouge à la ...ce, sous une grosse croix de carton, il paraissait succomber, soupirait à rendre l'âme. Les soldats de la Passion, ayant, en guise de casques, de grasses marmites en tête, portaient des armures rouillées. Ils roulaient les yeux et se démenaient pour épouvanter la foule. Les saintes femmes, Marie, Madeleine (deux jeunes capucins déguisés), pleuraient, priaient, se prosternaient. Ange se laissait tomber; à coups de fouet, on le relevait. La moralité parlante était que, le Christ ayant pardonné sa flagellation à Jérusalem, le roi pouvait bien aussi oublier que Paris lui eût donné les étrivières.

Dans la bande des apôtres, apparemment pour faire Judas, était un des premiers ligueurs, le président de Neuilly. Il venait là pour deux choses, voir ce que faisait le roi, le tâter, et par-dessous travailler contre lui la ville de Chartres, y raffermir les ligueurs. Ce bonhomme avait une chose excellente pour ce genre d'affaires, une sensibilité extrême et des larmes à torrents.

Dans un de ces messages au roi, Henri, le voyant « pleurer comme un veau », ne put s'empêcher de lui dire : « Eh! pauvre sot que vous êtes, pensez-vous que, si vraiment j'avais tenu à vous faire pendre, le pouvoir m'en aurait manqué?... Mais non, j'aime les Parisiens, malgré eux et quoi qu'ils fassent. Qu'ils

témoigneut du repentir, je suis tout prêt à pardonner. »

Le chef-d'œuvre, pour Henri de Guise, c'était d'employer pour lui le parlement de Paris, qui le détestait.
Comme il avait sous sa main la vieille machine à trahison, la reine mère, par elle, il obtint une démarche
du Parlement.

Le roi reçut la députation à merveille, et sembla
plus occupé de s'excuser que d'accuser. Cela encou-
ragea tellement que les Seize et les nouveaux magistrats entreprirent de faire leur paix. Dans un acte où
ils expliquaient les Barricades par la nécessité de sauver la foi catholique, ils proposèrent, au nom de Paris,
des seigneurs, des villes liguées, une réconciliation.
Le roi fut tout miel. Il répondit qu'il ne songeait qu'à
son bon peuple, qu'il avait déjà révoqué trente édits
bursaux, *qu'il détestait les hérétiques, voulait les exterminer*, et que, pour mieux faire cette guerre sainte, il
assemblerait le 15 août les États généraux.

C'était en réalité se livrer à ses ennemis, agir comme
si les ligueurs eussent été vraiment fanatiques, fort in-
quiets de l'hérésie. Mais l'affaire était politique; la
Ligue, moitié lorraine, moitié espagnole, ne voulait
du roi qu'une chose, lui arracher sa couronne. Par ce
traité, il la donnait.

La peur explique sa conduite. Il avait emporté la
peur de Paris, cette grande image de la furie du peuple. Il avait une peur nouvelle, l'apparition de l'*Armada*, qui, à ce moment, voguait à pleines voiles le
long de nos côtes. Il avait peur de son gardien, d'É-
pernon, tellement haï, tellement compromettant, et

hâte de s'en débarrasser. Il avait peur de son ami naturel et de son meilleur allié, le roi de Navarre, qu'il eût volontiers appelé, et qu'il faisait mine d'avoir en horreur. Enfin il avait son conseil, son cabinet plein de traîtres, tout au moins d'hommes équivoques, qui, plus qu'à moitié, étaient pour les Guises. Le chancelier Cheverny, créature de la reine mère, avait eu l'insigne honneur de marier une de ses parentes au frère du duc de Guise. Le secrétaire Villeroy, ennemi de d'Épernon, qui l'appelait le *petit coquin* et voulait le bâtonner, était de cœur avec la Ligue. La reine mère, qui était à Paris avec Guise, écrivait au roi des lettres trempées de larmes maternelles, le suppliant d'avoir pitié de lui-même, de ne pas se perdre

On lui fit faire de très-fausses démarches, par exemple d'envoyer trois fois son médecin à Paris, puis Villeroy même. Plus il se montrait facile, et plus on devint exigeant

On obtint aussi de lui qu'il se défît de son dogue, du seul des siens qui pouvait mordre, je parle de d'Épernon. Le roi lui dit qu'il fallait céder au temps, se retirer dans son gouvernement de Provence Telle était sa docilité pour la Ligue, qu'il voulait que d'Épernon rendît tout ce qu'il conservait au roi : Metz, la grande position contre les Guises, Angoulême, la communication avec le roi de Navarre; la *Normandie* et *Boulogne*, c'est-à-dire la côte, le port, dont avait besoin l'*Armada*.

D'Épernon fut plus royaliste que le roi : il refusa Boulogne, Metz et Angoulême Et tel était l'affaissement du roi, qu'on obtint de lui un ordre ambigu de fermer à d'Épernon cette dernière place ou de l'arrêter s'il y était. Dépêché par Villeroy avec empressement, cet ordre fut si bien reçu des ligueurs de l'endroit, que d'Épernon faillit périr. Il n'échappa que par un miracle de courage et de présence d'esprit, enfin par l'approche d'un secours du roi de Navarre.

Henri III cédait, livrait tout, lorsque Paris, qu'on croyait tellement contre lui, tellement ligueur, faillit échapper à la Ligue. Le Tiers parti, le Parlement qui en était la tête naturelle, s'était laissé enlever la prévôté, la magistrature municipale. Mais, quand, du 1er au 4 juillet, les nouveaux prévôts et échevins procédèrent à l'épuration de la garde bourgeoise, firent déposer, comme hérétiques, tous les gens de robe, il y eut de grands murmures et résistance positive.

Le 5 juillet, le conseiller Legrand, capitaine de son quartier, ayant été déposé, sa compagnie refusa de marcher sous le nouveau capitaine. Le poste (c'était la porte Saint-Germain) resta fermé, faute de garde. Un mouvement pouvait avoir lieu si le Parlement eût été hardi. La bourgeoisie de Paris avait généralement les armes, et, en majorité immense, elle détestait ce monstre de la Ligue, chimère bizarre, mêlée de tant de choses, mais dans lequel, après tout, une était beaucoup trop claire, l'alliance du clergé et de l'Espagne, l'or, l'intrigue et la menace, l'insolence de l'étranger.

Les présidents du Parlement, mis en demeure de prendre l'initiative dans un moment si critique, se montrèrent d'abord fort timides. Ils parurent condamner la résistance. Ils déclarèrent « que, l'affaire semblant tendre à *sédition*, on en référerait à la reine mère et aux princes *pour avoir règlement.* » Aux princes, c'était dire aux Guises.

Mais quelle que fût la faiblesse, le tremblement visible de ces magistrats, Guise n'en abusa pas Il se montra lui-même excessivement prudent Il fit venir le conseiller capitaine, le pria de ne pas se mettre en danger, de donner sa démission. « J'en endure bien aussi, dit-il. Faites comme moi. Quand la colère de ces Parisiens sera un peu plus rassise, je donnerai bon ordre à tout; et alors vous serez content, vous et tous les gens de bien qui vous ressemblent. »

La démission n'arrêta rien. L'indignation publique ne se cachait plus. On avait ôté l'épée à des magistrats, à des hommes connus, posés dans l'estime publique, et on l'avait confiée à des banqueroutiers, à des gens sans profession connue. Cette disposition des esprits enhardit le Parlement. « Le premier président, dit Lestoile, parla longuement, librement et hautement, pour maintenir les vieux capitaines, casser les nouveaux. Plusieurs conseillers appuyèrent. Le cardinal de Bourbon parla contre, mais fort peu. Alors le duc de Guise, avec beaucoup de soumission et de révérence, supplia la cour de donner encore cela au temps *et au public.* » Le public était là en effet, le public des Espagnols, hurlant tout autour et près d'assommer le Parlement Celui-ci se montra touché d'une prière si respectueuse et si bien appuyée du *peuple,* dont la voix est celle de Dieu.

Le même *peuple,* pour faire marcher droit le Parlement et l'empêcher de broncher, vint en masse le sommer de brûler un protestant depuis longtemps prisonnier; autrement les bons catholiques se chargeaient de le faire eux-mêmes. Tout cela désavoué par la nouvelle administration de Paris Mais la volonté était claire. Il fallut faire quelque chose pour complaire à ce bon peuple. On avisa que, d'ancienne date, on avait condamné à Angers un certain Guitel. Il jurait qu'il n'était ni protestant ni chrétien, d'aucun culte. Il n'en fut pas moins à la Grève exécuté comme huguenot.

Donc, tout allait à merveille. La religion était satisfaite, le peuple vainqueur, tous d'accord. Il ne restait qu'à s'embrasser. Le 10 juillet, le roi signa ce qu'il appela son acte d'*Union*.

Chose plaisante et qui fit rire : il y défendait la *Ligue*, mais proscrivait l'*Union*.

Il garantissait l'union que ses sujets faisaient entre eux pour se défendre contre lui.

Les ligueurs y renonçaient aux alliances étrangères Promesse menteuse s'il en fut

Le roi, de dix manières diverses, promettait la même chose, de poursuivre à mort l'hérésie, d'exclure de sa succession tout prince hérétique.

Un article important était ajouté aux anciens traités Nul désormais ne devait obtenir le moindre emploi que sur une attestation de son évêque ou de son curé. Article énorme qui, en réalité, mettait toutes les places aux mains du clergé, et de plus l'autorisait à se constituer partout comme une police, pour connaître les bons sujets et écarter les suspects.

Dans les articles secrets, il promettait de soumettre le royaume au pape, selon les règlements du concile

de Trente, de livrer des places aux ligueurs, non-seulement Orléans, Bourges, mais Montreuil, mais le
Crotoy, tout près de Boulogne, *mais Boulogne même.*
c'est-à-dire les ports de nos côtes que demandait l'Espagnol

Boulogne, que le duc d'Aumale n'avait pas pu arracher au lieutenant de d'Épernon, Boulogne, que le roi
avait en vain prié d'Épernon de lui remettre, était
livré cette fois, puis d'un trait de plume

A ces articles terribles ajoutez les dons, non écrits,
que l'on extorqua

Mayenne, frère de Guise, aura l'une des deux armées contre les hérétiques.

Un frère de Guise aura le Lyonnais, — autrement
dit, donnera la main à la Savoie, et pourra lui ouvrir
la France.

Un autre frère, le cardinal de Guise, sera légat d'A-
vignon, le roi l'obtiendra du pape.

L'intime confident de Guise, Menneville, que plusieurs croyaient la tête même de la Ligue, entrera au
conseil du roi avec l'archevêque de Lyon.

Le cardinal de Bourbon est déclaré le plus proche
parent du roi Exclusion implicite du roi de Navarre

Guise lui-même aura le commandement général des
armées, avec la justice et la police militaires, comme
les avait le connétable.

Le roi n'avait plus rien à donner en ce monde. Il ne
lui restait guère que son corps et sa personne On
voulait qu'il les livrât, qu'il allât montrer dans Paris
sa face souffletée et se prêter aux nasardes. C'est ce
que vint lui demander la reine mère le 1er août, en

lui présentant le cardinal de Bourbon et le duc de
Guise. Le roi les embrassa tendrement en souriant,
mais refusa leur requête.

Alors la bonne Catherine se mit à verser des larmes
(ce qui lui arrivait souvent, car elle était fort sensible) : « Comment, mon fils! que dira-t-on de moi? et
quel compte pensez-vous qu'on en fasse? Serait-il bien
possible que vous eussiez changé tout d'un coup votre
naturel si enclin à pardonner? »

Mais lui, quand il la vit pleurer, cela le fit rire :
« C'est vrai, madame, mais qu'y faire? C'est ce méchant
d'Épernon qui m'a tout changé et gâté mon naturel. »

Cette gambade disait assez à la vieille qu'il n'était
pas dupe. Il avait eu de fréquentes occasions d'expé-
rimenter combien (même pour lui) elle était fausse, perfide et malfaisante. En 1587, au départ des Allemands,
elle avait dit, avec la Ligue, que son fils eût pu les
détruire et qu'il ne l'avait pas voulu. Aux Barricades,
elle lui avait donné le conseil singulier d'aller trouver
les ligueurs, c'est-à-dire de se livrer. Et, ici, soufflée
par Guise, elle lui conseillait encore de se jeter dans
le guêpier.

Il la connaissait dès lors. Il l'eut haïe s'il eût eu la
force de haïr personne. Mais il la méprisait à fond,
n'ayant vu personne en ce monde de plus méprisable
ni de plus semblable à lui.

FIESTA?
QUE
PARIS HIZO
A
ALEXANDRO
FARNESE

CHAPITRE XVI
La Ligue aux Etats de Blois. Août-décembre 1588.

L'article où la Ligue renonçait aux alliances étrangères, quoiqu'il ne fût pas sérieux, parut à Philippe II
une trahison de Guise, une violation du traité fait
avec lui en avril. Le 26 juillet, *ab irato*, il écrivit à
Henri III qu'il lui donnerait du secours.

Guise avait voulu s'expliquer, se justifier auprès de
l'Aragonais Moreo, l'agent qui avait traité avec lui.
Moreo ne voulut pas l'entendre. Alors il écrivit directement à Philippe II (24 juillet) une lettre humble où
il lui disait que tout s'était fait pour l'honneur de Dieu.
Philippe ne daigna répondre.

C'était le moment critique de l'*Armada*. L'ambassa-

deur Mendoza croyait fermement qu'elle avait vaincu ;
il avait fait imprimer toute la victoire à Paris, était
parti pour Chartres en poste, et, avant tout, avait été
à la cathédrale remercier la Vierge Marie. De là, en
allant à l'évêché, où logeait le roi, il disait aux gentilshommes avec une emphase espagnole « Victoria !
victoria ! » Il entra ainsi et montra au roi une lettre
qui lui arrivait de Dieppe. Mais le roi lui montra une
autre lettre qui disait que les Anglais avaient canonné
l'*Armada*, coulé douze vaisseaux et tué cinq mille
hommes; qu'il n'y avait plus à songer à débarquer en
Angleterre

Mendoza ayant de la peine à digérer la nouvelle, le
roi lui montra en sus deux ou trois cents forçats turcs
d'un vaisseau castillan échoué à Calais qu'on venait
de lui envoyer. Mendoza veut qu'on les lui livre. Le
roi répond doucement qu'il faudra en délibérer. L'Espagnol, fort irrité, va trouver Guise, qui l'appuie. Ces
pauvres diables se trouvèrent placés en haie sur les
degrés où le roi devait passer pour aller à la messe.
Ils se jettent à genoux, et crient tant qu'ils peuvent :
« Misericordia ! » Le roi les regarde et passe. Au conseil on décida que ce n'étaient pas des Espagnols,
mais des prisonniers, des esclaves, qu'en France on
ne connaît pas d'esclaves, qu'en touchant la France
on est libre; donc, qu'on les rendrait au sultan, allié
du roi, et qu'au départ chacun d'eux recevrait un écu
en poche

Ce conseil fut comme un tournoi préalable avant la
bataille, où l'on connut bien les ligueurs. Le duc de
Nevers et Biron emportèrent cette décision.

Les effets de la grande déroute furent sensibles à l'instant même. Mendoza revint à Guise, lui promit secours. Guise en remercie Philippe II le 5 septembre, dans une lettre où il épuise toute la langue française pour l'assurer de son dévouement. Philippe, dès le 22 août, probablement du jour où il apprit le désastre, avait écrit à Mendoza que Guise pouvait se *justifier* de l'Union en rompant avec le roi. Si l'*Armada* était battue, Farnèse était là tout entier, avec ses trente mille Espagnols, qui pouvait mettre un poids énorme dans les affaires de la France

Le premier service que Guise rendit à Philippe II, ce fut d'attacher à la Ligue un certain Balagny, que la reine mère avait placé à Cambrai pour lui garder cette place, prise autrefois par son fils Alençon. Entre les mains d'un ligueur, Cambrai ne pouvait manquer de revenir bientôt à l'Espagne.

Sur la même frontière du Nord, le roi avait donné au duc de Nevers la Picardie, que réclamait de longue date le duc d'Aumale. M. de Nevers passant par Paris, le prévôt des marchands et les Seize vinrent à son hôtel, et, au nom de la ville, au nom de la Ligue, lui défendirent d'y songer.

Quoiqu'il fût stipulé dans le traité qu'on rendrait la Bastille au roi, on se moqua de cet article. On maintint dans la forteresse l'un des chefs, le fameux procureur et escrimeur Leclerc, le plus violent des Seize.

Ce qui ne fut pas moins sensible au roi et lui démontra son néant, ce fut la défense que la Ligue fit au Parlement de vérifier les lettres royales données au comte de Soissons, fils du prince de Condé, pour le

laver d'avoir porté les armes avec les hérétiques. Le
peuple s'y opposa, disant qu'un tel péché exigeait que
le comte allât à Rome Guise tenait extrêmement à ce
qu'il ne fût pas réhabilité et restât incapable de succéder à la couronne, comme *fauteur d'hérésie.*

De plus, Guise aurait voulu que son fils épousât la
nièce du pape. Et le roi la demandait pour le comte de
Soissons.

Sur toute et chacune chose, Guise se trouvait ainsi
en face du roi. Il paraissait déterminé à le pousser à
l'extrême. Le mouvement, comprimé, mais très-signi-
ficatif de Paris contre la Ligue, l'obligeait d'achever
le roi, dût-il lui-même tomber sous l'influence espagnole. Sans doute aussi il la redoutait moins depuis
cette grande catastrophe de l'*Armada*. Philippe restait
puissant et redoutable; mais ce n'était plus ce Dieu,
ce Jupiter, ou ce Pluton, ce terrible Démon du Midi,
qui semblait tenir ou fermer à son choix l'outre des
tempêtes.

L'élection des États fut travaillée par toute la France
avec une furie extraordinaire Le mot d'ordre était
donné. On ne voulut pas de ligueur modéré, mais seulement les emportés, les casse-cous de la faction Le
Tiers parti, épouvanté, ne savait que dire. A Chartres
même, sous les yeux du roi, un seigneur, l'homme
de la Ligue, effrayait les royalistes des plus terribles
menaces. L'épée ne tenait à rien; et, derrière l'épée,
c'était le bâton de la populace, soldée par les prêtres,
et, derrière la populace, c'était l'Espagnol, les trente
mille hommes de Farnèse, prêts à renouveler en France,
dans chaque ville, le sac d'Anvers.

Pas un des élus n'était homme connu, sauf quelques-
uns dans la noblesse. C'était généralement la basse
bourgeoisie, inepte et envieuse du voisin, laquelle,
flattée par les seigneurs, eût fait des crimes pour eux.

Qu'étaient, que voulaient ces États qui venaient,
disaient-ils, au secours de la religion catholique? Pouvaient-ils se tromper eux-mêmes? Mais le roi venait
justement de leur ôter tout prétexte. Il envoyait deux
armées contre l'hérésie, l'une sous le frère même de
Guise, l'autre sous le duc de Nevers. Guise et Nevers,
c'était également la Saint-Barthélemy.

S'il y avait dans les députés quelques hommes de
bonne foi, il faut croire que la passion les rendait à
moitié fous. Le programme qu'on leur apporta de la
part des Seize ne porte pas le cachet de l'huissier, du
procureur, des Leclerc et des Marteau. Il rappelle
bien plutôt l'hypocrisie avec laquelle nous avons vu
l'Espagne attester à Trente, à Rome et partout, la
liberté qu'elle écrasait; il rappelle le courage du clergé,
lorsque, prié d'aider à l'État (mai 1561), il refusa hé-
roïquement *au nom de la liberté.*

Ce programme, rédigé certainement par les Jésuites
sur la table de Mendoza, propose à la France d'imiter
les nobles libertés castillanes, les assemblées des Cor-
tès (blessées à mort par Charles-Quint, et poursuivies
au moment même par Philippe II en Aragon).

Voyez l'Angleterre, disait-on, voyez la Pologne : les
Etats y gouvernent tout.

Sublimes docteurs du mensonge! Combien leur cachet est reconnaissable! Et qui jamais put espérer
d'en approcher dans le faux? Ces libres États, sortis

de la nationalité et défenses de la patrie, ils les attes-
taient ici pour espagnoliser la France et pour étrangler la patrie.

Revenons. L'assemblée se caractérisa en nommant
président du clergé le cardinal de Guise, un furieux;
président du Tiers État l'un des Seize, la Chapelle-
Marteau, l'organisateur du comité de la Ligue, que la
révolte avait fait prévôt des marchands. Enfin la noblesse fut présidée par l'homme des Barricades, le
jeune Brissac, ennemi personnel d'Henri III.

Avant même d'exister, je veux dire d'être constitué,
le Tiers dit toute sa pensée : *supprimer l'impôt*, désar-
mer le roi.

Tout impôt établi depuis 1576, supprimé. Et cependant la valeur de l'argent ayant infiniment changé, il
avait bien fallu que l'impôt montât avec tout le reste.

La seconde pensée des États fut de censurer la *tolérance du roi* Le jeune Brissac le tint sur la sellette et
le chapitra, comme un maître d'école flagelle l'enfant
de paroles avant de lui donner le fouet. Plusieurs mots
sentaient le sang : « Longue patience méprisée est
cause de *rigueur sans pitié.* »

J'ai besoin de rappeler que ces violentes plaintes sur
la tolérance du roi s'adressent au pénitent des Jésuites, au confrère des flagellants, à l'homme qui conseilla la Saint-Barthélemy[1]

Du reste, pourquoi un roi? Il suffit de l'ambassadeur
d'Espagne pour gouverner la république française. La
situation rappelle et rappellera de plus en plus la misérable Pologne de la fin du siècle dernier, lorsque
l'ambassadeur russe, le sauvage Repnin, régnait sur

le roi avec un mélange bizarre de violence et de ruse, d'hypocrisie et de fureur.

L'ancienne Rome avait dix tribuns du peuple, la France va en avoir mille, sous le nom de syndics. Des syndics de bailliages à ceux de provinces, et de ceux-ci au syndic général qui suivra le roi et le gardera à vue, tout se tient, tout se lie. La tête du système est le protecteur étranger

On refusait l'impôt, on exigeait la guerre, on forçait le roi à la commencer en disant cette parole (contre le roi de Navarre) : « Jamais roi, *ayant été hérétique*, ne nous gouvernera. »

« Et pourtant, disait Henri III, quand il ne s'agirait que d'une succession de cent écus, encore serait-il juste de s'expliquer avec lui, de savoir ce qu'il pense, s'il ne veut pas se convertir! »

Il faisait venir les députés, s'humiliait, leur parlait *avec respect*, componction : « Je le sais, messieurs, *peccavi*, j'ai offensé Dieu, je m'amenderai, je réduirai ma maison au petit pied S'il y avait deux chapons, il n'y en aura plus qu'un. Mais comment voulez-vous que je revienne aux tailles de ce temps-là? Comment voulez-vous que je vive? Refuser l'argent, c'est me perdre, vous perdre, et l'État avec nous. »

Les soufflets tombaient comme grêle. L'un disait, comme cette vieille de l'antiquité à Trajan « Alors, ne soyez donc point roi. » L'autre : « Ses paroles ne sont que vent. » Le roi faisait la sourde oreille.

Il était pris par la famine. Ses gardes n'étaient plus payés. Ses quarante-cinq gentilshommes allaient chercher condition. Cour solitaire, froide cuisine, visages allongés. Dans cette extrémité, il s'adressa à Guise lui-même, le pria de prier pour lui. Guise, en effet, intercéda, mendia pour le roi. Mais les ligueurs étaient incorruptibles; ils refusaient sèchement. Guise riait. Un autre disait : « La marmite du roi est renversée, messieurs, allons, faites-la donc bouillir. »

Il n'y avait eu rien de pareil depuis Chilpéric. Le négociateur Schomberg, ami de Guise, homme de grande expérience, lui dit qu'il risquait gros de pousser un homme à ce point-là; qu'il n'y a bête si lâche qui, tellement mordue, ne se retourne sur la meute. Guise allait son chemin. Il croyait. tous croyaient, que le roi, n'étant plus un homme ni un mâle, pleurerait, projetterait, mais n'aurait jamais la résolution, la pointe, le tranchant. L'ambassadeur de Savoie écrivait · « Le duc sera toujours à temps pour le prévenir. » Le Vénitien Morosini, légat du pape et ami d'Henri III, en écrivait autant à Rome.

Guise tenait le roi de très-près, logeait dans le château, et, comme grand maître, il en avait les clefs. Son intériorité intime, les moindres détails de sa vie, toutes les petites misères qu'on cache, Guise les savait heure par heure. Comment? Parce qu'il avait la vieille mère et était étroitement lié avec elle. Elle était logée sous le roi, à même de se faire tout dire, d'entendre même ses démarches et le bruit de ses pas. Elle lui en voulait beaucoup en ce moment pour la seule chose sage qu'il eût faite en sa vie. Avant l'ouverture des États, il avait renvoyé tout son conseil, tous les hommes de sa mère, spécialement ses deux âmes damnées, le *petit coquin* Villeroy, et le très-douteux Cheverny,

qui avait une parente mariée chez les Guises. A la
place, il fit venir des inconnus, l'avocat Montholon,
Ruzé, jadis son homme d'affaires, et un certain Révol,
que d'Épernon lui avait désigné comme un homme
sûr. Ces braves gens étaient trop subalternes, trop
peu fins, pour flairer les choses. Dès lors, il était
comme seul.

Il arrive aux mourants d'avoir des moments très-
lucides, il avait compris, un peu tard, que sa vraie
plaie était sa mère, et que c'était d'elle surtout qu'il
fallait se cacher. Il s'enfermait pour ouvrir les dépêches. Elle ne savait rien, ne pouvait plus rien dire
aux Guises, n'était plus importante Elle en était malade. D'autant plus entrait-elle dans le complot général
pour réprimer la révolte du roi Elle voulait ressaisir
le conseil, y remettre ses hommes, et, par eux, continuer son rôle de négociatrice éternelle et d'entremet-
teuse.

Pris ainsi de partout, n'ayant plus même son logis,
comme un lièvre entre deux sillons, le roi devint très-
clairvoyant et plein de stratégie. La peur fut pour lui
un sixième sens. Il avait l'oreille dressée, était attentif
à trois choses :

1º A Rome. Il caressa le vieux Sixte par un grand
mariage d'un prince du sang pour sa nièce, et il en
tira un bon légat, partial pour lui C'était le Vénitien
Morosini. Henri III adorait Venise et en était aimé.
Un tel légat pouvait le servir fort s'il venait à tuer
Guise.

2º Le plus beau eût été de le faire tuer par le-
siens. Le roi ne fut pas loin de croire qu'il durait cett

joie. .Pour une affaire de femme, Guise et son frère
Mayenne tirèrent l'épée, ils étaient sur le terrain
quand Mayenne jeta la sienne. Telle était cette race
lorraine, que tous étaient envieux de tous. Les frères
de Guise et ses cousins le jalousaient à mort, le dé-
nonçaient au roi, ne cessaient de lui dire que Guise
lui jouerait un mauvais tour.

3° Le roi n'était pas sûr que le pape le soutiendrait
contre Guise et l'Espagne. Aussi, en regardant de ce
côté à droite, il regardait à gauche vers le roi de Navarre et l'Angleterre. L'affaire de l'Armada prouvait
que l'Angleterre pouvait faire la balance. Quelqu'un
venant lui dire qu'un homme du roi de Navarre (c'é-
tait Sully) était dans Blois, vite il le fit venir, mais
bien secrètement. Il lui dit qu'il ne demandait pas
mieux que de donner la main à son maître. Mais comment? Il était captif. Guise vivant, il ne pouvait rien.

Une lueur d'espoir vint Le duc de Savoie s'était
emparé du marquisat de Saluces, du peu que nous
avions encore en Italie, et cela par un frère de Guise
(frère de mère), devenu général de Savoie.

La France, au bout d'un siècle, enfin chassée de l'I-
talie! bravée par un si petit prince Cruelle injure!
Pour qu'on la sente mieux, le Savoyard en frappe une
médaille, le *Centaure* (franco-italien) *qui, du pied,
foule la couronne de France.*

Cela fut amèrement senti. Ce singulier pays de
France, qui parfois ne sent rien, puis est sensible tout
à coup, avait fait peu d'attention à la conduite des ligueurs à Boulogne, à Calais, au Havre, dans le moment si grave du passage de l'Armada. Nos ports

ouverts à l'Espagnol, c'était bien autre chose que cette petite et lointaine affaire de Saluces, question surtout de vanité. Celle de la noblesse s'éveilla, s'indigna; elle en voulut à Guise, qu'elle croyait auteur de la chose.

Loin de là, l'affaire de Saluces, brusquée sans son avis, le contrariait réellement. Il n'y trouva remède, sinon de dire que c'était le roi qui avait tout fait, qui conspirait contre lui-même, livrait ses places. Mais lui, Guise, allait les reprendre « aussitôt que l'hérésie serait extirpée en France. » A quoi le Savoyard fit une étrange réponse, et qui étonna tout le monde : « Qu'il était prêt de mettre tout dans les mains du frère de M. de Guise. »

Mot terrible qui porta un grand coup à sa popularité et le montra tout Espagnol. Mot précieux pour Henri III. Il crut que son homme était mûr, et qu'on pouvait le tuer.

CHAPITRE XVII

Mort d'Henri de Guise. Décembre 1588.

Le 30 novembre, vers quatre heures du soir, un
fait singulier arriva. Les pages et domestiques,
bruyants, malfaisants, ferrailleurs, qui attendaient
leurs maîtres dans les cours, passaient leur temps à se
battre. Mais, ce jour-là, ce fut une bataille en règle ;
les pages royalistes et les pages guisards se poussèrent l'épée à la main ; il y eut des morts et des blessés. Le bruit alla jusqu'à la ville ; on y crut que les
princes se massacraient et se taillaient en pièces. Le
cardinal de Guise, qui logeait en ville, jeta son habit
de prêtre, et marcha sur le château avec ses bandes.

Le duc de Longueville et le maréchal d'Aumont vinrent pour sauver le roi. Les ligueurs des États vinrent aussi, l'épée nue. Au château, il y eut panique. On se battait dans l'antichambre du roi. Il endossa la cuirasse et sortit de son cabinet. Guise ne bougeait pas. Il était chez la reine mère et jasait avec elle, disant toujours froidement : « Ce n'est rien. » Ses gentilshommes venaient voir s'il donnerait un signe, et se demandaient ce qu'il fallait faire. Ils le trouvaient toujours les yeux baissés et tournés vers le feu. Enfin Crillon s'indigna, et, avec les gardes, finit la ridicule affaire. On fit rengaîner ces héros, et on mit à l'ordre du jour que ceux qui bougeraient auraient la prison et le fouet.

On avait cru que Guise n'eût pas été fâché si le roi était tué par hasard. Mais savait-il ce qu'il voulait? Il était très-flottant, ennuyé, dégoûté. Au dehors, l'Espagne le ménageait peu, ayant poussé le Savoyard à contre-temps, et l'ayant compromis. Au dedans, la noblesse devenait froide. Paris n'était pas sûr. Les États ne se hâtaient pas de le faire nommer connétable.

Qui était sûr? Pas même la famille. Son frère Mayenne, qui avait occupé Lyon et voulait le garder, se rapprocha du roi, et reçut amicalement le Corse du roi, Ornano, homme d'exécution, qui conseilla la mort de Guise. La sœur du duc d'Elbeuf, duchesse d'Aumale, alla publiquement le dénoncer au roi. Le maréchal d'Aumont, allié (par mariage) des Guises, était un fervent royaliste. Guise, pour le gagner, lui avait offert la Normandie, qu'avait le duc de Montpensier,

espérant les brouiller et les opposer l'un à l'autre. Il
voulait lui signer la promesse de son propre sang, dé-
pouilla son bras jusqu'au coude, et tira son poignard
pour se saigner. D'Aumont n'en fut pas dupe ; il l'arrêta et dit tout au roi.

Guise commençait ainsi à être connu, et on ne se
fiait guère à lui. Il visait toujours à brouiller. Il était
non-seulement dissimulateur et menteur, mais inventeur aussi et riche en fictions, soutenant un premier
mensonge par un autre et ne tarissant plus. Pris sur
le fait, il se justifiait aux dépens de ses amis. Cela lui
avait ôté beaucoup d'hommes. Les dames, il est vrai,
ne l'en aimaient que plus pour ces petites scéléra-
tesses, parmi elles, c'était un proverbe, la *malice de
M de Guise.*

Cette malice avait été parfois quelque peu loin. Sans
parler de la petite malice de la Saint-Barthélemy, des
affaires de Salcède et autres assassins d'Alençon,
d'Orange ou de Navarre, il usait largement d'une liberté qu'on avait en ce siècle, de faire tuer en duel
ceux qu'on n'assassinait pas. Les duels à mort des
premiers mignons ne furent nullement des hasards.

L'homme qu'on voulait tuer en duel à ce moment,
et que l'on commençait à picoter, c'était un bien petit
favori, le Gascon Longnac, capitaine des quarante-
cinq. Déjà un des bâtards des Guises le cherchait et
le provoquait, tâchait de le faire dégaîner.

Le 18 décembre, toute la cour étant en fête chez la
reine mère pour un mariage, le roi, espérant être
moins espionné, fit venir deux personnes qui passaient
pour sûres et honnêtes, le maréchal d'Aumont et M. de

Rambouillet, homme de robe, qui avait montré de la
fermeté à Chartres, et s'était fait élire malgré la
Ligue. Il leur dit qu'il ne pouvait plus souffrir les
bravades du duc de Guise, et que le duc ou lui mourrait.

L'homme de robe, un peu étonné, dit qu'il fallait lui
faire son procès. Le roi haussa les épaules . « Et ou
trouverez-vous des témoins, des gardes, des juges? »
Le maréchal dit . « Il faut le tuer. »

Le roi fit entrer Ornano et le frère de Rambouillet,
qui furent de l'avis du maréchal.

L'homme le plus brave qu'il eût était Crillon. Il le
fit venir. Mais le bon capitaine dit qu'il y avait répugnance, que ce genre de besogne ne convenait pas « à
un homme de sa condition, » mais qu'il serait charmé
de le tuer en duel.

On approchait de la Noel, et chacun était en dévotion Le 21 décembre, jour de la Saint-Thomas, le duc
suivit le roi, pour vêpres, à la chapelle du château, et
lut pendant l'office. Le roi, qui l'avait vu, lui dit à la
sortie : « Vous avez été bien dévotieux. » Le duc
avoua que c'était un pamphlet huguenot, une satire
contre le roi, et il voulait l'obliger de la lire.

Il suivit le roi au jardin, et là le mit au pied du
mur, lui disant que, puisqu'il n'était pas assez heureux pour avoir ses bonnes grâces, il le priait de re
cevoir la démission de ses charges et se retirait chez
lui; en d'autres termes, partait pour déchaîner la
guerre civile.

Le roi le pria fort d'y penser, et fit bonne mine;
mais, rentrant dans sa chambre, il exhala son déses-

poir, sa tureur, jeta son petit chapeau. Guise le sut un
quart d'heure après, et, le soir, un conseil se tint pour
savoir ce qu'on devait faire. Guise leur dit les avis
qu'il avait, qu'il était perdu s'il ne se sauvait.

Il y avait là son frère, le bouillant cardinal de Guise,
l'archevêque de Lyon, le vieux président de Neuilly,
Marteau, le prévôt des marchands, et la fine pensée
de la Ligue, le froid et ruse Menneville.

M. de Lyon, qui allait être cardinal, mais qui eût
manqué le chapeau si l'on eût lâché prise, se montra
le plus brave. Il dit qu'il fallait passer outre. Qui
quitte le jeu perd la partie. Comment revenir jamais à
ce point si difficile qu'on avait gagné, d'avoir des
États tout ligueurs? Le roi y songera plus d'une fois
et sera sage; il ne voudra pas se perdre en faisant une
folle tentative sur M. de Guise.

Le président Neuilly, qui larmoyait toujours, pleura
et bavarda pour les deux avis à la fois : « Si vous
vous perdez, monsieur, nous sommes perdus... — Oui,
je suis bien d'avis de passer outre. . Mais surtout pre-
nez garde à vous. » C'était après souper, et le vieillard
était plus tendre encore qu'à l'ordinaire.

Marteau dit rudement : « Nous sommes les plus
forts, nous ne devons rien craindre Néanmoins il ne
faut pas se fier : il faut prévenir. » Comment? Il ne le
disait pas

Menneville, impatienté, sortit de son caractère, il
jura, il dit : « M. de Lyon n'y entend rien. Il parle du
roi comme d'un sage, d'un prince bien conseillé. Mais
c'est un fou . Il n'aura pas de prévoyance et pas d'appréhension. Il exécutera son dessein Il ne fait pas bon

ici, point sûr. Il nous faut nous lever, et *agir avant lui.* »

Guise dit : « Menneville a raison, et plus que tous les autres... Néanmoins, au point où sont les affaires, quand je verrais entrer la mort par la fenêtre, je ne fuirais pas par la porte. »

Il répondait ainsi à ce qu'on ne disait pas. Marteau et Menneville ne proposaient pas de fuir, mais d'*agir;* apparemment de susciter un mouvement dans les États pour s'emparer du roi et le lier décidément.

Guise n'était pas en train d'agir. Il n'avait pas grand espoir. Il était fatigué de lui-même et de son rôle, et fatigué de ses amis.

Il était malin comme un singe, menteur comme un page, mais peu propre à l'hypocrisie. La pesante tartuferie espagnole, la cafarderie monastique, la dévotion de cabaret des bas ligueurs lui avaient donné la nausée. Il avait eu un grand malheur pour un chef de parti, c'était de voir son parti à plein, au grand jour et sans ombre.

Son élégance princière et son insolence intérieure éloignaient des petites gens, et il avait horreur de se remettre à toucher les mains sales. Le célèbre Montaigne, très-fin observateur, qui avait fort connu Guise et le roi de Navarre, disait au jeune De Thou que le premier n'était guère catholique, et le second guère protestant. Guise, s'il n'eût été condamné dès l'enfance au rôle de chef des catholiques, aurait incliné plutôt à la religion des reîtres du Rhin, à la confession d'Augsbourg, que son frère et son oncle, le cardinal de Lorraine, avaient un moment paru adopter.

De Thou, dans ses Mémoires, apprend une chose curieuse. Comme il passait à Blois, l'entremetteur Schomberg lui demanda pourquoi, après avoir présenté ses hommages au duc, il s'en allait si vite. Le jeune magistrat répondit avec de grands respects pour la personne de Guise, mais avoua franchement qu'il s'éloignait parce que, autour de lui, il ne voyait presque que des gens ruinés et des coquins. Schomberg le dit à Guise, qui n'y contredit pas « Que voulez-vous ? dit-il ? j'ai toujours perdu mes avances auprès des honnêtes gens. Il me faut des amis, et je prends ce qui vient à moi. »

Cet indigne entourage le condamnait à chaque instant à plaider de mauvaises causes, à appuyer des scélérats Par exemple, à ce moment même, il soutenait un La Motte-Serrant, horrible brigand de château, qui faisait métier d'enlever et de mettre chez lui, dans des basses-fosses, tout ce qu'il trouvait de gens aisés, il les disait protestants et les faisait mourir de faim, les torturait, pour les faire financer Le grand prévôt du roi, Richelieu, voulait aller lui faire visite et informer. Mais le coquin s'était donné à Guise, et, sans même se présenter, il avait obtenu par lui une évocation qui réservait l'affaire au Conseil même, autrement dit la mettait à néant.

Avec une telle cour et de tels amis, Guise ne se sentait pas bien et n'était pas son propre ami Il tâchait d'oublier. Il ne buvait pas, il cherchait une autre ivresse, qui n'est pas moins funeste. Il prenait par derrière, mais sans trop de mystères, les distractions mondaines, qui ne se présentaient que trop Les

dames, toujours tendres pour l'homme du jour, avaient
trop de bontés pour lui. A son néant moral s'ajoutaient les fatigues de ses campagnes nocturnes, souvent des défaillances. Comme d'autres beaux de l'époque, il portait sur lui un drageoir pour prendre quelque chose et se raffermir le cœur quand ces faiblesses
le prenaient.

Sa grande affaire à ce moment (dont il n'entrete-
nait pas son conseil), c'était madame de Noirmoutiers,
nouvelle et charmante aventure, dont il était enveloppé. Cela l'enracinait à Blois et dans ce fatal château.

Il voyait fort bien chaque jour qu'il fallait s'en
aller, et plus tôt que plus tard. Chaque nuit, il disait:
« Pas encore. »

Le médecin du roi, Miron, raconte, pour l'avoir ouï
d'Henri III peu après l'événement, que le 22 décembre
Guise avait pris son parti, et, dans une scène violente,
donné une démission définitive, dit qu'il partait le lendemain.

De sorte que ce fut lui qui fixa le roi, flottant encore, et le força d'agir.

La chose n'était pas aisée, parce qu'il ne venait que
fort accompagné, et que tout son monde entrait jusqu'à la chambre du roi. Celui-ci était donc obligé de
se confier à beaucoup de gens, et aussi de prendre un
jour de conseil, parce que, le conseil se tenant dans
une grande pièce de passage entre l'escalier et l'antichambre du roi, Guise était obligé, ces jours-là, de
laisser son monde au haut de l'escalier, de rester isolé.
Si alors le roi l'appelait chez lui, il devait se trouver

séparé par deux pièces (celles du conseil et de l'antichambre) de ceux qui l'auraient défendu.

Le roi, comme on a vu, s'était ouvert à Crillon, qui
se chargea de garder les dehors et de fermer à temps
les portes du château. Il fit venir Larchant, capitaine
des gardes, et lui dit de se mettre sur le passage de
Guise avec une requête pour le payement des gardes,
de manière à l'isoler de sa suite.

Puis il avertit le conseil que, le lendemain, il voulait de bonne heure tenir conseil, expédier les affaires
et emmener tout son monde à une petite maison près
Notre-Dame-des-Noyers, au bout de la grande allée,
où il voulait faire ses dévotions et préparer son Noel.
Il ordonna que son carrosse l'attendît le matin à la
porte de la galerie des Cerfs. Entre dix et onze heures
du soir, il s'enferma dans son cabinet avec M. de Termes, parent du duc d'Épernon. A minuit, il lui dit :
« Mon fils, allez vous coucher, et dites à l'huissier Du
Halde qu'il ne manque pas de m'éveiller à quatre
heures, et vous-même trouvez-vous ici. » Puis il prit
son bougeoir et alla coucher chez la reine.

Pendant ce temps, Guise soupait En un moment, il
lui vint jusqu'à cinq avis Et il était déjà couché (chez
sa maîtresse) qu'il lui en venait encore. « Ce ne serait
jamais fini, dit-il, si on voulait faire attention à tout
cela. » Il fourra le dernier sous le chevet, renvoya
l'avertisseur : « Dormons, et allez vous coucher. » Il
faisait ainsi le brave pour rassurer sa dame, ne pas
gâter sa nuit d'adieux Au souper, il avait été (comme
parfois on l'est devant les femmes) insolemment audacieux, rejetant sous la table un des billets mystérieux

où il avait écrit . « Il n'oserait. » Ce qui n'était pas
mépriser seulement le péril, mais le provoquer

De qui venaient ces billets? On ne le sait. Mais
l'homme de la reine mère, Cheverny, retiré chez lui,
avait dit à De Thou : « Le roi le tuera. » La reine
mère elle-même, qui connaissait très-bien son Henri III
et le savait frère de Charles IX, elle qui, de son lit,
suivait de près les choses par la domesticité et voyait
à travers les murs, elle dut apprécier les nuances
de chaque jour, les degrés successifs de désespoir
et de fureur, deviner le moment où la corde devait
casser.

« Quatre heures sonnent Du Halde s'éveille, se lève
et heurte à la chambre de la reine. Demoiselle Louise
Dubois de Prolant, sa première femme de chambre,
vient au bruit, demande ce que c'est. « C'est Du
Halde; dites au roy qu'il est quatre heures. — Il dort
et la reine aussi. — Éveillez-le, répondit Du Halde; il
me l'a commandé, ou je heurterai si fort, que je les
éveillerai tous deux » Le roy, qui ne dormoit point,
ayant passé la nuit en belles inquiétudes, entendant
parler, demande à la demoiselle ce que c'est. « Sire
dit-elle, c'est M. Du Halde qui dit qu'il est quatre
heures — Prolant, dit le roi, mes bottines, ma robe
et mon bougeoir. » Il se lève, et, laissant la reine
dans une grande perplexité, va en son cabinet, où
étoient le sieur de Termes et Du Halde, auquel le roi
demande les clefs des petites cellules qu'il avoit fait
dresser pour des capucins, les ayant, il y monte, le
sieur de Termes portant le bougeoir. Le roi en ouvre
une et y enferme le sieur Du Halde et successivement

les quarante-cinq qui arrivoient ; puis les fait descendre en sa chambre. »

« Surtout, disait le roi, ne faisons pas de bruit, de
peur que ma mère ne s'éveille. »

Il était ému, comme on pense, et fort capable d'é-
mouvoir, pâle et misérable figure qui priait, mendiait.
Il leur dit qu'il était perdu si le duc ne périssait ; qu'il
était arrivé au bout ; prisonnier dans sa maison,
n'ayant plus rien de sûr, à peine son lit ; qu'il avait
toujours compté sur leur épée et fait pour eux tout ce
qu'il avait pu, mais qu'il ne pouvait plus rien, et qu'ils
allaient être cassés... Que cependant il était roi,
avait droit de vie et de mort, et leur donnait droit de
tuer.

Toutes ces têtes gasconnes prirent feu. Ils ne se
plaignirent que d'attendre. Un Périac, frappant de la
main contre la poitrine du roi : « Cap de Jou ! Sire, je
bous le rendrez mort. »

Ils parlaient si haut et si fort que le roi en eut
peur. Il tremblait, disait-il toujours, d'éveiller la reine
mère.

« Voyons, dit-il tout bas, voyons d'abord qui a des
poignards. » Il s'en trouva huit ; celui de Périac était
d'Écosse. Le capitaine Longnac prit seulement ceux-là,
qui étaient au complet, ayant le poignard et l'épée. Il
les plaça dans l'antichambre. Et les autres furent mis
ailleurs.

Le roi, dans son cabinet même, garda son Corse, et
une lame de première force, le Gascon La Bastide, avec
le secrétaire Révol, homme de d'Épernon. Le parent de
d'Épernon, le comte de Termes, se tint dans la cham-

brc pour être sûr que le roi ne changerait pas œ résolution. Il n'y songeait point. Il était piéparé à tout, bien décidé et confessé; il avait eu l'attention d'avoir son aumônier dans un cabinet pour mettre ordre à sa conscience.

Tout cela ne prit pas beaucoup de temps, de sorte qu'il resta une assez longue attente à ne rien faire ' Le roi allait, venait et ne pouvait durer en place. Par· ' fois il entr'ouvrait la porte et passait la tête dans l'antichambre, disant aux huit : « Surtout n'allez pas vous faire blesser; un homme de cette taille-là peut se défendre... J'en serais bien fâché. »

Le conseil, à cette heure si matinale, ne se forma pas vite. Les royalistes arrivèrent bien, et, avant le jour, les cardinaux de Vendôme et de Gondi, les maréchaux d'Aumont et de Retz, d'O et Rambouillet. Mais les autres, M. de Lyon et le cardinal de Guise, arrivèrent tard. Et l'on ne voyait pas le duc, quoique logé dans le château.

Il faisait un fort vilain jour d'hiver, très-bas et très-couvert; il plut du matin jusqu'au soir. Il n'était pas loin de huit heures quand on osa frapper pour éveiller Guise. Les adieux avaient été longs. Il passa à la hâte un galant habit neuf de satin gris, et, le manteau sur le bras, se rendit au conseil. Dans la cour et sur l'escalier, sur le palier, partout, il rencontra nombre de gardes, dont il s'étonna peu, averti de la veille, par leur capitaine Larchant, que ces pauvres diables viendraient le prier d'appuyer au conseil leur requête pour être payés. Larchant, qui était malade, maigre à faire peur, faisant d'autant mieux son personnage de

mendiant, disait d'une voix lamentable : « M nsei-
gneur, ces pauvres soldats vont être obligés, sans cela,
de s'en aller, de vendre leurs chevaux; les voilà perdus, ruinés. » Tous le suivaient, le chapeau à la
main.

Il promit poliment, passa. Mais, lui entré et la porte
fermée, la scène changea derrière lui. Les gardes net-
toyèrent l'escalier des pages et de la valetaille, et
s'assurèrent de tout. Crillon ferma le château.

Le secrétaire du duc, Péricard, eut la présence d'esprit de lui envoyer un mouchoir, et dedans un billet
avec ce mot . « Sauvez-vous ! ou vous êtes mort ! » Mais
rien ne passa, ni mouchoir ni billet.

Guise, entrant et assis, lut du premier coup sur les
visages, et se troubla un peu. Il se vit seul, et, soit
frayeur, soit épuisement de sa nuit, il ne fut pas loin
de se trouver mal : « J'ai froid, » dit-il Son habit de
satin expliquait du reste cette parole : « Que l'on fasse
du feu. » Et puis . « Le cœur me faut. Monsieur de
Morfontaine, pourriez-vous dire au valet de chambre
que je voudrais avoir quelques bagatelles des armoires
du roi, du raisin de Damas ou de la conserve de rose »
On ne trouva que des prunes de Brignoles, dont il lui
fallut se contenter.

Son œil, du côté de sa balafre, pleurait. Sous ce prétexte, il dit au trésorier de l'épargne . « Monsieur
Hotman, voudriez-vous voir à la porte de l'escalier s'il
n'y a pas là un de mes pages ou quelque autre pour
m'apporter un mouchoir ? » Hotman sortit, mais il paraît qu'il ne put ni passer ni rentrer. Un valet de chambre du roi apporta un mouchoir au duc.

Le roi, étant alors bien sûr que son homme était là, dit à Révol : « Allez dire à M. de Guise qu'il vienne parler à moi en mon vieux cabinet. » Révol fut arrêté aux portes par l'huissier dans l'antichambre intermédiaire, et rentra tout tremblant. « Mon Dieu ! s'écria le roi, Révol, qu'avez-vous? Que vous êtes pâle! Vous me gâterez tout; frottez vos joues, frottez vos joues, Révol. — Il n'y a point de mal, sire, dit-il; c'est l'huissier qui ne m'a pas voulu ouvrir que Votre Majesté ne le lui commande. » Le roi commanda de lui ouvrir et de le laisser entrer et M. de Guise aussi. Le sieur de Marillac rapportait une affaire de gabelle quand le sieur de Révol entra; il trouva le duc de Guise mangeant des prunes de Brignoles. Et lui ayant dit . « Monsieur, le roi vous demande, il est en son vieux cabinet », il se retire, rentre comme un éclair et va trouver le roi. Le duc de Guise met des prunes dans son drageoir, jette le reste sur le tapis : « Messieurs, dit-il, qui en veut? » Il se lève; il trousse son manteau sous le bras gauche, met ses gants et son drageoir sur la main de même côté, et dit : « Adieu messieurs. » Il heurte à la porte. L'huissier, lui ayant ouvert, sort, ferme la porte après soi.

Le duc entre dans l'antichambre, salue les huit. Il n'y avait qu'eux, ni pages ni gentilshommes. Il voit Longnac assis sur un bahut, qui ne daigne pas se lever Les autres. qui étaient debout, le suivent comme par respect.

« A deux pas de la porte du cabinet, il prend sa barbe avec la main droite, et tournant le corps et la face à demi, pour regarder ceux qui le suivoient, fut tout soudain saisi au bras par le sieur de Montsériac, qui étoit près de la cheminée, sur l'opinion qu'il eut que le duc vouloit reculer pour se mettre en défense. Et tout d'un temps il est par lui frappé d'un coup de poignard dans le sein gauche, disant : « Ah! traître, tu en mourras. » En même instant, le sieur des Affravats se jette à ses jambes et le sieur de Semalens lui porte par derrière un grand coup de poignard près la gorge dans la poitrine, et le sieur de Longnac un coup d'épée dans les reins, le duc criant à tous ces coups . « Eh! mes amis! Eh ' mes amis ' Eh ' mes amis! » Et, lorsqu'il se sentit frappé d'un coup de 'poignard sur le croupion par le sieur de Périac, il s'écria plus haut : « Miséricorde! » Et, bien qu'il eût son épée engagée dans son manteau et les jambes saisies, il ne laissa pas pourtant de les entraîner d'un bout de la chambre à l'autre, au pied du lit du roi, où il tomba.

« Ces dernières paroles furent entendues par son frère le cardinal, n'y ayant qu'une muraille de cloison entre deux : « Ah! on tue mon frère » Et, se voulant lever, il est arrêté par M. le maréchal d'Aumont, qui, mettant la main sur son épée : « Ne bougez pas, dit-il, mordieu; monsieur, le roi a affaire de vous. » Alors l'archevêque de Lyon, fort effrayé et joignant les mains : « Nos vies, dit-il, sont entre les mains de Dieu et du roi. »

« Après que le roi eut su que c'en étoit fait, il va à la porte du cabinet, hausse la portière, et, ayant vu M. de Guise étendu sur la place, rentre et commande au sieur de Beaulieu de visiter ce qu'il avoit sur lui. Il trouve autour du bas une petite clef attachée à un

chaînon d'or, et dedans la pochette des chausses il s'y
trouva une petite bourse où il y avoit douze écus d'or
et un billet de papier où étoient écrits, de la main du
duc, ces mots : « Pour entretenir la guerre en France,
il faut sept cent mille livres tous les mois. » Un cœur
de diamant fut pris, dit-on, en son doigt par le sieur
d'Antraguet.

« Pendant que le sieur de Beaulieu faisoit cette recherche, apercevant encore à ce corps quelque petit
mouvement, lui dit : « Monsieur, pendant qu'il vous
reste quelque peu de vie, demandez pardon à Dieu et
au roi. » Alors, sans pouvoir parler, jetant un grand
et profond soupir, comme d'une voix enrouée, il rendit
l'âme, fut couvert d'un manteau gris, et au-dessus mis
une croix de paille. Il demeura bien deux heures durant en cette façon ; puis fut livré entre les mains du
sieur de Richelieu, lequel, par le commandement du
roi, fit brûler le corps par son exécuteur en cette première salle qui est en bas à la main droite en entrant
dans le château, et, à la fin, jeter les cendres à la rivière. »

D'autres ajoutent que le roi, le voyant couché à
terre, se mit à dire : « Ah ! qu'il est grand ! Encore
plus grand mort que vivant ! » Prophétie involontaire
que la Ligue sut bien relever, ou que, peut-être, elle
inventa.

D'autres prétendent que, dans la furieuse gaieté
d'un lâche tout à coup rassuré, le roi ne se contint
pas et lui lança un coup de pied au visage. Chose qui
n'est pas invraisemblable. Ce personnage original avait
tout à la fois du Borgia et du Scapin, avec beaucoup

d'esprit, des mouvements très-bas, un violent farceur dans un capucin d'Italie.

Sa grande affaire était de s'assurer du pape, de savoir ce qu'en dirait son bon légat, le Vénitien Morosini. Il lui avait envoyé Révol. L'homme de Venise fut un peu étonné, il n'attendait pas tant du roi Il vint, vers les onze heures, lui faire visite et causa amicalement, voulant seulement profiter de son émotion pour l'assurer au pape, l'empêcher de se rapprocher du roi de Navarre. Ils allèrent ensemble à la messe.

Sur le passage, le roi vit, entre autres gentilshommes, un ami de ce La Motte-Serrant qui trafiquait de chair humaine et que protégeait Guise ; il dit à cet ami · « Monsieur, la loi revit, puisque le tyran est mort. Que votre homme s'y conforme et qu'il se présente en justice. »

Puis, voyant l'évêque de Langres, qui, par Guise, avait extorqué un arrêt du conseil contre sa ville . « Monsieur l'évêque, dit-il, vous avez fait condamner ceux de Langres sans qu'on les entendît, vous serez condamné vous-même. »

On avait arrêté plusieurs des principaux ligueurs et les princes de la maison de Guise Le roi les relâcha fort imprudemment, sur les promesses qu'ils firent de calmer Paris

Des hommes, comme Brissac, qui lui avaient fait des outrages personnels, n'en furent pas moins lâchés.

Le plus embarrassant était ce terrible cardinal de Guise, le frère du mort, que le roi tenait sur sa tête dans un grand galetas qu'il avait fait partager en cellules pour y loger des capucins. Il jetait feu et flamme, « ne soufloit que la guerre, ne ronfloit que menaces, ne haletoit que sang. » Ce prêtre était un militaire ; de temps à autre il jetait la soutane, prenait l'épée, récemment, à la tête d'un parti de cavalerie, il avait surpris Troyes. Avec tout cela, il ne s'en croyait pas moins couvert par la tonsure. Les gens qui entouraient le roi et qui avaient participé à l'acte avaient à attendre du cardinal de grandes vengeances. Ils lui dirent ces menaces, et, cela ne suffisant pas, ils régalèrent le roi des brocards dont il le criblait. Un jour que quelqu'un lui disait : « Vous piquez trop le roi — Il ne marche qu'autant qu'on le pique. » Et, voyant aux armes du roi les deux couronnes de France et de Pologne : « Le tondeur fera la troisième. » Et il ajoutait en grinçant : « Oui, je tiendrai sa tête entre mes jambes, pour lui faire, avec un poignard, sa couronne de capucin. »

L'hésitation du roi dura tout le 23 et toute la nuit. Le 24 était la veille de Noël, s'il eût passé ce jour, la fête l'eût sauvé. Mais, le matin du 24, on dit au roi qu'il continuait à se démener dans son grenier, à jurer, menacer. Le roi réfléchit qu'après tout il avait le légat pour lui, qui avait fort bien pris la mort de Guise, que, quant à la tonsure et à la pourpre, on excuserait tout sur l'urgence et le danger, que le mariage avec la nièce du pape laverait tout, qu'enfin les temps étaient changés et qu'on n'en ferait pas tant de bruit que de saint Thomas de Cantorbéry. Donc : « Expédions-le, dit-il, qu'on ne m'en parle plus. »

Le capitaine Du Guast, qui n'avait pas été de l'autre affaire, se chargea de celle-ci, qui était plus dure, peu de gens voulant tuer un cardinal. Quatre cents écus en firent l'affaire : on eut quatre soldats. Le haut prélat s'y attendait si peu, que, quand il les vit venir, il dit à M. de Lyon, enfermé avec lui : « Monsieur, ceci vous regarde, pensez à Dieu. — Non, monseigneur, c'est de vous qu'il s'agit. » Le cardinal se confessa, suivit les hommes, et, dans le couloir, fut tué.

Le roi n'avait pas eu la patience d'attendre tout cela pour aller voir la figure de sa mère. Dès le 23, sur l'acte même et Guise étant tout chaud, il s'était donné ce bonheur. Par son escalier dérobé qui conduisait chez elle, il descend ; il la trouve au lit, qui était malade : « Madame, comment vous portez-vous ? — Oh ! mon fils, doucement. — Moi, très-bien, je suis roi de France, j'ai tué le roi de Paris. »

Elle fit une terrible grimace. Mais, se contenant : « Je prie Dieu que bien en advienne !.., Mais donnez-moi un don. — C'est selon, madame... — Donnez-moi son fils et M. de Nemours. — Leurs corps ? Oui, mais je garde leurs têtes » Du reste, il ne voulait que la mortifier par le refus ; il ne les fit pas tuer.

Elle avait espéré que Guise ayant l'avantage, mais un avantage incomplet, elle replacerait dans le conseil son Villeroy et son Cheverny, les deux béquilles par qui, tant bien que mal, boitant de ci, de là, elle continuerait de marcher. Mais, voyant Guise mort, elle se retourne vite : « Mon fils, dit-elle, il faut vous saisir d'Orléans. » Quelques-uns même assurent qu'elle lui conseillait d'appeler le roi de Navarre.

Cela n'empêcha pas qu'elle ne se levât et ne se fît
porter chez le cardinal de Bourbon pour se laver les
mains de ce qui s'était fait et lui protester de ses sentiments invariables Le vieil homme la reçut avec des
pleurs, avec des cris, une fureur épouvantable, de ces
colères apoplectiques, comme en ont les vieillards ou
les petits enfants : « Madame ! madame ! voilà encore
un de vos tours.. Vous nous faites tous mourir! » Il
lui parla comme si elle avait tout arrangé et conseillé,
mis doucement le cerf au filet, lâché la meute. Il la
maudit, appela sur elle toutes les foudres. Et, ce
qu'elle craignait plus, il lui fit voir que, cette fois, des
deux côtés, elle était prise et trop connue, qu'elle n'a-
vait plus rien à faire en ce monde, qu'elle pouvait
fermer boutique, s'en aller intriguer là-bas.

Elle eut beau protester, jurer, il n'en tint compte,
n'entendit rien. Elle vit que c'était fini et qu'on ne la
croirait plus. Toutes ses paroles lui rentrèrent, lui
restèrent à la gorge, l'étouffèrent Elle s'en alla, et,
comme elle avait déjà une petite fièvre, la pauvre
femme n'en releva pas. Brantôme, son admirateur,
dit crûment « qu'elle creva de dépit ».

Son fils, pendant les quelques jours qu'elle vécut
(jusqu'au 5 janvier), ne quitta guère son chevet, soit
par un reste d'attachement et d'habitude, soit par cu-
riosité de voir si, en mourant, elle n'intriguerait pas
encore et ne ferait pas quelque coup fourré. Il la
pleura d'un œil, et pas longtemps, il avait bien d'autres affaires.

Ses domestiques aussi pleuraient, la voyant criblée
de dettes, et pensant que la succession ne payerait

pas leurs legs, quoiqu'on vendît ses riches meúbles et ses grands domaines à l'encan.

Elle n'avait jamais cru qu'à l'astrologie, et toujours ses astrologues lui avaient dit de se défier de Saint-Germain. Voilà pourquoi elle n'aimait guere à habiter Saint-Germain-en-Laye, ni même le Louvre sur la paroisse Saint-Germain-l'Auxerrois. Aussi elle bâtit, tout près, l'hôtel de Soissons (Halle au Blé), dont on voit encore la tourelle. Mais voici que ce Saint-Germain, qui devait l'enterrer, n'était pas un lieu, mais un homme. Quand elle fut très-bas, tout le monde la laissa là, et il n'y eut qu'un bon gentilhomme, Julien de Saint-Germain, homme doux et honnête, pourvu d'une abbaye, qui s'inquiéta de la vieille âme et l'assista de ses prières jusqu'à ce que cette âme s'envolât on ne sait trop où.

Il n'y avait pas à songer à la transporter à Paris, où on l'eût jetée à la voirie comme ayant fait tuer Guise. On la mit provisoirement à Saint-Sauveur de Blois. Et ce provisoire dura très-longtemps. Son fils n'eut guère le temps d'y songer, Henri IV encore moins.

Le plus désagréable, dit Pasquier, fut que, comme à Blois on n'avait pas ce qu'il fallait pour bien embaumer, ce corps sentit bientôt si mauvais dans l'église, qu'il fallut l'enlever de nuit, on le mit en terre avec les premiers venus, et, par précaution, dans un endroit dont personne ne se doutait.

Ce ne fut que vingt et un ans après que ses os furent apportés à Saint-Denis dans le splendide tombeau d'Henri II, qui est à lui seul une sorte de chapelle, et où elle s'était fait sculpter classiquement, c'est-à-dire toute nue.

Le cœur, s'il y en avait, ou si on put le retrouver, fut mis aux Célestins dans cette urne dorée qu'on voit maintenant au Louvre, soutenue par trois gentilles et moelleuses figures de Germain Pilon, qui certainement sont des portraits. Ces belles sont là chargées de figurer les trois vertus théologales, qui furent, comme on sait, dans le cœur de Catherine, la Foi, l'Espérance et la Charité.

Si l'inscription ne le disait, on verrait plutôt dans la ronde gracieuse qu'elles font en se donnant la main la danse des saisons et des heures, le chœur insouciant qu'elles mènent en se moquant de nous.

CHAPITRE XVIII
Le terrorisme de la Ligue [1]. 1589.

Peu avant l'événement, le jeune De Thou (l'historien), retournant de Blois à Paris et prenant congé du
roi, l'attendit au passage dans un couloir obscur, où
le roi l'arrêta longtemps. Longtemps il lui tint la
main, comme ayant beaucoup à lui dire, et finalement

[1] Vers le mois d'avril 89, le légat Morosini s'étant retiré à
Marmoutiers, le roi y vient pour se récréer, dit-il, puis il avoue
que c'est pour parler au légat. — Il s'excuse de s'appuyer sur
l'alliance des hérétiques. — Suit un dialogue très-vif. A tout ce
qu'objecte l'homme du pape, le roi répond toujours par l'impossibilité d'apaiser les catholiques. « Que voulez-vous que je fasse si
le duc de Mayenne *vient pour me couper le cou*, il me faut bien
une épée, recourir aux hérétiques, aux Turcs même. Ils veulent
absolument ma tête, et moi je veux la garder, etc., etc. — Le car-

ne lui dit rien, si grandes étaient son irrésolution et les perplexités de son esprit.

Mais, après l'événement, sa route était toute tracée, directe, s'il avait su la voir. Ayant tué le cardinal, il avait réellement rompu avec Rome, avec les fervents catholiques. Il devait appeler Épernon, en tirer les

dinal Cajetano fait, le 28 mars 1590, un long rapport sur la situation. — Si le Navarrais arrive à la couronne, il faudra peu de temps *pour que la religion soit exterminée* — Villeroy lui a raconté un entretien de Mornay, d'après lequel « le Navarrais ne « se fera pas catholique, mais laissera tout le monde croire et « vivre a sa guise ; il réformera le catholicisme, se fera roi des Ro- « mains, envahira l'Italie, bouleversera la chrétienté. » — « Le « Navarrais, dit Cajetano, a su, par des lettres interceptées, que « le pape me donnait ordre de semer la division parmi les princes « du sang. »

On est saisi d'étonnement, en voyant, quelques feuilles plus loin, Henri IV devenu si indifférent au parti protestant, qu'il songe à épouser une fille de Philippe II (26 juin 1597) La grande crainte du pape à cette époque, c'est qu'à la mort d'Élisabeth, Henri IV ne fasse tomber la succession d'Angleterre dans les mains du roi d'Espagne ; cette idée monstrueuse paraît si naturelle au pape, qu'elle fait son inquiétude ; il y pense jour et nuit ! *Archives de France. Extraits des Archives du Vatican*, carton L, 388.

Les *Archives de Suisse* contiennent plusieurs pièces intéres-santes sur cette époque. Celles de *Berne* éclairent la destinée du fils aîné de l'amiral. Dans les *Registres du conseil de Genève*, on trouve la manière étrange dont on avait imaginé d'annoncer l'ab-juration aux étrangers. Le chancelier écrit · « S. M. *demeure* en l'église où elle a été baptisée. » (Communiqué par MM. Bétant et Gaberel) — Cf la correspondance d'Henri avec le landgrave, éd Rommel ; une très-curieuse brochure de M. C. Read · Henri IV et le ministre Chamier, 1854, enfin, le charmant livre de M. E. Jung, *Henri IV écrivain* — J'ajourne beaucoup de choses La publication prochaine de l'important ouvrage de M. Poirson ne peut manquer d'éclairer ce règne d'un jour tout nouveau.

deux mille arquebusiers qu'il eut trop tard. Il eût im-
posé aux États, enfoncé dans les esprits la terreur de
la mort des Guises En un mois, il aurait eu le secours
du roi de Navarre, sa vaillante cavalerie. Avec cela, il
fondait sur Paris, nullement approvisionné ; en huit
jours, il était au Louvre, et proclamait à main armée
son édit de 1576, l'édit de tolérance et de pacification
Eût-il réussi? Je ne sais. Mais il n'aurait pas tombe
sans honneur.

Qui l'empêchait d'agir? Qui le liait? Sa conscience.
Elle lui rendait intolérable la vue des huguenots, lui
faisait croire qu'il n'y avait pas de réconciliation possible avec eux. lui rappelait qu'il était, qu'il serait
éternellement l'homme de la Saint-Barthélemy.

Une autre chose aussi très-sérieuse le paralysait
Appeler à soi le roi de Navarre, c'était appeler contre
soi le roi d'Espagne Le premier si faible ' le second si
grand!

Si la puissance de l'Espagne avait eu comme une
éclipse par le revers de l'Armada, la redoutable armée espagnole du prince de Parme, le génie invincible du grand Italien étaient la terreur de l'Europe
Toutes les combinaisons de la politique du temps
étaient modifiées d'avance, en résumé, annulées par
ce mot final qui détruisait tout : « Et quand nous au-
rions réussi, rien ne serait fait encore; car alors viendrait l'Espagnol. »

On a ridiculement exagéré la puissance de la Ligue.
Elle se développpa partout, parce que, dans l'universelle faiblesse, elle ne trouvait pas d'obstacle Mais
elle-même se jugeait très-faible. Et, dès le premier

moment, elle ne croit pas pouvoir durer sans l'assistance de l'Espagne. Les factions diverses de la Ligue
étaient d'accord là-dessus. Mayenne, dès le mois de
janvier, demande une armée espagnole. Les Seize, ennemis de Mayenne, n'obéissent qu'à l'Espagnol. Le fils
de Guise, qui vient plus tard, n'a d'espoir de réussir
que par un mariage espagnol. Philippe II est obligé de
venir sans cesse à l'aide de ce grand parti, qu'on dit
si populaire, qu'on dit tout le peuple même, sans
cesse, il faut qu'il intervienne, et non-seulement au
Nord, par les grandes expéditions du prince de
Parme, mais partout, et en Bretagne, et en Languedoc, et à Paris, par la constante présence de ses
armées, sans lesquelles la Ligue tombait cent fois
par terre.

Je m'ennuie de me répéter, mais je le dois, puisque
je trouve le public imbu d'idées fausses.

Qui ne sentira la faiblesse intrinsèque de la Ligue,
cette grande machine de Marly à cent grosses roues
sans action, obligée de prier toujours qu'on lui donne
un tour de main? Qui sera tenté de comparer ce mouvement forcé, pulmonique, poussif, qui ne peut faire
un pas sans le bras de l'Espagnol, avec le vrai mouvement national, si robuste, qui d'un bras rembarra
l'Europe, de l'autre étouffa la Vendée?

Revenons à Henri III. Le pauvre homme avait entièrement manqué son coup, perdu ses peines. Les États
furent irrités et ne furent point effrayés. Ils lui refusèrent toutes ses demandes. Même le procès des Guises,
qu'il faisait, lui fut impossible. Il tenait leur confident,
l'archevêque de Lyon, l'homme qui savait le mieux les

manipulations secrètes de leur double corruption, l'argent qu'ils recevaient d'Espagne et le trafic de conscience auquel servait cet argent. Cet archevêque, Espinac, qui couchait avec sa sœur, n'en était pas moins terrible pour les mœurs du roi; il avait écrit sur lui et sur Épernon, en langage de Sodome, le *Gaveston*, livre effroyable, qui appelait sur Henri III l'obscène punition d'Edouard empalé par sa bonne femme. L'auteur d'un tel livre, que le roi tenait, avait bien quelque chose à craindre. Mais il voyait le roi dans les mains du légat. Le drôle se rassura, se rengorgea, ne daigna répondre en justice et pas même comme témoin.

Le roi était au plus bas, malade des hémorroïdes, pleurant, tout le monde riait, personne n'en tenait compte Ses gens le quittaient un à un. Retz (Gondi) ne fut pas le dernier; ce célèbre conseiller de la Saint-Barthélemy, qui avait aidé à arrêter le cardinal de Guise, était inquiet de son audace. Il alla se cacher à Lucques, laissant son maître devenir ce qu'il pourrait.

Donc, il était là dans son lit, à peu près seul, devenu, de roi de France, « roi de Blois et de Beaugency. »

Entendant dire qu'il y avait à Blois un petit mercier de Paris qui allait y retourner, il le fait venir, le matin, près de son lit et il lui montre la reine : « Mon ami, ce que tu vois, dis-le à tes Parisiens. Puisque je couche avec la reine, il faut bien que je sois le roi. »

La reine même, il ne l'avait pas Elle était de cœur avec ses parents, et, sous main, écrivait aux Guises

Il n'y avait pas eu encore de créature plus dénuée

que ce pauvre hémorroïdeux, depuis le bonhomme Job.

Les Parisiens en faisaient si peu de cas, que quand ils apprirent la mort de Guise, le 24 (veille de Noel), ils ne voulurent jamais le croire capable d'un tel coup. Mais, le 25, la nouvelle étant confirmée, il y eut un prodigieux mouvement. Et celui-ci naturel. On courut à l'hôtel de Guise, où la duchesse était enceinte. Pour donner l'impression de vengeance et de cruauté, rien n'est meilleur que d'entamer les choses par l'attendrissement; un peuple attendri est terrible; les larmes sont près du sang. On avait la grande machine dramatique, la duchesse même, que ce bon duc de Guise avait confiée à sa chère ville de Paris, voulant que le petit naquît Parisien. Tout se précipite là; il faut que la dame se montre, en deuil, éplorée, très-enceinte et à son huitième mois, elle apparaît à la foule, se traînant à peine, défaillante. Mais elle est soutenue sur le cœur de tous; tout le monde crie, tout le monde pleure; on bénit, on salue ce ventre qui contient sans doute un sauveur (c'était le jour de Noel), on l'adopte, point de marraine que la ville de Paris. Tous en revinrent les yeux rouges, exaspérés contre Henri III; pas un, dans ce premier accès de pitié furieuse, qui ne lui eût donné de son couteau dans le cœur.

Le mouvement était lancé, pour chef, il suffisait d'un homme quelconque. La duchesse de Montpensier, qui était malade, au lit, fit venir les Seize dans sa chambre à coucher et leur dit que le seul prince à Paris, son cousin le duc d'Aumale, qui était un imbécile, faisait son Noel aux Chartreux, qu'il fallait aller le prendre Il n'en faut pas plus pour drapeau.

Les choses allèrent droit et raide. Le 29, le gascon Guincestre, qui s'était emparé d'une cure en chassant le curé, traita de même le roi; il le destitua par un calembour. Il dit qu'il avait trouvé le mystère d'*Henri de Valois*, que ce nom, par son anagramme, donnait le *Vilain Hérode*, qu'on ne pouvait plus obéir à un Hérode empoisonneur et assassin. Cela à Saint-Barthélemy, paroisse du Parlement, devant le Palais de Justice. La foule, en sortant, se mit en devoir d'arracher du portail les armes de France et de Pologne, de les briser et de marcher dessus.

Opération qu'on répéta bientôt dans toutes les églises, spécialement à Saint-Paul, où la foule s'amusa à casser le nez, la tête à Caylus Maugiron et Saint-Mégrin, que le roi avait fait représenter en marbre sur leurs tombeaux.

Le 7 janvier, la Sorbonne consultée déclara le peuple délié du serment de fidélité, le roi ayant violé la foi, violé la Sainte-Union, violé la « naturelle liberté des trois ordres du royaume »

Le Parlement continuait de rendre justice au nom du roi. Le 16 janvier, l'ex-procureur Leclerc, qui se faisait appeler M de Bussy, entre au Parlement avec une vingtaine de coquins et le pistolet à la main. Il donne ses ordres aux magistrats, qu'il eût à peine naguère osé saluer, et leur intime de le suivre Il fait l'appel, mais ceux même qui n'étaient pas sur la liste veulent suivre les victimes désignées et tous s'en vont à la Bastille

A la Grève, et sur la route, il y avait des charbonniers, porteurs d'eau et portefaix, qui auraient assez aimé à les assommer, pensant que, la Justice tuée, on pourrait se donner fête, du pillage, s'amuser. Mais les Seize voulaient un pillage méthodique, un rançonnement régulier. Il leur fallait un parlement. Le président Brisson, le plus savant homme de France, était aussi le plus timide; on l'empoigna, on le mit sur les fleurs de lys; on le fit jurer, agir, parler comme on voulut. Brisson prit toutefois une précaution. Il avait peur de la Ligue, mais il avait peur du roi; à tout hasard, il crut être habile en faisant en cachette une protestation où il assurait qu'il était là par peur, qu'il avait voulu se sauver, n'avait pu. Ce fut cette pièce prudente qui bientôt le perdit

Ce ne fut qu'un mois après que le duc de Mayenne vint enfin prendre à Paris la direction du mouvement (15 février). C'était un gros homme, assez lent, qui avait beaucoup de mérite, moins faux que son frère Henri, et, sans comparaison, le meilleur des Guises; on ne lui reprochait qu'un assassinat. Le fils du chancelier Birague lui ayant demandé sa fille et avoué qu'il en avait une promesse de mariage, le prince lorrain, indigné, dégagea sa fille en le poignardant. C'est cet homme si orgueilleux qui va se trouver le chef des va-nu-pieds de Paris.

Il y venait à regret, se sentant infiniment peu propre à ce rôle Mais sa furieuse sœur, la duchesse de Montpensier, était sortie de son lit pour l'aller chercher en Bourgogne et pour l'amener. Elle voulait qu'il s'avançât hardiment, reprît le rôle de son aîné et se fît roi.

Chose extravagante Le long travail du parti clérical pour faire un héros, un dieu de Henri de Guis

eu justement pour effet de mettre son cadet dans l'ombre et d'établir dans les esprits une solide opinion de
sa médiocrité. Les talents réels de Mayenne ne pouvaient le tirer de là. Il eût eu peu de gens pour lui, et
il aurait eu contre lui certainement le roi d'Espagne,
secrète pierre d'achoppement de tous les prétendants.

Mayenne, qui venait organiser un gouvernement, en
trouva un, celui des Seize et de la ville. C'est des Seize
qu'il reçut la liste toute préparée du *Conseil général
de l'Union* que Paris créait pour la France. Il y eut
trois évêques, six curés de Paris, sept gentilshommes,
vingt-deux bourgeois, Mayenne président, Sénault secrétaire (un des Seize), en tout quarante membres. Le
secrétaire à lui seul pesait autant que le conseil.
Mayenne obtint bien d'ajouter quinze hommes de robe
(Jeannin, Ormesson, Villeroy, etc.), pour guider l'inex-
périence de ces quarante rois. Mais le secrétaire Sénault n'écrivait que ce qu'il voulait. Des autres,
presque toujours, il faisait des rois fainéants, les
arrêtant à chaque instant par un petit mot : « Doucement, messieurs, je proteste au nom de quarante
mille hommes. »

De sorte que le vainqueur, le *Conseil général*, était
presque aussi dépendant que le vaincu, le Parlement.

Pour consoler un peu le *Conseil* de sa nullité, on le
payait grassement. Chacun des quarante membres
avait cent écus par mois, forte somme qui ferait bien
mille ou douze cents francs aujourd'hui.

Le *Conseil* avait commencé par diminuer d'un quart
les tailles pour toute la France. Mais cela n'eut pas
grand effet ; le roi avait fait déjà la diminution. Et

personne d'ailleurs ne payait, du moins nulle taxe
générale

Chaque ville avait assez à faire de suffire aux
razzias locales que faisaient les gouverneurs de province, ou les commandants de place, ou les chefs de
faction, toute autorité, tout le monde, pour tous les
besoins ou prétextes de la guerre civile.

Mais ce qui rendit le *Conseil de l'Union* bien autrement populaire, ce qui le fit adorer à Paris, ce fut
l'*autorisation donnée aux locataires de ne plus payer le
loyer*. Il y eut réduction expresse d'un tiers. Mais on
ne paya plus rien.

Le peuple était misérable, tout commerce ayant
cessé ; les pauvres vivaient de hasard, d'aumônes plus
ou moins forcées, de soupe ecclésiastique. Mais cette
grande délivrance de n'avoir plus de loyer, de ne plus
chercher sou à sou, de ne plus calculer le terme, d'a-
voir perdu le souci et la notion du temps, cela seul
faisait de la misère un paradis relatif.

Le clergé, quoique forcé de donner beaucoup, trouvait aussi une grande douceur financière à la guerre
civile. Elle le dispensait de la charge qui, depuis près
de trente ans, le faisait gémir, celle de payer les
rentes de l'Hôtel de Ville. Cette charge, c'était la
blessure profonde, la navrante plaie qui, jour et nuit,
perçait le cœur de cet infortuné clergé, pour la guéri-
son de laquelle il avait en vain appelé tous les
médecins, et Guise, et l'Espagne, et le ciel !

De sorte qu'une intime union se trouva formée
entre ces deux classes qui l'une à l'autre se donnèrent
dispense de payer *le clergé dispensa le peuple de*

*payer impôts et loyers, le peuple dispensa le clergé de
payer la rente publique.*

Donc, l'État ne reçut plus rien. Donc, la masse des
propriétaires et rentiers ne reçut plus rien.

Ces propriétaires et rentiers étaient eux-mêmes un
grand peuple. Les uns vivaient des loyers d'une unique
petite maison Les autres avaient petite part à la
rente de l'Hôtel de Ville. Ces rentiers de cent francs
ou moins, étaient de maigres boutiquiers, de pauvres
personnes ruinées, des veuves, etc. On a vu en 1579
(page 111 de ce volume) la singulière émeute qui faillit
avoir lieu quand le clergé essaya de se dispenser de
payer la rente.

Il échoua en 1579, réussit en 1589. Il vint à bout
d'étouffer le mécontentement des petits rentiers, des
petits propriétaires, de ce qu'on pourrait appeler les
meurt-de-faim de la bourgeoisie.

Le clergé, le grand et gros propriétaire du royaume,
dut cette victoire définitive à son alliance d'une part
avec les mendiants robustes, de l'autre avec les gagne-
deniers d'Auvergne, Limousin, etc., charbonniers et
porteurs d'eau, population campagnarde au milieu de
Paris, braves gens, honnêtes, crédules, sujets à suivre
l'impulsion d'un *bon* patron qui les occupe et leur fait
gagner leur vie. Ils comprennent peu, ne parlent
guère, entendent mal la langue française Mais ils
s'attachent aux personnes, et ne sont que trop dévoués,
ils ont bon cœur, et leurs *pratiques* peuvent les faire
aller loin; ils ne joueraient pas du couteau, à moins
d'avoir un peu bu, mais bien aisément du bâton.

La bourgeoisie, qui avait pris parti contre les pro-

testants, comme contre des gens de trouble, qui leur
avait reproché surtout de faire enchérir les vivres, qui
même, on l'a vu, en 1568, les voyant à Saint-Denis,
s'était battue et fait battre, qui enfin avait eu une part
à la Saint-Barthélemy, — la voilà, cette bourgeoisie
catholique, qui voit tomber d'aplomb sur elle le Terrorisme de la Ligue. Seule, elle payera désormais et
ne sera plus payée. Maisons, rentes, rien ne rapporte ;
encore moins les biens de campagne, à chaque instant
ravagés.

Ce terrorisme ressemblait-il à celui de 93? Oui, par
les instincts niveleurs qui sont éternels. En 1589, aussi
bien qu'en 1793, les pauvres voyaient volontiers les
dames en robes de toile aller porter à manger à leurs
époux en prison et raccommoder leurs culottes (l'Estoile.)

Mais le point essentiel qui faisait l'originalité du
terrorisme de la Ligue, c'est qu'il entrait dans un
détail, une intériorité domestique où celui de 93 ne put
arriver jamais. Ce dernier agissait du dehors, non du
dedans Il n'avait pas l'instrument admirable de la
grande police ecclésiastique, n'ayant pas la confession,
il n'allait pas au fond même, il ne siégeait pas en
tiers entre le mari et la femme, ne savait pas ce qu'on
mangeait, ce qu'on disait sur l'oreiller, il ne voyait
pas à travers les murs, au foyer, au pot, au lit. Le
curé et le commissaire, le pasteur et le mouchard,
unis en la même personne, plaçant au confessionnal,
par les rapports de servantes, ceux que, comme prédi-
cateur, il terrifiait du haut de la chaire, c'est un bien
autre idéal que celui des Jacobins.

Une famille faillit périr parce qu'une servante rapporta que, le jour du Mardi-Gras, sa maîtresse avait ri.
Les femmes se pressaient aux églises, ayant peur que
leur absence ne fût dénoncée. Mais, quand elles étaient
là, elles avaient encore plus peur que le maître du
troupeau qui les regardait tremblantes du haut de la
chaire, qui les recensait une à une, ne leur appliquât
quelque mot. Nommées, elles étaient perdues. Et
même, vaguement désignées, elles craignaient à la
sortie les outrages manuels de la bande des coquins à
travers de laquelle il fallait passer, et qui menaçaient
toujours leurs personnes ou leurs maisons.

Comment s'étonner si la Ligue devint populaire, avec
ces moyens énergiques? Comment demander pourquoi
on ne voit plus qu'entre les nobles des ennemis de la
Ligue?

La raison en est bien simple Parce qu'il fallait, pour
cela, non-seulement porter l'épée, pouvoir se défendre, mais encore pouvoir s'isoler, avoir un trou à
soi pour se retirer. tout au moins avoir un cheval,
comme la noblesse affamée qui suivait le roi de Navarre.

Quant aux misérables habitants des villes, dans
les tenailles atroces d'une police si serrée, à quoi
comparerai-je leur sort? Les cachots et les basses-
fosses sont plus libres, parce qu'au moins le prisonnier
y est seul.

Le grand cachot de Paris, le grand cachot de Toulouse, ces villes, devenues prisons, multipliaient la
terreur dans une proportion horrible par quelques
cent mille témoins, s'espionnant les uns les autres, par

la profondeur d'une inquisition mutuelle, domestique, intime, jusqu'à s'accuser soi-même et se dénoncer à force de peur.

Ce terrorisme clérical différait encore en ceci du terrorisme jacobin de 93, que, le clergé divisé en corps divers et divers ordres, tous jaloux les uns des autres, on ne contentait ceux-ci qu'en mécontentant ceux-là.

A Auxerre, vivait retiré un homme de lettres illustre, ancien aumônier de Charles IX, Amyot, l'excellent traducteur de Plutarque. Ce bon homme était resté naturellement attaché au roi, son bienfaiteur Mais, dans sa peur de la Ligue, il avait imaginé d'appeler les Jésuites, pour le protéger, et de leur faire un collége. D'autant plus furieux contre lui furent les Franciscains de la ville Ces moines mendiants, en rapport avec les flotteurs de bois, les vignerons, les tonneliers, etc., leur firent croire, quand Amyot revint des États de Blois, qu'il avait conseillé au roi de faire assassiner les Guises. Amyot, tremblant, signa l'Union. Cela ne servit à rien. Le prieur des Franciscains l'avait pris pour texte; chaque soir, dans ses sermons, il donnait la chasse à l'évêque, le condamnait, l'exécutait. Un moine, sur la grande place, s'avisa aussi de prêcher le peuple, une hallebarde à la main en place de crucifix. Amyot, ayant un jour hasardé do mettre le pied hors de l'Évêché, tout le monde lui courut sus, à coups de fusil. En vain le pauvre vieillard obtint une absolution de la plus haute autorité, du légat. Il ne trouva de repos que dans la mort

Une des scènes les plus odieuses en ce genre fut la mort de Duranti, premier président, à Toulouse. C'était un fervent catholique, qui avait fait venir les Jésuites et les Capucins, avait logé ceux-ci chez lui, avait institué des confréries de pénitents à l'instar d'Avignon. Il était mortel ennemi des protestants Il avait écrit un livre des cérémonies catholiques, à l'exemple de Duranti, l'auteur du *De divinis officiis*, des temps albigeois. Ce livre fut imprimé à Rome aux dépens de Sixte-Quint.

Eh bien, ce parfait catholique n'en fut pas moins tué par la Ligue.

L'évêque de Comminges, échappé de Blois à la mort de Guise, se mit à la tête du peuple pour la déchéance du roi.

Duranti y résista

Le peuple fit des barricades. Il fut pris et enfermé par l'évêque aux Dominicains. Sa femme s'enferma avec lui On dit au peuple que Duranti, tout prisonnier qu'il était, trahissait et livrait la ville.

Le 10 février, à quatre heures de nuit, on voulut forcer le couvent; on brisa, on brûla les portes Le magistrat, intrépide, embrassa sa femme évanouie, et alla aux massacreurs Il demanda ce qu'ils voulaient, et de quoi on l'accusait.. Pas un mot Mais une balle lui perça le cœur. On le traîna à la place, on l'accrocha au pilori, où pendait un Henri III. Alors, ne sachant plus que faire, ils se divertirent tout le jour à lui arracher la barbe.

Nous avons déjà vu (dès 1528) ce que les grandes processions, violentes et tumultuaires, ajoutent aux effets de terreur. Ce sont des revues où l'on va en masse, où chacun a peur de manquer, où l'on passe sous l'œil perspicace des tyrans du jour, notant un à un leurs moutons, tenant compte des maigres et des gras, ajournant l'un, désignant l'autre.

Grand amusement aussi pour le peuple de voir la dévotion improvisée des mondains et leur sainteté subite.

A Paris, la fin du carême augmenta la fermentation. Une série de processions s'ouvrit qui ne finit plus, à grand bruit, à cri et à cor. On commença innocemment, comme on fait, par les enfants, fils et filles, allant deux à deux, avec des chandelles, chantant des hymnes et litanies, que leur arrangeaient les curés. On continua par le Parlement qu'on traîna et par les moines qui le traînaient à la queue. Puis vinrent les processions de paroisses par tous les paroissiens de tout âge, sexe et qualité, plusieurs, pour se faire bien noter, avaient l'air d'aller en chemise Mais cela manquait d'entrain, et aurait bientôt langui. On voulut réchauffer la chose par une haute mise en scène Un curé s'avisa de dire que, dans ces processions sur le dur pavé de Paris, rien n était plus méritoire, rien de plus agréable à Dieu que les petits pieds délicats des femmes qui en souffraient davantage. Sur-le-champ, des filles dévotes se dévouèrent, et, pour souffrir, paruent nues sous un simple linge qui ne s'appliquait que trop bien.

Ces Madeleines, criardes et malpropres, firent rire plus qu'elles n'édifièrent Alors la duchesse de Montpensier, la Judith du parti, se décida sans hésiter

Elle mit bas les robes et les jupes, passa le drap
de pénitence, ne l'ayant pas même au sein, mais une
simple dentelle. On s'étouffa pour la voir. Pressée
foulée, l'héroïne ne se déconcerta pas. Elle avait lancé
la mode.

Dames et demoiselles y passèrent. Les seigneurs,
aussi forts dévots à ces sortes de processions, lan-
çaient par des sarbacanes des dragées aux belles
qu'ils reconnaissaient à travers ce léger costume.

Beaucoup y venaient malgré elles, mais c'était l'é-
preuve du jour et la pierre de touche de dévotion. De
pauvres femmes ou filles de prisonniers se soumet-
taient, craignant de marquer par l'absence ; honteuses,
elles suivaient les hardies, les yeux baissés, s'envelop-
pant, ce qui les montrait davantage.

Cela prit mauvaise tournure. On en vit les incon-
véments. Les garçons voulaient s'y mêler et y allaient
pêle-mêle. Les processions étant très-longues, elles
finissaient très-tard ; si bien qu'à la porte Montmartre,
dit l'Estoile, une jeune bonnetière en fut bien malade
au bout de neuf mois ; on en accusa le curé qui avait
dit : « Les petits pieds douillets sont agréables à
Dieu. »

Sans doute pour remonter les choses et rajuster l'innocence compromise des processions, on imagina
(peut-être fut-ce une idée de la violente duchesse, qui
logeait au Pré-aux-Clercs, et sans doute, de si près,
remuait l'Université), on imagina un matin de faire
tomber de la montagne l'avalanche, la procession d'un
millier de petits écoliers en soutane, de dix à douze
ans. Ils tenaient au poing des cierges, passaient rapi-

des et violents avec d'aigres chants de *Dies iræ;* aux
haltes ils soufflaient leurs cierges (sauf à les rallumer
plus loin), les éteignaient furieusement, mettaient le
pied sur la mèche, tout comme ils auraient éteint,
foulé, soufflé *le Valois.*

CHAPITRE XIX

Henri et le roi de Navarre assiègent Paris. — Mort d'Henri III.
1589.

Dans toutes nos collections de Mémoires, vous chercherez inutilement les meilleurs, ceux d'Agrippa d'Aubigné, œuvre capitale de la langue, âcre et brûlant jet
de flamme qui jaïlit d'un cœur ému, mais si loyal et
si sincère! Vous y chercherez en vain ceux de Duplessis-Mornay, sa vie laborieuse, héroïque et sainte, écrite
par une sainte aussi, la pieuse dame de Mornay, écrite
en présence de Dieu et pour un enfant, déposition naïve,
mais de celles qui emportent la conviction et qui trancheraient tout en justice.

En revanche, vous trouverez tout au long les menteries des secrétaires de Sully, qui lui attribuent tout ce qui se fit, quand à peine il existait.

Vous y trouverez la suspecte Chronologie novenaire du pédant Palma Cayet, ex-précepteur d'Henri IV, écrite sous lui et pour lui, quand la religion du succès l'avait canonisé vivant et déjà érigé en légende. Vous y verrez ce Dieu enfant qui fait leçon à Coligny et qui plus tard éclipse en guerre le génie du prince de Parme.

Ah! pauvre France oublieuse! combien peu as-tu soigné, conservé ta tradition! Combien négligente, insoucieuse, de ton trésor national! J'entends par ce mot ce qui fut toi-même, ta haute vie, aux grandes heures : *les martyrs et les vrais héros!* Tout cela dans la poussière et jeté au vent. . En récompense, les Péréfixe d'Henri IV et les Pélisson de Louis XIV, les dentelles et les perruques de la grande galerie de Versailles, ont rempli toute cette histoire. Plus tard, d'autres hochets sanglants.

Ces réflexions nous viennent à l'avénement d'Henri IV. Car, nous le datons ici, et du vivant d'Henri III. Nous le datons du moment où la France, qui n'en pouvait plus, se tourna vers le Béarnais, où la grande masse nationale, stupéfiée, hébétée par les prêtres et l'Espagnol, se mit à leur tourner le dos et commença à regarder du côté du joyeux Gascon.

Nous trouvons fort dur le mot de Napoléon, qui l'appelle sèchement . « Mon brave *capitaine de cavalerie.* » Nous trouvons sévère aussi le mot du prince de Parme : « Je croyais que c'était un roi, mais ce n'est

qu'*un carabin.* » Nous dirions maintenant un hussard,
bon pour le coup de pistolet.

Ces grands tacticiens italiens ne tiennent pas compte
d'une chose · En France, tout est par l'étincelle. Personne ne l'eut plus qu'Henri IV. Un meilleur eût
moins réussi. Sa brillante vivacité, qui entraînait tout,
le fit fort comme chef de parti, avant de le faire général. Il ne sut pas trop mener les armées, mais il les
créait, de son charme, de sa gaieté, de son regard.

Voilà ce que nous devions à la justice. Elle n'est pas
facile à trouver dans la limite précise, pour un homme
qui a eu la fortune singulière de succéder à une époque
de violentes guerres civiles, et qui a été adoré, non-
seulement pour ses qualités réelles, mais comme res-
taurateur de l'ordre et de la paix intérieure. Tout lui
fut attribué. Chaque ruine que la société releva, il la
releva ; il fit tout et créa tout, la France rien. Telle
est la justice légendaire et l'idolâtrie stérile, qui attribue tout au miracle, à la chance, au hasard des
Dieux.

Ce bien-aimé de la fortune, qui lui dut surtout d'ê-
tre d'abord si rudement éprouvé, eut aussi ce bonheur
insigne de naître, j'ose dire, en pleine flamme, au petit brasier héroïque du protestantisme, serré, refoulé,
plus ardent. Du moins, ce parti offrait alors une élite
sublime. Si la vertu fut ici-bas, sans doute c'est au
cœur de Mornay.

La devise de ces gens-là était la simple et grande
parole du prince d'Orange au jour de son adversité :
« Quand nous nous verrions non-seulement délaissés de
tout le monde, mais tout le monde contre nous, nous

ne laisserions pas pour cela (jusqu'au dernier) de nous défendre, *vu l'équité et justice* du fait que nous maintenons. »

Cependant, de quel instrument ces grands cœurs se servaient-ils? De celui que Coligny fut obligé d'adopter lorsque le parti faiblit, lorsqu'une armée de gentils hommes voulait un prince pour chef. Il trouva à la Rochelle ce petit prince de montagne, Gascon qui ne doutait de rien. Le sérieux et profond regard de Coligny s'y trompa peu; il paraît avoir compris tout ce qu'on avait à craindre du douteux enfant. Il lui refusa de combattre à Montcontour et le fit tenir à distance Pourquoi? Si l'on eût vaincu avec le petit Béarnais, l'armée des martyrs fût devenue une armée de courtisans; le parti aurait perdu tout son nerf moral. Si l'on était vaincu sans lui, il restait comme ressource. Cela arriva, et le jeune Henri dit qu'il eût gagné la bataille, si on l'avait laissé faire.

Coligny le tint avec lui, lui apprit la patience; la vertu? Non. La créature était d'étrange race, très-ferme comme militaire; pour tout le reste, fluide, aussi changeante que l'eau « L'eau menteuse », a dit Shakespeare.

Tâchons de saisir ce Protée.

Il était petit-neveu du plus grand hâbleur de France et de Navarre, *du gros garçon qui gâta tout.* Je veux dire de François Ier.

Il était petit-fils de la charmante Marguerite de Navarre, si flottante dans son mysticisme, qui ne sut jamais si elle était protestante ou catholique.

Son grand-père, Henri d'Albret, qui, sans doute, li

sait le Gargantua (paru en 1534), répéta exactement à sa naissance (1553) le récit rabelaisien. Il lui donna du vin à boire et du vin de Jurançon. Pour plaire au grand-père, sa mère Jeanne, en sa douleur, avait chanté un petit chant béarnais à la Vierge de Jurançon.

Et son précepteur assure qu'à la seule odeur du piot, le digne fils de Rabelais se mit à branler la tête. Son grand-père, ravi, lui dit : « Tu seras un vrai Béarnais »

Il fit effectivement ce qu'il fallait pour le rendre tel. Il défendit qu'on le fît écrire. C'est pour cela qu'il est devenu un si charmant écrivain. Ses billets sont des diamants.

Il n'en eut pas moins une éducation assez forte. Il apprit tout verbalement, le latin par l'usage seul, comme une langue maternelle. Ainsi fut élevé *par l'usage*, par l'effet de l'entourage, de l'air ambiant, cet autre fils de la nature, le grand paresseux Montaigne. Nulle peine, nulle obligation, fort peu d'idée de devoir.

Son devoir essentiel était de courir les champs, de se battre avec les enfants, d'aller tête nue, pieds nus. Éducation assez ordinaire chez les princes des Pyrénées; on se souvient de Gaston de Foix, le marcheur terrible, qui força ses chevaliers à se faire tous *va-nu-pieds* à l'assaut de Brescia.

Quand le roi de Navarre, dit d'Aubigné, avait lassé hommes et chevaux, mis tout le monde sur les dents, alors *il forçait une danse* Et lui seul, alors, dansait.

Le mouvement, c'était tout l'homme, et de maîtresse en maîtresse et de combat en combat. On lui

attribue follement de longues pièces, ouvrages laborieux, éloquents, de Forget ou de Mornay. Il n'avait
pas la patience, ni l'haleine; il n'écrivait que quelques
lignes (hors de rares occasions), un ordre à quelque
capitaine, un rendez-vous, un mot d'amour.

Résumons :

Premièrement, c'était un mâle, et, disons mieux, u
satyre, comme l'accuse son profil.

Deuxièmement, un Français, fort analogue à son
grand-oncle; un François Ier, mais plus familier, ja-
sant volontiers avec toute sorte de gens.

Troisièmement, c'était un Gascon, avec la pointe et
.la saillie que cette race ajoute au Français. Il avait
extrêmement le goût du terroir, et dégasconna lentement. Ce qu'il en garda le mieux, ce fut la plaisanterie, la sobriété et la ladrerie, trouvant mille pointes
amusantes qui dispensaient de payer..

On dit qu'enfant il avait eu huit nourrices et bu huit
laits différents. Ce fut l'image de sa vie, mêlée de tant
d'influences.

Coligny et Catherine de Médicis furent deux de ses
nourrices. Malheureusement il profita bien peu du
premier, infiniment de la seconde.

Il n'en prit pas la froide cruauté, mais l'indifférence
à tout

Ce qui trompait le plus en lui, c'était sa sensibilité
très-réelle et point jouée, facile, toute de nature. Il
avait des yeux très-vifs, mais bons, à chaque instant
moites; une singulière facilité de larmes. Il pleurait
d'amour, pleurait d'amitié, pleurait de pitié, et n'en
était pas plus sûr.

N'importe. Il y avait en lui un charme de bonté
extérieure qui le faisait aimer beaucoup. Son précepteur en rapporte une anecdote admirable (peut-être
un conte d'Henri IV), mais si bien contée, que je ne
puis pas m'empêcher de la reproduire.

Charles IX, près de sa fin, restant longtemps sans
sonner mot, dit en se tournant, comme s'il se fût réveillé : « Appelez mon frère. » La reine mère envoie
chercher le duc d'Alençon. Le roi, le voyant, se retourne, dit encore : « Qu'on cherche mon frère. —
Mais le voici. — Non, madame, je veux le roi de Navarre ; c'est celui-là qui est mon frère. » Elle l'envoie
chercher, mais dit qu'on le fasse passer sous les voûtes
où étaient les arquebusiers. Celui qui le conduisait lui
dit qu'il n'avait nulle chose à craindre. Et cependant
il avait bien envie de retourner. Par un degré dérobé,
il entre dans la chambre du roi, qui lui tend les bras.
Le roi de Navarre, ému, pleurant, soupirant, tombe
au pied du lit. Le roi l'embrasse étroitement : « Mon
frère, vous perdez un bon ami, si j'avais cru ce qu'on
disait, vous ne seriez plus en vie, mais je vous ai toujours aimé. Ne vous fiez pas à... — Monsieur, dit alors
la reine mère, ne dites pas cela. — Madame, je le dis,
c'est la vérité... Croyez-moi, mon frère, aimez-moi ;
je me fie en vous seul de ma femme et de ma fille.
Priez Dieu pour moi... Adieu ! »

Les mourants voient très-clair Effectivement, Charles IX avait vu qu'entre tous ceux qu'il avait autour
de lui, celui-ci, seul, était homme.

Revenons Et voyons-le à ce moment décisif de sa
vie, le lendemain de la mort des Guises.

Il en parla sensément, sans vouloir qu'on se réjouît, disant seulement : « J'avais prévu, dès le commencement, que MM. de Guise n'étaient pas capables de remuer telle entreprise, ni d'en venir à la fin sans le péril de leur vie. »

Un mois après, il fait venir Mornay, le mène seul à sa galerie et lui dit que, de toutes parts, on l'appelle, on lui fait des propositions ; les bourgeois, même catholiques, voulaient lui ouvrir leurs villes.

« On veut me livrer Brouage. Et d'autres me proposent Saintes. Qu'est-ce que vous me conseillez ?

— Sire, dit Mornay, ce sont là de belles choses. Mais elles vous prendront deux mois. Et cependant se perd la France !... Pensons donc à la sauver. Si j'étais à votre place, je marcherais droit à la Loire avec tout ce que j'aurais de force. On vous a parlé de Saumur. Si cette chance vous favorise, vous avez le passage du fleuve ; sinon, vous aurez les villes jusque-là. Le roi, pris entre deux armées, et ne pouvant résister, s'accordera avec celui qu'il a le moins offensé, c'est vous. »

Le roi fut charmé du conseil, mais il en sentait si peu la portée, qu'il se laissa persuader, au lieu de traiter avec le roi de France, de traiter avec un lieutenant du capitaine de Saumur, qui parlait de vendre la place.

Idée, à vrai dire, pitoyable dans l'héritier de la couronne, qui devait trouver son compte à se rapprocher du roi. Mais Mornay l'en fit rougir et écrivit (le 4 mars), en son nom, un manifeste éloquent et pathétique, un manifeste de paix. Il y rappelle sans orgueil que dix armées en quatre ans ont été levées pour l'ex-

terminer et qu'elles se sont dissipées, sans rien faire
que ruiner le royaume. Il y parle avec une modération
magnanime du sort des Guises, avec une douleur sen-
tie des maux universels, plus douloureusement encore
de la nécessité qu'il a d'avoir toujours les armes à la
main. Il demande la paix, mais solide, avec le respect
de l'honneur, de la conscience.

Le roi fut d'autant plus touché, que le roi de Navarre était le plus fort, qu'à Loudun, à Thouars, à
Châtellerault, les catholiques l'appelaient, lui ouvraient
les portes. Un frère de Mornay vint d'abord de la part
d'Henri III, puis, madame Diane, sa sœur naturelle.
Le roi de Navarre marchait toujours, il était à trois
lieues de Tours, où était le roi. Celui-ci hésitait encore,
craignant surtout le légat, qui négociait pour lui avec
la Ligue. Mais cette négociation n'arrêtait guère les
ligueurs, qui se mettaient en devoir d'avancer et de le
prendre. La peur, qui est, dit l'Écriture, le commencement de la sagesse, le fit sage enfin ; décidément il
appela le roi de Navarre

L'entrevue, non pas des rois, mais des deux armées, des deux Frances, eut lieu sur les bords d'un
ruisseau, à trois lieues de Tours Les uns et les autres,
huguenots, catholiques, réconciliés sans traité, sans
savoir la pensée des rois, se rapprochèrent, débri-
dèrent leurs chevaux et les firent boire au même
courant. Ces nouveaux amis étaient ceux qui, depuis
vingt ans, se faisaient si âpre guerre, qui avaient tant
souffert les uns par les autres. Leurs familles exter-
minées, leurs maisons ruinées, leurs personnes usées,
vieillies , les plaies du corps, les plaies du cœur, tout

disparut en ce moment. La Saint-Barthélemy elle-
même pâlit dans les souvenirs. Qui s'en serait sou-
venu en voyant le colonel général de l'infanterie du
roi de Navarre, M. de Châtillon, fils de l'amiral, le
plus ferme dans la guerre et le plus ardent pour la
paix? Noble et vénérable jeune homme qui, dan· ce
moment solennel, influa plus qu'aucun autre, commanda, par son exemple, l'oubli magnanime, immolant
ce grand héritage de deuil dont son cœur avait vécu,
donnant son père à la Patrie!

Il était le fils de cette femme admirable (la première
de Coligny), qui, d'un mot, le précipita à prendre la
défense de ses frères égorgés, à supprimer les délais :
« Ne mets pas sur ta tête les morts de trois semaines. » (1562.)

Je ne passerai pas ce moment sans dire un mot de
cette famille tragique. La seconde femme de Coligny,
martyre dans un cachot de Nice, y resta trente ans
prisonnière, immuable dans sa foi. Les quatre neveux
de l'amiral, fils de Dandelot, périrent dans une même
année, de blessures et de misère (1586), et furent en-
terrés ensemble à Taillebourg. Le fils, enfin, de Coligny, Chatillon, dont nous parlons, déjà vieux soldat,
meurt à trente-quatre ans (1591). Il laisse un enfant
qui, lui-même, avant vingt ans, sera tué sous le
drapeau tricolore de la république de Hollande.

Revenons. Il fut convenu (3 avril) qu'on donnerait
aux huguenots pour sûreté et pour passage la ville de
Saumur. Mais, quand le roi voulut la donner, il ne
l'avait pas. Le capitaine de la place en voulait de l'argent, qu'aucun des deux rois n'avait. Des deux côtés,

ce furent les officiers huguenots et catholiques qui se
cotisèrent pour acheter Saumur. On y mit l'homme qui
donnait même confiance aux deux partis, l'irréprochable Mornay.

Cette union inattendue donnait au parti royaliste une
force redoutable. Les ligueurs, qui semblaient maîtres
de la meilleure partie du royaume, n'en sentaient pas
moins leur infériorité Ils imploraient à grands cris
le secours de l'Espagnol. Mayenne, n.ayant pas de réponse à sa lettre du 28 janvier, écrit de nouveau à
Philippe, le 22 mars. Il lui dit, pour le piquer, qu'Élisabeth va secourir le roi de Navarre. Mais Philippe ne
bouge pas. Le 12 avril, il écrit à Mendoza qu'il suffit
d'animer les catholiques, « avec toute finesse, toute
dissimulation ». Ce qui le rendait si lent, c'était la
sage opposition du prince de Parme qui, déjà embarrassé à défendre les Pays-Bas contre la Hollande,
craignait extrêmement d'être engagé par son maître
dans la grande affaire de France,

Une chose met dans tout son jour la faiblesse des
ligueurs, c'est qu'en Normandie leur homme, le comte
de Brissac, hors d'état de résister, imagina d'appeler
à son aide les *Gaultiers*. On nommait ainsi des bandes
de paysans qui s'étaient armés, non pas pour la
Ligue, mais contre les soldats pillards de tous les partis. Le secours de ces pauvres diables fut inutile à
Brissac; il les jeta en avant, ne les soutint pas; ils
furent massacrés

Le 30 avril, un mois après le traité signé, Henri III
flottait encore, entouré des pestes de cour, de Villeroy, d'O, d'Entragues, qui avaient peur et horreur de

la réconciliation de la France. Au contraire, Aumont, Crillon, le suppliaient de voir le roi de Navarre Pendant ce débat pour et contre, il arrive et le voici

Si nous en croyons De Thou, la chose avait été surtout préparée par Châtillon, par celui à qui la réconciliation dut coûter le plus. Je le crois. Sur les beaux portraits gravés que j'ai sous les yeux, sa figure mélancolique dit assez ce grand sacrifice.

Le roi de Navarre aussi fut admirable comme fermeté courageuse et vive décision d'esprit Les conseils de femmelettes et de courtisans, les avis de ceux qui voulaient qu'il amenât toute une armée, il les rembarra loin de lui par quelques mots de bon sens. Il se recommanda à Dieu, et, sans hésiter, s'engagea avec sa noblesse sur cette pointe étroite et dangereuse que fait le confluent de la Loire et du Cher, près du Plessis-lez-Tours. Il était fort désigné. Seul, il avait un panache blanc ; seul, un petit manteau rouge qui ne couvrait pas trop bien son pourpoint usé par la cuirasse et ses chausses de couleur feuille morte Petit, ferme sur ses reins, la barbe mêlée, avant l'âge, de quelques poils gris, la figure très-énergique, d'un profil arqué fortement, où la pointe du nez tendait à rejoindre un menton pointu, c'était l'originale figure du parfait soldat gascon.

Henri III venait d'entendre vêpres aux Minimes du Plessis et se promenait dans le parc, quand on l'avertit. Une grande foule des campagnes se précipitait, et les arbres mêmes étaient chargés d'hommes. Pendant quelques moments, les rois se virent, sans pouvoir s'approcher, se saluant, se tendant les bras Enfin ils

se rejoignirent, et le roi de Navarre se jeta à genoux
avec un mot pathétique et flatteur : « Je puis mourir,
j'ai vu mon roi. » Tous s'embrassèrent pêle-mêle,
huguenots et catholiques, sans distinction de parti,
d'armée et de religion Il n'y avait plus que des
Français

Le lendemain matin, le roi de Navarre alla voir le
roi de France avant son lever, tout seul, n'étant suivi
que d'un page.

Le bienfait de cette alliance fut senti bientôt. Le roi
de Navarre, qui n'obtenait rien que par sa présence,
était allé un moment vers le Poitou pour faire avancer les siens Epernon était à Blois, Montpensier
ailleurs. Henri III avait peu de monde à Tours.
Mayenne fut averti par un président qui était avec le
roi, mais homme de la maison de Guise, ancien chancelier de Marie Stuart.

Une belle nuit, voilà Mayenne qui, avec sa cavalerie et tout ce qu'il a de plus leste, fait d'une traite
onze lieues Le matin il apparaît à Saint-Symphorien,
le faubourg de Tours au nord de la Loire, qui tient à
la ville par le pont. Le roi, justement, y avait été conduit par les traîtres pour voir les travaux de défense.
Un meunier le reconnaît à son habit violet, lui dit :
« Sire, ou allez-vous ? Voilà les ligueurs [1] »

L'attaque commence, il était dix heures du matin.
Les ligueurs ont un grand avantage. Crillon entre-
prend de les déloger, n'y parvient pas, est blessé,
rentre presque seul, ferme de ses mains les portes.
Cependant le roi de Navarre, qui n'était pas encore
loin, est averti. Il envoie quinze cents arquebusiers,

qui, le soir, sous Châtillon, arrivent dans Tours Ces nouveaux venus, sans se reposer, vont foudre sur les ligueurs. « Braves huguenots, disaient ceux-ci, ce n est pas à vous que nous en voulons, c'est au roi qui vous a trahis, qui vous trahira encore. » Nulle réponse qu'à coups de fusil.

Le roi voulut sortir de Tours ; il alla se montrer au feu dans son habit violet. Mais il n'osait y envoyer tout ce qu il avait de forces, pensant que Mayenne avait beaucoup d amis dans la ville On ne reprit pas le faubourg. Les huguenots, ayant perdu un tiers de leurs hommes, repassèrent le pont sous le feu des ligueurs, mais lentement et à petits pas. Crillon, qui s y connaissait, se déclara, depuis ce jour, « passionné pour les huguenots »

D'eux-mêmes, les ligueurs s'en allèrent, laissant au faubourg une trace terrible de leur passage. Cette nuit, le duc d'Aumale et autres chefs avaient couché dans l'église, et l'avaient salie d'une scène infâme et épouvantable.

Repoussée à Tours, la Ligue le fut plus rudement encore à Senlis, qu'elle assiégeait. Deux chefs, Aumale et Menneville, étaient allés fortifier l'armée assiégeante. Ils amenaient avec eux, avec force cavalerie, des canons et douze cents bourgeois parisiens L'aventurier Balagny, qui s'était fait prince de Cambrai, leur avait amené encore, en pillant tout le pays, quelques milliers d'hommes. Mais le duc de Longueville, La Noue, et nombre de seigneurs, furieux du pillage de leurs vasseaux, tombent sur cette grosse armée, la mettent en pleine déroute. Menneville tué,

Aumale éperdu qui se cache à Saint-Denis ; Balagny
court jusqu'à Paris. Le ridicule fut immense, la perte
aussi. Paris en pleura tout haut, rit tout bas ; il en fut
fait des chansons, une pleine de verve : « Il n'est que
de bien courir. . »

En récompense de sa fuite, on fit Balagny gouverneur de Paris. C'était la confier à l'Espagne. Il était
parfait Espagnol.

Le roi cependant avait réuni ses forces, et arrivait
devant Paris. Le très-habile Sancy, envoyé par lui
sans argent aux Suisses, leur avait persuadé de lever
des troupes contre la Savoie, puis leur avait fait sentir que, si le roi était vainqueur, il les garantirait
mieux de leur ennemi le Savoyard qu'ils ne le faisaient eux-mêmes. Il amena cette grosse armée,
quinze mille Suisses, au roi, qui déjà, par Épernon,
Montpensier et le roi de Navarre, avait presque trente
mille Français. Et le plus beau, dans cette armée,
n'était pas le nombre, c'était l'union. Il semblait que
toutes les vieilles haines eussent cessé par enchantement.   .

Mayenne, au contraire, fondait, se perdait, venait à
rien. Il appelait les Espagnols, les Allemands, les
Lorrains, et rien n'arrivait. Il n'avait plus que huit
mille hommes ; puis cinq mille, dit on , et, de ces cinq
mille, beaucoup commençaient à regarder par quelle
porte ils sortiraient.

Les ligueurs avaient tout à craindre. Henri III sur
son chemin s'était montré impitoyable pour les villes
qui résistaient. On dit que, du haut de Saint-Cloud,
regardant Paris de travers, il avait dit : « Cette ville

est grosse, beaucoup trop grosse; il faut lui tirer du sang. »

Cependant, une grande partie de Paris, la majeure peut-être, était fort contraire à la Ligue. On commençait à parler très-librement dans les rues.

Il y avait nombre d'hommes marqués par les Barricades, par l'attaque projetée du Louvre, par tout ce qui se fit depuis, qui se sentaient bien mal à l'aise. Les moines mêmes, avec leur tonsure, n'étaient pas trop rassurés; beaucoup portaient le mousquet. Le sort du cardinal de Guise les faisait fort réfléchir sur l'inefficacité du privilége de clergie.

Dans le Paris du Midi, celui des couvents et des séminaires, on disait tout haut qu'il fallait un miracle, un grand coup de Dieu. Plusieurs moines prêchaient le miracle, entre autres le petit Feuillant, qui, peu après, envoya un assassin au roi de Navarre. Trois jeunes gens, dit-on, juraient qu'ils imiteraient Judith, et que le nouvel Holopherne ne périrait que de leur main.

Si l'on en croit la duchesse de Montpensier, sœur des Guises, ce fut elle qui détermina la chose et la fit passer des paroles à l'acte. Cette dame était logée rue de Tournon, au Pré-aux-Clercs, au passage des descentes tumultuaires que les écoles et séminaires faisaient souvent de la montagne (voir septembre 1561). De là, elle était à même, sans sortir et de son balcon, de passer les grandes revues. Et sans doute ces fanatiques, qui, après tout, étaient jeunes et hommes, s'enivraient du regard d'une grande princesse, sœur des héros et des martyrs. Elle avait déjà trente-sept

ans, mais la passion la relevait ; elle ne pouvait manquer d'être puissante par la colère, le désir et la
peur, belle de la beauté des furies.

Il y avait parmi les trois, un jeune imbécile dont
tout le monde riait. « Je l'ai vu, dit Davila ; ses confrères, les Jacobins, s'en faisaient un jeu. Ils l'appelaient, par ironie, le capitaine Clément. » C'était un
moine bourguignon fort charnel, qui, en province,
avait eu le malheur de faire un gros péché de couvent ;
et c'est pour cela sans doute qu'on avait trouvé bon
de le perdre à Paris, où tout se perd. Le prieur d'ici
lui dit que, pour un si grand péché, il fallait faire un
grand acte. On assure qu'ils exaltèrent son faible cerveau par une nourriture spéciale, comme on avait fait
jadis pour préparer Balthasar Gérard, l'assassin du
prince d'Orange.

Clément était un paysan. On ne craignait pas d'employer avec lui les moyens les plus grossiers. On lui
donna des recettes pour être invisible Et, pour en
prouver l'efficacité, ses confrères restaient devant lui
et le heurtaient au passage, affectant de ne le point
voir.

On le fit passer aussi par une épreuve très-forte
pour une tête chancelante. C'était de le faire jeûner et
de le tenir longtemps dans ce qu'ils appelaient la
chambre de méditation, toute peinte de diables et de
flammes. On le prit, tout à la fois, par l'enfer, par le
paradis ; je veux dire par la princesse, qui, dit-on,
voulut le voir, et lui parla un langage à mettre hors
de lui un homme jeune, charnel, un peu fou. Elle lui
dit que sa fortune était faite, qu'on le ferait prisonnier

sans doute, mais qu'on n'oserait pas le tuer, parce que, le jour même, on s'assurerait de cent têtes de modérés qui répondraient pour la sienne ; alors qu'il faudrait bien le rendre, qu'il aurait tout ce qu'il voudrait, le chapeau de cardinal. Et ce n'était pas le meilleur.

Une princesse ne ment jamais. Il avala tout cela. Il acheta un beau couteau neuf, à manche noir. Il se procura deux lettres de royalistes pour lui servir de passe-port. Le soir du 31 juillet, il s'achemina vers Saint-Cloud.

Arrêté, puis introduit, on lui dit qu'il était tard. Le procureur du roi, La Guesle, le garda. Il soupa bien, dormit mieux, et, le lendemain, mardi 1er août, à huit heures, La Guesle le conduisit au roi.

« Il étoit environ huit heures du matin, dit Lestoile, quand le roi fut averti qu'un moine de Paris vouloit lui parler ; il étoit sur sa chaise percée, ayant une robe de chambre sur ses épaules, lorsqu'il entendit que ses gardes faisoient difficulté de le laisser entrer, dont il se courrouça et dit qu'on le fît entrer ; et que, si on le rebutoit, on diroit qu'il chassoit les moines et ne les vouloit voir. Incontinent le Jacobin entra, ayant un couteau tout nud dans sa manche ; et, ayant fait une profonde révérence au roi, qui venoit de se lever et n'avoit encore ses chausses attachées, lui présenta des lettres de la part du comte de Brienne, et lui dit qu'outre le contenu des lettres, il étoit chargé de dire en secret à Sa Majesté quelque chose d'importance. Lors le roi commanda à ceux qui étoient près de lui de se retirer, et commença à lire la lettre que le moine lui avoit apportée, pour l'entendre après en **secret**. Lequel moine, voyant le roi attentif à lire, tira de sa manche son couteau et lui en donna droit dans le petit ventre, au-dessous du nombril, si avant, qu'il laissa le couteau dans le trou ; lequel le roi ayant retiré à grande force, en donna un coup de la pointe sur le sourcil gauche du moine, et s'écria : « Ha ! le méchant moine, il m'a tué ! »

Le moine avait tourné le dos et regardait la muraille. Le procureur général (fort étrange magistrat), portant l'épée comme chargé de la justice du camp, lui passa cette épée au travers du corps, et d'un même coup tua le procès qui eût compromis les moines et sans doute de grands personnages.

Le roi de Navarre, averti, vint, et trouva le blessé en situation assez bonne, qui avait écrit pour rassurer la reine. Il retourna à son camp. Mais, pendant la nuit, la réalité se fit jour. Les médecins dirent qu'il avait peu d'heures à vivre. Il se confessa, fit entrer toute la noblesse, et les exhorta à se soumettre au roi de Navarre, qui ne tarderait pas à se convertir. Il expira (le 2 août 1589). Dernier des Valois, il laissait le trône aux Bourbons.

« Ah ! le méchant moine, il m'a tué ! »

Tome XII

HIST. DE FRANCE, CXXXV bis   Impr. Wattier et C⁰

lui avoit apportée, pour l'entendre après en secret. Lequel moine, voyant le roi attentif à lire, tira de sa manche son couteau et lui en donna droit dans le petit ventre, au-dessous du nombril, si avant, qu'il laissa le couteau dans le trou ; lequel le roi ayant retiré à grande force, en donna un coup de la pointe sur le sourcil gauche du moine, et s'écria : « Ha ! le méchant moine, il m'a tué ! »

Le moine avait tourné le dos et regardait la muraille. Le procureur général (fort étrange magistrat), portant l'épée comme chargé de la justice du camp, lui passa cette épée au travers du corps, et d'un même coup tua le procès qui eût compromis les moines et sans doute de grands personnages.

Le roi de Navarre, averti, vint, et trouva le blessé en situation assez bonne, qui avait écrit pour rassurer la reine. Il retourna à son camp. Mais, pendant la nuit, la réalité se fit jour. Les médecins dirent qu'il avait peu d'heures à vivre. Il se confessa, fit entrer toute la noblesse, et les exhorta à se soumettre au roi de Navarre, qui ne tarderait pas à se convertir. Il expira (le 2 août 1589). Dernier des Valois, il laissait le trône aux Bourbons.

CHAPITRE XX
Henri IV. Arques et Ivry. — 1589-1590.

Quand le nouveau roi de France entra, les yeux pleins de larmes, dans la chambre mortuaire, « au lieu des Vive le roi! et des acclamations ordinaires, il trouva là, le corps mort, deux Minimes aux pieds, avec des cierges, faisant leur liturgie, d'Entragues, tenant le menton. Mais tout le reste, parmi les hurlements, enfonçant leurs chapeaux ou les jetant par terre, fermant le poing, complotant, se touchant la main, faisant des vœux et promesses, desquelles on oyoit pour conclusions : « Plutôt mourir de mille morts! »

Il n'y eut jamais un pareil avénement.

Le jour même, pour comble de mauvais augure, pendant que le mort était encore là, un combat eut lieu entre un huguenot, un vaillant homme de guerre, et un très-adroit ligueur Celui-ci avait dit : « Je lui mettrai la lance dans la visière. » Il le fit comme il le disait. L'autre tomba roide mort.

Pendant l'agonie du roi, les grands seigneurs catholiques n'avaient pas perdu de temps à pleurer. Ils s'étaient tous arrêtés à ne pas reconnaître le roi de Navarre.

Pourquoi? Outre sa naissance, il avait pour lui la désignation, l'adoption d'Henri III, ses dernières paroles. S'il n'était pas catholique, il s'était mis entièrement dans la main des catholiques. On ne voyait qu'eux autour de lui, si bien que beaucoup de huguenots l'avaient abandonné De longue date, à mesure qu'il avançait au Nord, la noblesse protestante du Midi le délaissait. Dès 1587, à Coutras, il avait déjà fort peu de Gascons ; sa force était dans les nobles de Poitou et de Saintonge. Enfin, ayant passé la Loire, ses Poitevins furent recrutés par des Bourguignons, des Bretons, par quelques Picards, Champenois, Normands, hommes isolés dans ces provinces redevenues catholiques.

Nul prétexte à la défection. Ces catholiques trahissaient gratuitement celui qui n'avait rien fait que de les préférer aux siens et de les aider admirablement par de vaillants coups de main, par exemple, celui qui sauva le roi à Tours.

Pour couvrir leur ingratitude, ils avaient besoin de jouer les fervents catholiques. Voilà pourquoi, devant le mort, ils donnaient cette comédie.

Creusons la situation, et disons là comme elle est,

comme elle va se révéler bientôt, quand ces gens se
vendront au roi. La France, en ce moment morcelée
en provinces que les gouverneurs s'étaient impudem-
ment appropriées, la France était réellement dans la
main de douze coquins.

Ces rois n'avaient garde d'accepter un roi.

Ils avaient horreur d'un roi pauvre. Le Béarnais,
pauvre comme Job, n'eût pas pu porter le deuil
d'Henri III si Henri lui-même n'eût été en deuil. Dans
son pourpoint violet, il se fit tailler le sien, le rogna,
étant plus petit. Sur les épaules du nouveau roi,
chacun reconnut l'habit de l'ancien.

Il ne payait pas de mine. On voyait pourtant fort
bien que c'était un capitaine, un ferme soldat. Ils
auraient bien mieux aimé un énervé comme Henri III.
Ils faisaient semblant de le mépriser, en réalité le
craignaient.

La dispersion, la guerre civile, leur étaient bonnes
pour que chacun d'eux s'affermît *dans sa maison*. Ils
appelaient déjà ainsi leurs gouvernements, leurs
grandes villes capitales de provinces, un Lyon, un
Rouen, un Toulouse.

Finalement, ils calculaient les chances de la Ligue
Si faible, en ce moment, dans son armée de Paris, elle
n'en tenait pas moins une infinité de villes L'argent
espagnol arrivait déjà. Philippe II, lent, patient, mais
fixe comme le destin, faisait alors en Allemagne des
levées d'hommes pour Mayenne; et, si ces Allemands
ne suffisaient pas, l'invincible armée espagnole du
prince de Parme apparaissait dans le lointain comme
une réserve de la Ligue

A cela, ajoutez l'épée suspendue de la Savoie, ajoutez l'argent du pape et des princes italiens que l'Espagnol saurait bien obliger de financer. Élisabeth, au contraire, se faisait prier pour aider très-peu, très-mal, la république de Hollande.

Toutes les chances étaient pour la Ligue, et pas une pour le Béarnais.

Ils résolurent bravement de prendre leur roi à la gorge, de le sommer de se faire catholique sur l'heure, sans répit, sans instruction qui couvrît la chose, qui rendît la conversion décente. S'il refusait, ils se tenaient déliés et le quittaient.

Quoiqu'il y eût parmi eux de fort grands seigneurs, même un prince, celui qui porta la parole pour cette sommation effrontée fut un certain d'O, mignon d'Henri III, insecte de garde-robe, qui avait grossi, engraissé, on n'ose dire comment. Son cynisme audacieux et sa langue de fille publique avaient continué sa faveur. Il avait brillé au conseil comme un gaillard qui avait toujours au sac des expédients et des ressources, des moyens nouveaux de tondre le peuple jusqu'au sang, qui inventait de l'argent pour lui, même un peu pour le roi. Aussi, par un tact propre à ce sage gouvernement, d'O, comme archi-voleur, fut fait ministre des finances. Ce fut cet homme de bien, ce saint homme, qui déclara que sa conscience, la conscience de tous ceux qui étaient là, ne leur permettait pas d'obéir à un roi hérétique.

Le roi pâlit, et ne fit pas, à coup sûr, le discours hautain, hardi, que lui prête d'Aubigné.

Il vit toute leur perfidie et que la lâcheté qu'on lui

imposait ne servait de rien. S'il l'eût faite, ils l'auraient quitté tout de même, converti, mais déshonoré. Il dit qu'il lui fallait du temps, qu'il ne demandait qu'à se faire instruire, que, dans six mois, il assemblerait un concile à cet effet et réunirait les États généraux.

Mais, avant même qu'il fît cette réponse politique, plusieurs, indignés de la bassesse des autres et de leur hypocrisie, se rallièrent d'autant plus à celui qu'on abandonnait. Givry embrassa son genou avec cette vive parole : « Sire, vous êtes le roi des braves et ne serez abandonné que des poltrons. »

Cela ne les arrêta guère. Le majestueux d'Épernon partit le premier pour son royaume d'Angoumois et de Provence, prétextant une querelle avec Biron, disant qu'un homme comme lui ne pouvait faire, sous un tel roi, des campagnes de brigand.

On l'imita. En cinq jours l'armée avait fondu de moitié, et elle fondait toujours. Le roi s'éloigna de Paris, n'ayant que quinze cents cavaliers, six mille fantassins. Il s'achemina vers Rouen, où on lui donnait quelque espoir. Il avait pu, en partant, voir les feux de joie de la Ligue, entendre la terrible explosion, l'immense clameur que souleva la mort d'Henri III. Rien ne put tromper davantage sur le sentiment du peuple. Cependant l'exagération même des ligueurs, l'apothéose bizarre et grotesque qu'ils firent de Jacques Clément, étaient propres à faire douter s'ils étaient aussi fanatiques qu'ils le paraissaient ou qu'ils le croyaient eux-mêmes. Qu'auraient dit de vrais croyants, des chrétiens du XII⁰ siècle, s'ils eussent entendu les

ligueurs dire que ce coup de couteau était le plus
grand coup de Dieu après l'Incarnation de Notre-Sei-
gneur, ou bien encore, mettre sur l'autel une trinité
nouvelle, les deux Guises assassinés et le moine bourguignon.

Madame de Montpensier, en recevant la nouvelle,
sauta au cou du messager : « Ah! mon ami, est-ce
bien sûr? Dieu! que vous me faites aise!... Et pourtant
je regrette bien qu'il n'ait pas su que c'était moi qui
le faisais mourir. » Elle monta en carrosse, alla chercher sa mère à l'hôtel de Guise en criant par les por-
tières · « Bonnes nouvelles! le tyran est mort! » Elle
tira parti de sa mère d'une manière bien étonnante,
la menant aux Cordeliers, où la vieille dame monta à
l'autel, et, des degrés, prêcha le peuple à grand cris
et sans pudeur On fit venir de Bourgogne la mère de
Clément ; elle logea chez madame de Montpensier, fut
bénie, caressée, comblée, adorée: on lui chanta des
hymnes, les cierges allumés, comme on eût fait à la
Vierge Marie. On célébra « le ventre qui l'avait porté,
le sein qui l'avait allaité », etc., etc.

La véhémente duchesse voulait que son frère se fît
roi. Chose impossible. Les troupes de Philippe II entraient dans Paris, à savoir, quatre mille Allemands,
six mille Suisses. Mendoza, avec cette force, ne l'eût
pas souffert, ni peut-être les ligueurs ; ils étaient divisés, jaloux. Mayenne prit un moyen d'attendre, ce fut
de faire roi un vieillard, le cardinal de Bourbon

La première chose pour lui était de mériter la
royauté, au lieu de la prendre, et, pour cela, il fallait
jeter Henri IV à la mer. Il y était acculé, au plus

bas. Et jamais, en réalité, son courage ne parut plus haut.

Regardons-le dans ce moment. La légende ici n'est rien que l'histoire, et la fiction n'eût pu ajouter a la vérité

On lui donnait le sot conseil de s'en aller en Gascogne, ou bien, de solliciter un partage de la royauté avec le vieux cardinal, ou encore de se réfugier en Allemagne, d'attendre les événements.

Il attendit, mais à Arques, l'épée à la main, et, sans s'étonner de la grande meute que la Ligue lançait après lui, il justifia la devise qu'il prit enfant . « Vaincre ou mourir. »

Il semblait qu'il n'eût plus en France que les quelques toises du camp retranché qu'il se fit près de Dieppe, sous le château d'Arques. Roi sans terre, il n'avait plus qu'une armée, plutôt une bande.

L'inaction du Tiers parti, partout musclé, tremblant, l'extrême éloignement des provinces protestantes, le réduisaient à cette extrémité. Si pourtant on eût écarté cette terreur par laquelle la Ligue l'isolait, une grande partie de la France, et déjà la majorité, se serait ralliée à lui.

C'est ce qui fait ici la beauté, le sublime de la situation. Il n'avait rien, il avait tout. Dans sa faiblesse et son petit nombre, il avait, en réalité, la base immense d'un peuple, dont, seul, il défendait le droit.

La Ligue, dans sa fausse grandeur et dans sa force insolente, achetée par l'assassinat, elle n'arrivait à lui, pourtant, qu'avec le secours étranger. Ces drapeaux qui flottaient au vent, c'étaient ceux du roi

d'Espagne. Auxiliaires? non, mais déjà les drapeaux
de la conquête. Lorsque le légat du pape tâta les
chances de Mayenne pour la royauté, Philippe II, très-
franchement, *dit qu'il réclamait la France comme héritage de l'infante*, fille d'une fille d'Henri II, qu'il la
croyait reine de droit et *reine propriétaire.*

De sorte qu'en combattant ces idiots de ligueurs et
ce gros Mayenne, Henri IV les défendait eux-mêmes
avec toute la France, les préservait de l'etranger et
les sauvait malgré eux.

« Mais, dira-t-on, si la Ligue appela l'Espagnol,
Henri IV appela l'Anglais. »

Oui, et notez la différence. La Ligue, maitresse du
royaume, en vint à le diviser ou à l'offrir à l'Espagne
Et Henri, maître de rien, n'ayant plus rien en ce monde
que son camp entre Arques et la mer, poussé dans
l'eau, près d'y tomber, refusa à Élisabeth, dont il attendait son salut, un simple petit papier, la promesse
de rendre Calais[1]. Ce Calais qu'il n'avait pas, ce Calais
aux mains des ligueurs, il le défendit contre celle qui
semblait tenir dans les mains sa vie et sa mort

Cependant le secours anglais ne venait pas. Le roi
appelait à lui un détachement de la Champagne qui ne
venait pas non plus Il avait sept mille hommes en
tout, et il allait avoir sur les bras trente mille hommes.
Tout le monde le croyait perdu On était sûr à Paris
qu'il serait ramené par Mayenne pieds et poings liés,
si bien qu'on louait des fenêtres dans la rue Saint-Antoine pour voir passer le Béarnais Mais Mendoza assu

---

[1] Inexact cela n'est vrai qu'en 1597,

rait qu'on ne le verrait pas passer. Pourquoi? Parce
qu'il était tué. Et il l'écrivit à Rome.

Voilà une situation terrible. Il devait être fort ému?
Point du tout. Aux portes de Dieppe, où le maire voulait lui faire un discours, il dit avec sa gaieté ordinaire : « Mes amis, point de cérémonies ; je ne demande que vos cœurs, bon pain, bon vin, et bon visage
d'hôtes. »

Et il écrit à sa maîtresse, Corisande : « Mon cœur,
c'est merveille de quoi je vis, au travail que j'ai... Je
me porte bien ; mes affaires vont bien... Je les attends ;
et, Dieu aidant, ils s'en trouveront mauvais marchands Je vous baise un million de fois. De la tranchée
d'Arques. »

Le vieux maréchal de Biron, homme de grande expérience, qui dirigeait tout, était sûr de la résistance
par le seul choix de ce camp. Il ne voulut pas que le
roi s'enfermât dans une place, encore moins dans une
mauvaise petite place comme Dieppe. Il choisit cet em-
placement, couvert à droite par le canon d'Arques, à
gauche et derrière par une petite rivière marécageuse,
devant par un bois épais et difficile à passer, le bois
passé, on rencontrait une tranchée que fit Biron, en
laissant seulement ouverture pour lancer de front cinquante chevaux.

Il y avait encore l'avantage d'isoler dans ce désert
une armée douteuse dont un tiers était catholique, un
tiers suisse, un tiers huguenot. Des catholiques comme
ce d'O dont j'ai parlé tout à l'heure eussent pu tra-
mer dans la ville, comploter, peut-être organiser quelque trahison Notez qu'ils quittaient à peine les catho-

liques de Mayenne, et qu'à la première rencontre des
compliments s'échangèrent entre gens des deux partis.

Les Suisses très-probablement n'étaient pas payés.
Le roi était si pauvre, que le plus souvent sa table
manquait ; il s'invitait ici et là chez ses officiers, mieux
pourvus.

La grosse armée de Mayenne était fort chargée de
princes, qui tous avaient des bagages. Il y avait Aumale et Nemours, il y avait le fils du duc de Lorraine,
et ce prince de Cambrai, ce gouverneur de Paris. Des
troupes de toute nation : outre les Allemands et
les Suisses payés par Philippe II, la cavalerie des Pays-
Bas et des régiments wallons. La grande affaire qui
épuisait l'attention de Mayenne était de nourrir cette
armée mangeuse, exigeante. Il lui fallut prendre une à
une les petites places de la Seine, pour assurer derrière
lui ses convois de vivres, ce qui donna à Biron plus
de temps qu'il ne voulait pour se fortifier.

Mayenne arrive au faubourg de Dieppe, et le trouve
peu attaquable. Il se tourne vers le camp, veut passer
la petite rivière ; il y rencontre le roi, qui l'arrête à
coups de canon. Enfin, le 21 septembre, par un grand
brouillard, il tente le passage du bois. De vives charges de cavalerie se font par l'étroite trouée Cependant
les lansquenets de Mayenne avaient traversé le bois,
touchaient le fossé ; là, se voyant tout à coup à trois
pas des arquebuses, ils se déclarèrent royalistes, si
bien qu'on les aida pour leur faire passer le fossé.
Biron, le roi, tour à tour, vinrent, et leur touchèrent
la main. Il y eut cependant un moment où la cavalerie
de Mayenne pénétra jusque dans le camp. Ces lans-

quenets, trop habiles politiques, se refirent ligueurs à
cette vue, tournèrent contre les royalistes. Il y eut un
grand désordre. Biron fut jeté à bas de cheval. Un de
ces perfides Allemands présenta l'épieu à la poitrine
du roi en lui disant de se rendre. Telle était sa force
d'âme et sa douceur naturelle, même dans cette extrême crise, que, sa cavalerie venant pour sabrer le
drôle, il dit . « Laissez cet homme-là. »

Le roi jusque-là n'avait pas fait usage des huguenots ;
il les tenait en réserve. Il dit au pasteur Damours :
« Monsieur, entonnez le psaume! »

Ce chant des victoires protestantes, qui, dans ce
temps, sauva Genève de l'assaut du Savoyard, qui,
plus tard, fit les camisards si fermes contre les dra-
gons, ce chant, que nos régiments ont si glorieusement
chanté, et en Hollande, et en Irlande, ou fut encore
une fois tranchée la question du monde, le voici :

Que Dieu se montre seulement
Et l'on verra en un moment
   Abandonner la place.
Le camp des ennemis epars
Épouvante de toutes parts
   Fuira devant ta face.
On verra tout ce camp s'enfuir,
Comme l'on voit s'evanouir
   Une épaisse fumée,
Comme la cire fond au feu,
Ainsi des méchants devant Dieu
   La force est consumée.

            (Psaume LXVIII.)

Le fils de Coligny, Châtillon, avec cinq cents vieux
arquebusiers huguenots, prit de côté les ligueurs ;

les lansquenets furent écrasés, et la cavalerie refou-
lée. Le brouillard, à ce moment, se leva. Le château
d'Arques, qui jusque-là n'osait tirer, commença à
parler d'en haut, quelques volées de boulets saluèrent
l'armée de la Ligue, le soleil avait reparu et la fortune de la France.

Au moment où Mayenne se décourageait et se retirait, se couvrant d'un régiment suisse et d'une forte
cavalerie, Biron s'avisa de lui mettre au dos quelques
pièces de canon qui le suivirent de très-près, et mor-
dirent dans ce carré un cruel morceau, quatre cents
hommes, des meilleurs.

Mayenne alors en vint à Dieppe. Mais on n'avait
plus peur de lui. Sa prudence, ses haltes fréquentes, si
contraires au génie français, faisaient l'amusement
d'Henri IV. Il se jeta dans la place, et il y parut à la
vigueur des coups. Biron, tout vieux qu'il était, sort
avec des cavaliers. Mayenne croit pouvoir le couper;
mais la cavalerie s'ouvre : deux couleuvrines attelées
paraissent et tirent à bout portant. Un corsaire normand (Brisa) avait imaginé la chose . c'était déjà l'artillerie légère du grand Frédéric.

Mayenne était déjà si malade de sa déconvenue,
qu'il n'osa pas se montrer à Paris. Il s'en alla à
Amiens, se rapprocher de ses maîtres, les Espagnols,
et recevoir un secours que lui envoyait le prince de
Parme. Son armée lui échappait, s'en allait à la dé-
bandade. Après ce secours, il se trouva plus faible
qu'auparavant.

Le roi n'était pas bien fort. De grandes jalousies di-
visaient sa petite armée. Les catholiques, plus nom-

breux, y opprimaient les huguenots Leur haine paraît dans leurs écrits. Le bâtard de Charles IX (Angoulême), qui a laissé un récit de la bataille, supprime la part des huguenots, bien attestée cependant par le catholique De Thou, aussi bien que par d'Aubigné. A Dieppe, où ils essayèrent d'avoir un prêche, les catholiques d'O, Montpensier, ameutèrent contre eux les Suisses, vinrent troubler les huguenots; plusieurs furent battus et blessés. Le roi, les larmes aux yeux, les emmena avec lui, et ils allèrent chanter leurs psaumes en plein champ.

Ce fut pour lui un grand secours moral, contre les siens mêmes, de recevoir d'Élisabeth quatre mille protestants anglais, écossais. Les catholiques se moquèrent du costume des montagnards d'Écosse. Mais la majorité dès lors n'en était pas moins changée, et les protestants plus nombreux. Henri saisit l'occasion, alla dîner sur la flotte, fut salué du canon de tous les vaisseaux. A chaque toast, l'artillerie tira. Cette bruyante et éloquente reconnaissance d'Henri IV dut avertir les malveillants. Ils sentirent que le Béarnais, avec son pourpoint percé, n'en avait pas moins de fortes racines, que l'Angleterre, l'Allemagne, la Hollande, allaient regarder vers lui.

En réalité, il n'y eut pas de cœur, même chez les nations catholiques, que la petite affaire d'Arques n'intéressât vivement. Telle est la générosité instinctive de l'homme, sa partialité pour le faible héroïque contre le fort. Cela produisit un coup de théâtre bien inattendu. Un allié se déclara pour ce général de bandits (comme l'appelait d'Épernon), un allié catho-

Paris. Nous allons les voir y frapper monnaie, gouverner et nourrir le peuple, les *chaudrons des Espagnols* et les sous jetés du balcon, ce sont les moyens
éloquents qui convertiront la foule à la royauté de l'Inquisition.

Le légat Cajetano, envoyé par Sixte-Quint, qui le
croit très-modéré, devient violent à Paris, pur instrument des Espagnols.

La mort du roi de la Ligue fut sue d'abord des personnes qu'elle intéressait le plus. La mère et la sœur
de Mayenne vinrent, palpitantes, l'apprendre à l'ambassadeur Mendoza, qui leur dit froidement « qu'il
fallait attendre les ordres du roi d'Espagne. » Alors,
ces pauvres princesses coururent au légat, qui dit
« qu'on ne pouvait rien faire sans les ordres du roi
d'Espagne. »

Philippe II dut se féliciter d'avoir si mal payé ses
Suisses. Il avait été battu à Ivry, mais sur le dos de
Mayenne. Le Béarnais lui avait rendu le service si-
gnalé d'humilier et de ravaler le chef de la maison de
Guise.

De toutes parts, la France ligueuse, dans le cours de
cette année, se précipita vers l'Espagne. Et, d'elle-
même, l'Espagne entrait de tous les côtés.

Le père Matthieu, un Jésuite, était venu assurer les
Seize de sa haute protection.

Le frère Bazile, capucin, avait obtenu des troupes
espagnoles pour le Languedoc.

Le duc de Mercœur, qui eût été le chef des Guises
(à ne consulter que l'aînesse), n'agissait pas avec eux.
Seul, retranché dans sa Bretagne, il ne s'adressait qu'à

Philippe II, et il en reçut un très-beau secours de deux ou trois mille Espagnols.

a Gascogne le sollicitait pour en obtenir aussi, et disait que, sans cela, « les loups affamés auroient bientôt dévoré les pauvres brebis catholiques. »

Le Parlement d'Aix appela en Provence le duc de Savoie, gendre de Philippe II, et ce prince, gracieusement, se rendit à la requête avec une armée mêlée d'Espagnols et de Savoyards. Aix le reçut, mais non Marseille, qui, sous ses consuls, s'en tint à être Espagnole de cœur.

Admirable unanimité. La France veut être Espagnole, c'est-à-dire ne plus être France

Les Guises, seuls, en tout cela, ne parlaient pas nettement. Ils auraient voulu de l'argent espagnol plutôt que des hommes. Le duc de Nemours, au nom de la Bourgogne et de Lyon, sollicitait seulement une légère solde pour ses troupes, « une petite somme de deniers. »

Plus tard, Mayenne sollicite de quoi payer une armée *française*.

On n'attrapait pas ainsi Philippe II.

Il y avait des gens plus francs qu'il écoutait plus volontiers. Par exemple, un Boisdauphin, qui se disait gouverneur de l'Anjou et du Maine, parla intelligiblement. Dans sa petite pétition pour avoir deux mille Espagnols, il dit nettement au roi d'Espagne : « Les provinces et gouverneurs reconnaissent aujourd'hui *qu'il n'y a de roi en France que Votre Majesté.*

Tout à l'heure, au nom de Paris, les Seize en diront autant.

Dès le mois de mars, les ambassadeurs d'Espagne avaient fait crier dans Paris une lettre de leur maître où il ordonnait à l'archevêque de Tolède de dresser un état des bénéfices du royaume pour aviser à soulager les pauvres catholiques de France.

Belle, mais lointaine espérance. Cet enragé Béarnais s'acheminait vers Paris Déjà il avait pris Mantes. On en répandait mille contes. Le lendemain de sa bataille, il était si peu fatigué, qu'il avait tout le jour joué à la paume. On l'appelait en Gascogne (du nom d'un de ses moulins) *meunier du moulin de Barbaste*. A Mantes, ce roi meunier fit fête aux boulangers de la ville, qui lui gagnèrent son argent à la paume et lui refusèrent revanche Toute la nuit il fit faire du pain et le vendit à moitié prix Les boulangers éperdus vinrent lui offrir sa revanche

C'était justement par le pain qu'il voulait prendre Paris. Il faisait la guerre aux moulins, aux greniers, aux places d'en haut et d'en bas qui nourrissent la grosse ville. Ce terrible Gargantua, diminué et délaissé, d'un grand nombre de ses habitants, avait cependant encore deux cent vingt mille bouches, et, quoique le roi y vînt assez lentement, on y amassa peu de vivres.

La ville, en récompense, était bien pourvue de prédicateurs, riche en sermons Aux Rose, aux Boucher, étaient venus s'adjoindre les Italiens du légat, qu'on admirait sans les comprendre, le grave Bellarmino, le pathétique et amusant Panigarola qui, avec le petit Feuillant, partageait l'enthousiasme des dames. On assure qu'au début d'un sermon il s'écria « C'est pour

vous, belle, que je meurs.. » Et comme toutes se regardaient, il ajouta avec componction : « dit Jésus-
Christ à son Église. »

Le 8 mai, le roi commença à tirer contre Paris. Le
14, dans ses murs, commencèrent les processions de
l'armée sainte, ou les moines, fièrement troussés, le
capuchon renversé pour mettre le casque, plusieurs
affublés de cuirasse, soufflant sous leurs armes, menèrent la milice bourgeoise. Quelques-uns, non sans
tremblement, se hasardèrent à charger et tirer leurs
arquebuses pour saluer le légat, ce qui fit un grand
malheur, ils tuèrent son aumônier

Mais, outre ces belles troupes, les ducs de Nemours
et d'Aumale, qui commandaient la défense, avaient
dix-sept cents Allemands, huit cents fantassins français, cinq ou six cents cavaliers; de plus, un grand
nombre d'hommes de la milice bourgeoise qui avaient
tout à craindre, si le roi entrait, étant connus et dési-
gnés aux vengeances des huguenots ou des royalistes.
Henri IV, si clément pour lui-même, livra toujours a
la justice ceux qui avaient comploté contre Henri III.
Le prieur de Jacques Clément, qui, disait-on, l'avait
endoctriné au meurtre, fut jugé, sur la requête de la
reine veuve, et, par sentence du parlement de Tours,
tiré à quatre chevaux.

Les Crucé, les Bussy-Leclerc, qui, en 87, voulaient
enlever le roi et qui, aux Barricades de 88, voulaient
le forcer dans le Louvre. auraient fort bien pu aussi
être mis en jugement. Et même les vieux massacreurs
de 1572 étaient-ils sûrs d'être oubliés? Ceux qui emportèrent les faubourgs après la bataille d'Arques,

huguenots pour la plupart, avaient pour cri de combat :
« Saint-Barthélemy ! Saint-Barthélemy ! » Neuf cents
bourgeois avaient péri dans cette si courte attaque.
Et les faubourgs avaient été si exactement démeublés,
déménagés, dépouillés de tout objet petit ou grand,
que les royalistes mêmes n'eussent pas voulu voir entrer le roi à ce prix.

Du reste, ce n'était pas avec une si petite armée
(douze mille hommes et trois mille chevaux) qu'Henri
pouvait prendre cette énorme ville. La mouche, pour
rappeler le vieux mot déjà cité, n'avale pas un éléphant.

Mais l'éléphant souffrit beaucoup. En un mois, il eut
tout mangé. Il fallut commencer des visites domici-
liaires. On fouilla les riches greniers des couvents,
malgré l'étrange et plaisante prétention des Jésuites,
qui voulaient fermer leurs portes. On dit, au contraire,
qu'on ferait sur les religieux ce qu'on fait en mer dans
un vaisseau affamé, où l'on mange les plus gras.

On en vint au son d'avoine On en vint aux chiens,
aux chats. L'ambassade d'Espagne frappa des liards
qu'on jetait par les fenêtres. Mais on ne mange
pas du cuivre. Alors, aux portes de l'hôtel, on fit
la cuisine en plein vent. Des marmites gigantesques
témoignaient de la charité des Espagnols. Ils sou-
lageaient par aumône ceux qu'ils faisaient mourir de
faim.

Le roi serra de plus près. Il prit les faubourgs, les
fortifia Le peuple, qui y allait chercher de l'herbe, fut
clos comme dans un tombeau Lestoile assure qu'on
alla jusqu'à faire du pain de la poussière d'os qu'on

prenait aux cimetières, qu'un soldat mangea un enfant,
qu'une dame dont le fils était mort, le sala, avec sa
servante, et qu'elles vécurent quelque temps de cette
nourriture.

Nul doute qu'en cette extrémité la ville ne se fût
rendue, si elle n'eût été comprimée par une effroyable terreur. Une grande foule s'était portée au parlement pour crier : Du pain! Plusieurs croyaient en
profiter pour faire sauter le gouverneur, délivrer la
ville. Brisson en savait quelque chose. Il n'y eut pas
d'entente, et tout échoua. Plusieurs furent saisis, pendus. Les moines et les massacreurs eussent égorgé le
parlement, mais Nemours sentit qu'un tel coup ferait
Paris tout Espagnol et mettrait à rien les Guises.

Cependant, des tours, des murs, on voyait flotter la
moisson. Les pauvres gens risquaient leur vie pour
aller couper des épis. On les battait, on les blessait
sans pouvoir les décourager. Henri IV, ici, fut très-
beau. Il déclara qu'il prendrait ou ne prendrait pas
Paris, mais qu'il laisserait aller tous ceux qui voudraient sortir.

Des foules en profitèrent, trois mille hommes en une
fois. Puis d'autres tant qu'ils voulurent, des gens aisés
aussi bien que le peuple. Le roi même fit aux princesses la galanterie de laisser entrer des vivres pour
elles.

On prétend que ce bon prince, qui ne perdait jamais
son temps se désennuyait à faire l'amour à l'abbesse
de Montmartre. Puis il transporta ses quartiers à
l'abbaye, ou, comme on disait alors, à *la religion* de
Longchamp, autre monastère de filles. Biron disait :

« Qui peut encore reprocher à Sa Majesté de ne pas changer de *religion ?* »

Cependant le prince de Parme, qui ne s'amusait jamais, avait, à la longue, terminé ses préparatifs ; à l instante prière de Mayenne et sur l'ordre de son maître, il venait secourir Paris. Malmené par les Hollandais, qui lui avaient pris Bréda, il venait malgré lui en France, n'ayant nulle bonne opinion de cette affaire gigantesque où le chimérique solitaire de l'Escurial le jetait imprudemment. Il avait osé lui écrire : « Vous lâchez la proie pour l'ombre. »

Il fallut bien que le Béarnais laissât son siége et ses abbesses. Longtemps on lui avait fait croire, pour l'amuser et le flatter, que le prince de Parme ne viendrait pas, qu'il enverrait seulement quelque secours. Mais il était venu, il était à Meaux. Et le roi en doutait encore ! (De Thou.)

Ce redoutable capitaine avait fait sa marche en vingt jours, traversé le nord de la France dans un ordre admirable. Les soldats espagnols, si indisciplinés sous le duc d'Albe, marchaient en toute modestie sous ce grave italien. C'était une singularité de son génie d'avoir dompté les bêtes féroces ; ils en avaient peur et respect comme d'un esprit de l'autre monde. Ces Espagnols, si difficiles, à vrai dire, étaient peu nombreux ; l'espagnol d'Espagne était presque un mythe ; ce qu'on appelait ainsi, c'étaient des Comtois, des Wallons, surtout des Italiens. Cette diversité de nations, loin de gêner Farnèse, le servait fort ; elle les tenait tous en grande humilité sous cet homme ferme, froid, au besoin, cruel. En le voyant si valétudi-

naire, porté dans une chaise, exécuter pourtant cette
triste expédition de France qu'il avait franchement
blàmée, toutes ces nations victimes apprenaient la résignation, et, devant ce malade, personne n'eût osé
murmurer.

Il suivait strictement l'ancienne discipline romaine,
exigeant chaque soir du soldat le travail d'un camp
retranché. Au bout de chaque marche, avant tout, on
fermait le camp d'une enceinte de chariots, et, si l'on
restait, de fossés.

L'armée était une citadelle mouvante. Le général,
qui ne dormait jamais, passait la nuit à tout régler
pour le lendemain, à recevoir les rapports, les espions.
Sans bouger de sa chaise, il savait à toute heure ce
qui se passait chez l'ennemi, et chez lui, sous chaque
tente.

Il était envoyé pour deux choses, une de guerre,
une de politique et de révolution. 1° sauver Paris,
détruire la renommée militaire du Béarnais ; 2° éclip-
ser, énerver Mayenne, subordonner les Guises, mettre
l'Espagnol à Paris.

Henri IV brûlait de combattre. Son armée n'était
pas à lui, comme celle de l'autre; elle était quasi volontaire, elle s'était formée pour cette belle affaire de
Paris, elle pouvait s'ennuyer, se disperser (ce qui
arriva). Il envoya un trompette à Mayenne et à Farnèse retranchés près de Chelles, leur fit dire de sortir
de leur tanière de renard, de venir lui parler en plein
champ. A quoi l'Italien répondit froidement qu'il n'e-
tait pas venu de si loin pour prendre conseil de son
ennemi. Peu après, cependant, il dit qu'il donnait la

bataille, se mit en marche sans dire son secret à personne. Et, pendant que l'armée royale ne voyait que
son avant-garde, pendant que Mayenne bravement
menait celle-ci au combat, le centre avait tourné, de-
venant lui-même avant-garde et tombant sur Lagny,
grande position pour la guerre et pour l'arrivage des
vivres. Lagny fut emporté sous les yeux d'Henri
même, Paris ravitaillé, l'armée découragée, et elle se
fondit en partie.

Le duc de Parme n'avait rien fait s'il n'assurait aux
Parisiens Charenton et Corbeil. Mais Corbeil l'arrêta
longtemps. Cela lui fit du tort. Paris, quelque reconnaissant qu'il fût, trouvait fort dur que ses amis rui-
nassent les campagnes que l'ennemi, le Béarnais tant
maudit, avait épargnées. Corbeil fut pris et mis à sac.
Farnèse le livra aux soldats Il tenait fort l'armée;
mais il connaissait cette bête sauvage et ce qu'elle
attendait; il la lâchait parfois, lui passait par moments
ces horribles gaietés du crime.

Des dames de Paris, qui y étaient réfugiées, en revinrent plus mortes que vives. La pauvre femme de
Lestoile, qui venait d'y accoucher, ne put encore être
rendue à son mari qu'en payant aux soldats une rançon de cinq cents écus.

L'enthousiasme des Parisiens fut fort calmé pour
leurs amis d'Espagne. Toute leur peur était qu'ils ne
restassent. Ils prièrent Mayenne de raser les châteaux
trop près de Paris. Quand le prince de Parme voulut
laisser garnison dans Corbeil, on résista, on lui montra les dents.

Donc, on se quitta sans regret. Les ligueurs, qui

avaient cru voir entrer un fleuve d'or et les trésors des
Indes avec l'armée d'Espagne, restaient à sec et furieux. Mayenne, qui avait vu de près son odieux auxiliaire, qui sentait bien qu'on n'avait aucune prise sur
cet homme de marbre, et qui lui en voulait de l'avoir
fait ridicule à Lagny, fut obligé pourtant, dans sa
grande faiblesse, d'en accepter trois régiments.

Le prince de Parme s'en alla, suivi de près et har-
celé des cavaliers du Béarnais. Il n'était pas à vingt-
cinq lieues que celui-ci emporta Lagny et Corbeil. Et
Paris n'était guère plus délivré qu'auparavant.

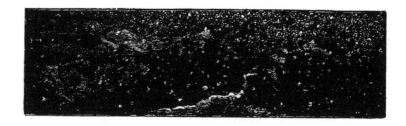

CHAPITRE XXII

Avortement des Seize et de l'Espagne. Siège de Rouen.
1591-1592.

« Le 20 décembre 1590, mourut à Paris, en sa maison, maître Ambroise Paré, chirurgien du roi, âgé de quatre-vingt-cinq ans, qui, nonobstant les temps, parloït librement pour le peuple. Huit jours avant la levée du siége, M. de Lyon, passant au pont Saint-Michel, étoit assiégé de gens qui lui crioient : Du pain! ou la mort! » Maître Ambroise lui dit tout haut : « Monseigneur, ce pauvre peuple vous demande miséricorde... Pour Dieu! monsieur, faites-la lui, si vous voulez que Dieu vous la fasse. Songez à votre dignité; ces cris vous sont autant d'ajournements de Dieu. Procurez-nous la paix... Le pauvre monde n'en peut plus. »

En ce même an, mourut au cachot de la Bastille

maître Bernard Palissy, prisonnier pour la religion, âgé de quatre-vingts ans. Il mourut de misère et de mauvais traitement .. Ce bonhomme en mourant me laissa une pierre qu'il appeloit sa pierre philosophale, qu'il assuroit être une tête de mort que la longueur du temps avoit changée en pierre. Elle est dans mon cabinet, et je l'aime et la garde en mémoire de ce bon vieillard que j'ai soulagé en sa nécessité, non comme j'eusse bien voulu, mais comme j'ai pu... Sa tante, qui m'apporta la pierre, y étant retournée le lendemain .oir comme il se portoit, trouva qu'il étoit mort. Bussy-Leclerc lui dit que, si elle le vouloit voir, elle le trouveroit avec ses chiens sur le rempart, ou il l'a- voit fait traîner comme un chien qu'il étoit »

Près de cet intrépide Ambroise Paré, près du saint, du simple, du grand Palissy, couchons dans le tom- beau deux hommes héroïques :

L'un, l'irréprochable, le bon et brave La Noue, *bras de fer*, qui, cinquante ans durant, avait combattu pour le droit et la religion, tant souffert! Toujours gai!... Et récemment encore, il avait prédit toute la campagne du prince de Parme. Mais on se moqua du bonhomme.

L'autre, c'est le fils de l'Amiral, assassiné comme son père, non par l'épée, mais par la bassesse, la dé- solation morale du temps.

Nous l'avons vu admirable soldat et Français ma- gnanime, oublieux de sa grande injure. Il suivait à la fois deux pensées de son père, la guerre sainte et la mer, les colonies de l'Amérique où la guerre devait s'épancher. Il s'était fait mathématicien, machiniste, constructeur de navires, ingénieur militaire, et c'est

lui qui prit Chartres encore. Mais plusieurs chagrins
le rongeaient. Son fils enfant fut tué en servant la
Hollande. Sa maison de Châtillon fut prise et pillée.
Enfin au siége de Paris, son jeune frère, nommé Dandelot, fut prisonnier, et tellement caressé par les
Guises, qu'il en oublia son nom et son sang, se donna
aux tueurs de son père.

Le pauvre Châtillon, assommé de ce coup, avait
encore un grand malheur, et le plus grand sans doute,
le changement d'Henri IV. Il semble que sa fureur de
femmes ait redoublé depuis Ivry, l'ait mis au-dessous
de lui-même, tué en lui ce qu'il eut de meilleur. Il
souffrait près de lui un voleur connu, d'O, l'âme la
plus pourrie de la France. D'O lui fit rappeler l'ombre
de Catherine de Médicis, son blême chancelier Cheverny.

Peu après la prise de Chartres, on vint dire au roi
que Châtillon était mort. Les larmes lui vinrent : « Et
comment? — D'une fièvre, Sire. — Qui la lui a donnée?
— Vous, Sire. La dernière fois, vous ne voulûtes lui
donner aucun ordre... — Hélas! je l'aimais tant! Il
aurait dû me faire parler... »

Mais déjà il avait besoin d'autres serviteurs, de bro-
canteurs et de marchands pour le grand marchandage
et l'achat du royaume.

L'opération était facilitée par l'outrecuidance espagnole, qui voulait faire sauter Mayenne et le rejetait
vers Henri IV.

Philippe II, de si loin, voyait très-mal. Ses ambassadeurs, qui vivaient ici en plein volcan, dans la fumée, n'y voyaient guère non plus. Les Seize, les

moines et les curés criaient si fort que Mendoza fut trompé et trompa son maître.

On profita d'abord d'une surprise que le Béarnais avait essayée par de faux fariniers qu'il présenta aux portes, pour dire que Paris serait pris, comme l'avait été Corbeil, si l'on ne se hâtait d'y mettre garnison espagnole.

Cette garnison entrée, le duc de Feria dit que le *Conseil d'union* gênait la liberté, qu'il fallait se fier au peuple. Mais ce peuple, qu'allait-il faire?

Philippe II avait envoyé un Jésuite, le père Matthieu, le *courrier de la Ligue*, toujours courant, ne débottant jamais. Il arriva au moment où le fils du duc de Guise, échappé de captivité, donnait un espoir nouveau à la Ligue. Les Seize imaginèrent de marier Guise avec l'infante. Ils écrivirent (16 septembre) dans ce sens à Philippe II : « Les vœux des catholiques sont de vous voir, Sire, tenir cette couronne de France. Ou bien, que Votre Majesté établisse quelqu'un de sa postérité, *et se choisisse un gendre.* »

Pour faire ce projet, il fallait avant tout terroriser les Français obstinés qui repoussaient le mariage d'Espagne. Toute l'année on prêcha le massacre.

Il y eut là une éloquence nouvelle et inconnue, éloquence canine, plutôt qu'humaine, **hydrophobique**. Quand prêchait le curé Boucher, plusieurs regardaient vers la porte, craignant qu'il ne finît par sauter de sa chaire, pour prendre un *politique* et le manger à belles dents.

En conscience, on a fait beaucoup d'honneur à une telle littérature de l'étudier si finement. La science moderne, que rien ne rebute dans ses curiosités, a analysé, disséqué les cancres les plus horribles, les plus hideux insectes. Je le conçois. Mais, dans ces monstres, rien de comparable aux monstruosités, aux baroques et cruelles fureurs des bouffons sacrés de la Ligue.

Le 2 novembre, dans une première réunion, le curé de Saint-Jacques dit : « Messieurs, assez connivé... Il faut jouer des couteaux. » On élut un conseil secret de dix hommes qui décrétèrent, exécutèrent. Ils commencèrent par la vente des biens des suspects. Ils épurèrent le conseil de la ville, frappèrent le parlement.

Le prétexte fut l'absolution d'un suspect. Le même curé de Saint-Jacques s'écrie encore, pour la seconde fois « Assez connivé, messieurs! il faut jouer des cordes ! »

Dans ce conseil des Dix, si choisi et si pur, plusieurs hésitaient cependant Bussy-Leclerc alla à la Sorbonne, posa le cas, abstrait, et sans nommer, il obtint une approbation. Il la montra avec un papier blanc, qu'il fit signer aux Dix, puis, dans ce blanc, écrivit la mort du président Brisson Ce fut le curé de Saint-Côme qui porta le papier à l'Espagnol Ligoreto et au Napolitain Monti, et joignit l'approbation de ces capitaines à celle de la Sorbonne.

Brisson ne donnait nul prétexte, sauf quelques paroles légères. On choisit pour l'exécution certain Cromé qui avait contre lui une vieille *rendetta* de famille, Brisson. jadis, avait plaidé contre son père, qui était un voleur. Cet homme vint lui dire qu'on l'attendait à l'Hôtel de Ville, lui et deux conseillers. Arrivés

au Petit-Châtelet, où les y poussa, et à l'instant on les
pend tous trois à une poutre de la prison.

C'était entre six et sept heures, le 15 novembre, et
il ne faisait pas encore clair. Cromé, la lanterne à la
main, conduisit les trois corps à la Grève et les mit à
la potence.

Bussy-Leclerc y était, et quand le jour vint, quand
il y eut foule, il commença à crier que ces traîtres
voulaient livrer Paris, qu'ils avaient force complices,
qu'avant le soir on pouvait être quitte de tous les méchants Les hommes de Bussy, distribués au coin de
la place, ajoutaient que c'étaient des riches, que leurs
hôtels pleins de biens, appartenaient de droit au
peuple

Mais le peuple ne bougea pas. La place resta morne.
Les bras tombaient en voyant le savant et débonnaire
magistrat, « l'un des joyaux de la France, » celui qui
le premier lui fit un code, pendu, en chemise, au gibet!

Un des Seize, le tailleur La Rue, en fut saisi d'horreur, se déclara contre les Seize, et dit qu'il leur cou-
perait la gorge.

Au défaut d'un grand massacre populaire, le premier soin des meneurs fut d'organiser un conseil de
guerre où siégeaient les colonels espagnols et une
chambre ardente pour connaître des conspirateurs.
Mais cela avorta aussi Les curés essayèrent en vain
d'obtenir l'aveu de la mère des Guises. Elle était trop
épouvantée Loin d'approuver, elle appela son fils,
pria Mayenne de venir et de la délivrer.

Il était fort embarrassé, ayant le roi en tête Mais
ses plus grands ennemis étaient les Seize, qui offraient

le trône à l'Espagne. Il prit deux mille hommes, accourut, endura aux portes la harangue des Seize, au souper but d'un vin que l'un d'eux lui avait donné. Le 29, le 30, ils étaient tellement rassurés que l'un d'eux dit chez lui et assez haut : « Nous l'avons fait, nous saurons le défaire »

Le duc avait en face cette grosse garnison espagnole. Et Bussy tenait la Bastille. Mais ses officiers le poussèrent. Le 1er décembre, il prit les canons de l'Arsenal, menaça la Bastille, que de Bussy lui rendit.

Cependant les Seize, alarmés, invoquent les Espagnols, qui ne font pas un mouvement. Cette immobilité encourage Mayenne, qui, le 3, saisit cinq des Seize et les fait étrangler. Cromé se cache parmi les Espagnols.

Ceux-ci avaient manqué Paris. Jamais ils ne s'en relevèrent. Mayenne, qui venait réellement d'y tuer leur parti, les appelait pourtant. Il ne pouvait, sans le prince de Parme, sauver Rouen des mains du roi. Situation bizarre, il négociait avec le roi et avec le prince de Parme, promettait à l'un et à l'autre. Le prince, peu confiant, ne vint le secourir qu'en se faisant payer d'avance. Il exigea, pour arrhes, que Mayenne lui livrât La Fère. Le roi alla reconnaître l'ennemi à Aumale, le 4 et le 5 février. Il approcha très-près et vit avec étonnement l'imposante armée espagnole, l'ordre savant qui y régnait. En tête, dans un petit chariot, le prince de Parme, goutteux, les pieds dans les pantoufles, allait, venait et réglait tout. Ce spectacle l'absorba, l'amusa, si bien qu'il ne s'aperçut pas que la cavalerie légère l'enveloppait. On avait reconnu son panache blanc. Sans le dévouement des siens, plusieurs fois il eût été pris. Il fut blessé légèrement, perdit beaucoup de monde.

L'inquiétude des ligueurs, de Mayenne et de Villars, qui commandait dans Rouen, c'était que les Espagnols ne sauvassent cette ville pour la garder. Villars voulut les prévenir. Par une furieuse sortie, il tua des milliers d'assiégeants. Le prince de Parme, si prudent, voulait avancer, profiter. Mayenne l'en détourna. Il l'occupa à assiéger une petite place de la Somme Enfin, il le décida à se placer à Caudebec, assurant que le roi, le voyant là, n'oserait continuer le siége. Ce qui arriva.

Mais ce qui arriva aussi, c'est que le roi, se rapprochant, se trouva tenir et Parme et Mayenne prisonniers dans la presqu'île de Caux, entre lui, la Seine et la mer.

Parme fut blessé au bras; Mayenne était malade. Les vivres ne venaient plus. Henri IV se croyait vainqueur; il avait une flotte hollandaise qui était dans la Seine et qui, au premier signe, pouvait le seconder. Le prince de Parme tenta une chose désespérée. Il fit venir de Rouen force bateaux couverts de planches. La Seine, large comme une mer à cet endroit, fut cependant pontée, traversée en une nuit. Les royalistes, en s'éveillant, virent l'ennemi de l'autre côté (20-21 mai 1591).

Farnèse suivit la rive gauche, très-vite, trop vite pour sa réputation. Chose inouïe pour une armée il fit quarante lieues en trois jours. Paris lui préparait une réception. Mais déjà il était entré sans bruit dans

la ville. Il dîna avec le je ne Guise et les princesses.
Fort silencieux, il ne dit père qu'un mot : « Voilà ce
peuple calmé. Le reste ne ient à rien. Tout est fini.
Dans un moment, vous n' rez plus besoin de nous. »

Il partit et mourut bien t. L'Espagne n'avait guère
réussi, lui vivant. Que fu ne donc après sa mort? A
Paris, elle avait reçu de la aible main de Mayenne un
coup terrible qui montrait qu'elle n'avait nulle racine
populaire. Le capitan espa nol, naguère si imposant,
n'était plus que ridicule.

La conversion du roi éta -elle aussi nécessaire qu'on
l'a dit généralement? J'e doute. Mais beaucoup de
gens y avaient intérêt et travaillaient, surtout par
un prêtre spirituel, Dupe on, qui, sur la gloire de
cette royale conversion, a it hypothéqué l'espoir d'un
chapeau de cardinal.

C'était un chœur univers autour de lui, que jamais
il ne serait roi s'il ne se isait catholique. Son fou,
Chicot, le lui disait : « All as, mon ami, va à Rome,
baise le pape, prends un ystère d'eau bénite qui te
lave de tes péchés. Le mé r de roi est bon; on peut
y gagner sa vie... Je sais en que, pour être roi, tu
donnerais de bon cœur le huguenots et les papistes
aux protonotaires du diab . Vous autres rois, votre
ciel, c'est la royauté. Par l'honneur divin, autre
affaire; vous dites : Dieu t homme d'âge; il saura
bien y pourvoir. »

Si intrépide en paroles, Chicot l'était en action.
C'était un riche Gascon, tr -brave et qui aimait fort
à suivre son maître à la gu rre. Il lui arriva une fois
une aventure amusante: il ri de sa main un prince,

un des Guise! Mais us croyez que Chicot va en tirer une rançon? Point tout. Il dit au roi : « Mon ami, je te le donne. » Le isonnier fut si furieux, que, du pommeau de son ép , frappé à la tempe, il assassina le fou.

Hélas! il ne resta plus près du roi que Chicot de sage.

la ville. Il dîna avec le jeune Guise et les princesses.
Fort silencieux, il ne dit guère qu'un mot « Voilà ce
peuple calmé Le reste ne tient a rien. Tout est fini.
Dans un moment, vous n'avez plus besoin de nous. »

Il partit et mourut bientôt. L'Espagne n'avait guère
réussi, lui vivant. Que fut-ce donc après sa mort? A
Paris, elle avait reçu de la faible main de Mayenne un
coup terrible qui montrait qu'elle n'avait nulle racine
populaire. Le capitan espagnol, naguère si imposant,
n'était plus que ridicule

La conversion du roi était-elle aussi nécessaire qu'on
l a dit généralement? J'en doute. Mais beaucoup de
gens y avaient intérêt et y travaillaient, surtout par
un prêtre spirituel, Duperron, qui, sur la gloire de
cette royale conversion, avait hypothéqué l'espoir d'un
chapeau de cardinal.

C était un chœur universel autour de lui, que jamais
il ne serait roi s'il ne se faisait catholique. Son fou,
Chicot, le lui disait : « Allons, mon ami, va à Rome,
baise le pape, prends un clystère d'eau bénite qui te
lave de tes péchés. Le métier de roi est bon ; on peut
y gagner sa vie .. Je sais bien que, pour être roi, tu
donnerais de bon cœur les huguenots et les papistes
aux protonotaires du diable. Vous autres rois, votre
ciel, c'est la royauté. Pour l'honneur divin, autre
affaire, vous dites : Dieu est homme d'âge; il saura
bien y pourvoir. »

Si intrépide en paroles, Chicot l'était en action.
C'était un riche Gascon, très-brave et qui aimait fort
à suivre son maître à la guerre. Il lui arriva une fois
une aventure amusante: il prit de sa main un prince,

un des Guise! Mais vous croyez que Chicot va en tirer une rançon? Point du tout. Il dit au roi : « Mon ami, je te le donne. » Le prisonnier fut si furieux, que, du pommeau de son épée, frappé à la tempe, il assassina le fou.

Hélas! il ne restait plus près du roi que Chicot de sage.

CHAPITRE XXIII

Montaigne. La Ménippée. L'abjuration. 1592-1593.

Le *catholicon* d'Espagne, ou la drogue catholique, cette recette admirable pour faire que le blanc soit noir, le grand charlatan espagnol, le petit charlatan lorrain sur son vieux tréteau, toutes ces farces de la Ménippée sont elles-mêmes moins comiques que la réalité du temps. Ce temps défie toute satire; nulle comédie ne peut espérer d'être aussi ridicule que lui.

Le *catholicon* parut avant le siége de Rouen. A cette fiction dans le genre de Lucien ou de Rabelais, l'histoire, à l'instant, répondit par une réalité bouffonne, celle des États de la Ligue, si grotesques, que les satiriques n'eurent plus à imaginer; ils écrivent ce qu'ils voyaient et se firent historiens.

Les auteurs de la Ménippée, Rapin, Gillot, Passerat, derrière leur masque comique, semblent cacher quelque chose. S'ils dénigrent la drogue du *catholicon*, c'est visiblement pour vendre leur drogue, qu'ils veulent y substituer. Riraient-ils de si bon cœur, s'ils ne croyaient avoir en poche le remède à tous les maux? Quel? la royauté nouvelle.

Plus vrais encore, historiques sont les *Essais* de Montaigne! Ils disent le découragement, l'ennui, le dégoût qui remplit les âmes : « *Plus de rien. Assez de tout.* »

Ce livre, si froid, avait eu un succès inattendu. Il paraît en 1580, naissance de la Ligue. Au milieu de tant de malheurs réels, de tant de fausses fureurs, il se réimprime, il grossit, augmente à vue d'œil en 1582, en 1587, et il est de double grosseur en 1588. Il semble qu'il revienne toujours comme une risée discrète des vaines exagérations, des mensonges frénétiques, de la grotesque éloquence, une satire implicite du prodigieux *rictus* des aboyeurs catholiques et de l'emphase ridicule du protestant Du Bartas.

Qui parle? C'est un malade, qui, dit-il, en 1572, l'année de la Saint-Barthélemy, s'est renfermé dans sa maison, et, en attendant la mort qui ne peut lui tarder guère, s'amuse à se tâter le pouls, à se regarder rêver. Il a connu l'amitié, il a eu, comme les autres, son élan de jeune noblesse. Tout cela fini, effacé. Aujourd'hui, il ne veut rien. « Mais, alors, pourquoi publies-tu? — Pour mes amis, pour ma famille, » dit-il. On ne le croit guère en le voyant retoucher sans cesse d'une plume si laborieusement coquette. Même au début, ce philosophe, désintéressé du succès, prend pourtant la précaution de publier l'œuvre confidentielle

sous deux formats à la fois, le petit format pour Bordeaux et un in-folio de luxe pour la cour et pour
Paris.

« La vanité de la science, » c'était déjà un vieux
titre, usé par ce siècle savant. Mais personne n'y avait
mis cette perfection d'indifférence. Le vieux Jules-César
Scaliger, le César et l'Alexandre des érudits de l'époque, mourant, fut frappé de ce coup, et nota ce
phénomène d'un si *hardi ignorant*. L'homme qui lui
succédait, dans cette dynastie des pédants, comme le
haut régent de l'Europe, le grand érudit, Juste-Lipse,
flottant de Leyde à Louvain, du protestantisme au catholicisme, proclama ce grand ignorant *bien au-dessus
des sept Sages.*

Ce n'est pas tout.

Des âmes honnêtes et enthousiastes, une mademoiselle de Gournay, jeune et pure comme la lumière,
haute de cœur et magnanime, encore qu'un peu ridicule, se jettent aux pieds de Montaigne. Avec sa
mère, elle traverse toute la France et tous les dangers
de la guerre civile pour aller voir son oracle, et elle
ne reviendra pas sans avoir tiré du maître le nom
de *sa fille adoptive.*

Nul éloge ne le met plus haut En réalité, une part
immense de vérité était dans ce livre, première description exacte, minutieuse, de l'intérieur de l'homme.
Ce que Vésale avait fait pour l'homme physique, Montaigne le fait pour le moral, s'attachant, il est vrai
assez tristement, à beaucoup de parties basses et de
dégoûtantes viscères N'importe, là, il est très-vrai. *Il
pose l'individu* en ce qu'il a de plus individuel. Tout à

l'heure, sur cette base, les rénovateurs du monde commenceront, bâtiront l'homme collectif.

Les grands et généreux esprits, l'élite rare qui l'adopta (comme mademoiselle de Gournay) semblent pressentir que son doute n'est que le doute provisoire qui rendra la science possible. La foule ne le prit pas ainsi. Et moi, historien de la foule, je ne dois noter ici que ce qu'elle y vit. Qu'y lut-elle? Ce qui répondait le mieux aux plus bas instincts :

1º *Les lois de la conscience, que nous disons de nature, naissent de la coutume.* Rien de fixe et nulle loi morale

2º *Aussi, si j'avais à revivre, je vivrais comme j'ai vécu* Inutile de s'améliorer, c'est l'esprit de tout le livre.

3º Je hais toute nouvelleté. Ou il faut se soumettre entièrement à notre police ecclésiastique, ou tout à fait s'en dispenser, *ce n'est pas à nous à établir ce que nous lui devons d'obéissance*, etc.

Les *Essais* furent avidement, âprement saisis par les catholiques. Mademoiselle de Gournay établit qu'ils n'ont été sérieusement attaqués que des huguenots.

Montaigne semble, en effet, faire aux premiers la part très-belle. Ses démonstrations (sophistiques) pour montrer l'impuissance de la raison, les contradictions irrémédiables de l'homme, etc , etc , semblent le renvoyer humble et désarmé à l'autorité. Voilà pourquoi, plus tard, Pascal, tout en détestant Montaigne, le saisit comme un noyé saisit une planche pourrie; mais la planche manque, elle tourne, et Pascal n'a saisi rien, le scepticisme livre l'homme, mais le livre anéanti,

Pascal peut serrer tant qu'il veut, il serre le vent et
le vide.

Pour ma part, ma profonde admiration littéraire
pour cet écrivain exquis ne m'empêchera pas de dire
que j'y trouve, à chaque instant, certain goût nauséa-
bond, comme d'une chambre de malade, où l'air peu
renouvelé s'empreint des tristes parfums de la phar-
macie. Tout cela est *naturel*, sans doute; ce malade
est l'*homme de la nature*, oui, mais dans ses infirmités.
Quand je me trouve enfermé dans cette *librairie* cal-
feutrée, l'air me manque. Hélas! où est mon ami, où
est le bon Pantagruel, le géant qui m'avait fait res-
pirer d'un si grand souffle? Où est le rieur sublime
qui, dans les sermons de Panurge, m'associa à la libre
circulation de la nature? J'appellerais volontiers le
frère Jean des Entommeures pour secouer ce gentilhomme du poing de Gargantua.

Ce livre fut l'évangile de l'indifférence et du doute.
Les délicats, les dégoûtés, les fatigués (et tous l'é-
taient), s'en tinrent à ce mot de Pétrone, traduit,
commenté par Montaigne : *Totus mundus exercet his-*
trionem, le monde joue la comédie, le monde est un
histrion. « La plupart de nos vacations sont farces-
ques, etc. »

De ces illustres farceurs qui remplissent la scène du
monde, le meilleur, parce qu'il est de beaucoup le
plus sérieux, c'est sans contredit l'Espagnol. Par un
grand coup de théâtre, Philippe II, perdant son
masque, joue le rôle d'un Cassandre atroce dans sa
rivalité galante avec Antonio Pérez. Malice étrange
de la fortune! tout cela éclate quand l'âge ajoute au

ridicule, quand le malheur est venu, quand l'impuissance est constatée. Cette déroute de réputation, naufrage moral plus profond que celui de l'*Armada*, lui arrive au moment même où il veut se faire roi de France.

Il n'est guère moins curieux de voir le grand acteur gascon, notre Henri IV, dans son jeu pour amuser jusqu'au bout les protestants qu'il va quitter. Il occupe le bon Mornay d'un colloque des deux églises. Mornay enferme à Saumur, avec force livres, une élite de douze ministres, des plus forts de France, pour préparer ce duel et la victoire infaillible de la vérité.

Mayenne, de son côté, travaillait consciencieusement à duper l'Espagne, le roi, surtout sa propre famille.

Au roi d'Espagne, il s'offrait, pourvu qu'il lui payât une armée *française*, qui, finalement, eût servi à mettre l'Espagnol à la porte.

Au roi de France il s'offrait, pourvu que le roi lui donnât, avec six cent mille écus, la Bourgogne et le Lyonnais à titre héréditaire, et, à sa maison, la Champagne, la Bretagne, la Picardie ; ajoutez le Languedoc pour un de ses alliés. Il ne voulait le faire roi qu'en lui gardant le royaume.

Troisièmement, pour son rival, pour le jeune duc de Guise, il avait un si grand zèle, qu'il ne lui suffisait pas qu'il épousât l'infante et fut mari de la reine ; il exigeait *qu'il fût roi*. Moyen ingénieux de compliquer les affaires, de ralentir et d'entraver.

Philippe II fit marcher les choses. Il exigea les États généraux. Et s'y coula tout d'abord. Les États

servirent à mettre dans un beau jour   mpossibilité
de l'Espagnol.

Voici ses instructions secrètes aux ambassadeurs :
« Vous soutiendrez d'abord l'élection de l'infante ; 2° la
mienne ; 3° un archiduc (*jusqu'ici rien pour la France,
nul ménagement de la nation*) ; 4° le duc de Guise ;
5° le cardinal de Lorraine. »

Nous avons la note exacte de ce que ce roi, dans
son extrême pénurie, donna d'argent aux États · onze
mille écus au clergé, huit mille au Tiers, quatre ou
cinq mille à la noblesse, donc, vingt-quatre mille en
tout. Ce n'était pas trop pour avoir la France.

L'aide en hommes fut très-peu de chose. Mayenne
en fut indigné, et dit qu'un pareil secours ne faisait
qu'aggraver les maux.

Sauf quelques âmes dévotes et quelques prêcheurs
furieux·qui restèrent aux Espagnols, le désert se fit
autour d'eux. En vain le curé Boucher, fermant par
un calembour la révolution commencée par un calembour, en lance un très-bon : « Seigneur, débour-
bonnez-nous, *Eripe me de luto.* »

Quand les ambassadeurs d'Espagne lurent fièrement
à l'Assemblée les propositions de leur maître, l'*infante
et un archiduc*, et rappelèrent les services qu'avait
rendus le roi d'Espagne, un fou répondit à merveille.
C'était le bonhomme Rose, des plus extravagants ligueurs Il se fâcha jusqu'au rouge . « Dans ces services, dit-il, il n'a rien fait qu'il ne dût faire Et il aurait
dû faire mieux encore pour la religion. Il en sera récompensé, comme il faut, en paradis. Mais, quant à la
terre, les lois fondamentales **de France** énervent sa

proposition; ce royaume n'admet pas de fille, encore moins un Espagnol. »

Les ambassadeurs, confondus, se rabattirent les jours suivants sur le mariage du jeune Guise, qui épouserait l'infante. Trop tard. L'affaire était manquée.

Philippe II eut beau promettre deux cent mille écus à donner *après*. Cela ne toucha personne. Cette riche et splendide fiction ne trouva que des incrédules. On le voyait à la veille d'une seconde banqueroute.

Il n'y avait si petit prince qui ne concourût avec lui. Son gendre le duc de Savoie, le fils du duc de Lorraine, le duc de Nemours, se mettaient aussi sur les rangs. On ne voyait que rois futurs trotter autour des États dans la crotte de Paris.

Le vrai roi, en attendant, tenait Paris assez serré. Maître des petites places voisines, il eût pu à volonté empêcher les arrivages. Paris mangeait par sa permission. La culture de la banlieue se faisait par sa bonne grâce. Situation misérable dont Paris voulait sortir. Les savetiers, les crocheteurs, commencent à crier : « La paix! » La milice se déclare. Elle ose provoquer les Seize. Passant devant la fenêtre du fameux greffier de la Ligue, Sénault, qu'on voyait écrire, ils lui crièrent : « Écris-nous tous! nous sommes tous *politiques!* »

Ce mouvement inattendu, l'abandon où Philippe II semblait laisser ses Espagnols, l'affaiblissement de Mayenne menacé des fanatiques, tout cela un matin ou l'autre aurait mis le roi dans Paris. Quiconque connaît la France et ses rapides entraînements sait

que, dans ces moments, l'avalanche se précipite; tout
obstacle disparaît, tout ménagement; nul soin de mé
nager les nuances, d'adoucir la transition.

Avec cette vive explosion, cet accès de royalisme,
si le roi eût pu quelque peu attendre, je crois qu'on
l'eût pris tel quel, huguenot ou Turc, n'importe.

Je sais bien que des protestants, comme Sully, lui
disaient qu'il aurait de la peine à se dispenser de se
faire catholique.

Mais je vois aussi que des catholiques, très-avisés,
très-informés, comme l'ambassadeur de Savoie, pensaient qu'il ne se convertirait pas. Cet envoyé écrivait à la cour : « Pour l'intérêt, le Béarnais ne chan-
gera pas de religion. » (*Archives diplomatiques de
Turin.*)

Montaigne, le vrai génie du temps, avait dit une
chose très-juste . « Les Guises ne sont guère catholiques, et le roi n'est guère protestant. »

Qu'étaient-ils en réalité? Si vous voulez le savoir,
demandez à ce dieu du siècle qui le dominait déjà
avant son âge tragique, et qui le domine après. Demandez à la divinité que poursuit Pantagruel pour
savoir l'énigme du monde. Adressez-vous à la femme.
Interrogez dame Vénus.

Le gros Mayenne, plus volage qu'on ne l'aurait at-
tendu de son ventre de Falstaff et de son esprit sérieux,
avait eu les tristes hasards, les royales aventures dont
mourut François Ier.

Le Béarnais, maigre, leste et de meilleure chance,
n'en avait pas moins l'étoffe d'un amant ridicule. On
l'avait vu, à Coutras, quitter l'armée au moment criti-

que où il eût pu rejoindre les auxiliaires allemands,
pour mettre ses drapeaux aux pieds de Corisande
d'Andouin. Mais il ne fut tout à fait fou que quand il
connut Gabrielle. Vrai roman, où les difficultés apparentes ménagèrent, augmentèrent l'amour, de manière
à fixer dix ans le plus mobile des hommes, et faire du
plus spirituel des rois un bourgeois, un père crédule,
assoti de ses enfants.

Le délicieux portrait (qu'on doit regarder d'abord à
Sainte-Geneviève) nous donne Gabrielle très-jeune,
aussi fine qu'elle deviendra grasse et massive plus
tard (dessins Foulon). Elle est étonnamment blanche
et délicate, imperceptiblement rosée. L'œil a une in-
décision, une *vaghezza*, qui dut ravir, et qui pourtant
ne rassure pas. Objet très-poétique sans doute, elle
n'en annonce pas moins un moral assez prosaïque;
cette belle personne est certainement médiocre, judicieuse dans un cercle étroit, assez capable de calcul.
Elle ne sera pas trop maladroite à mener sa barque.
Chose singulière, dit M. d'Aubigné, elle se fit très-peu
d'ennemis. Je le crois, mais elle en fit de nombreux à
Henri IV. Elle le matérialisa, l'abaissa, l'appesantit.

« Voulez-vous voir ma maîtresse? » dit au roi l'im-
prudent Bellegarde, qui se croyait sûr de la belle, qui
se voyait jeune, beau, le roi déjà grisonnant. On arrive, à travers les bois, au château de Cœuvres. Voilà
le roi pris, le voilà fou; il ne veut plus que Bellegarde
y songe. Il brûle de revenir. Entre deux corps ennemis, déguisé en paysan, un sac de paille sur la tête, il
traverse quatre lieues de forêts Elle, voyant ce petit
homme, ce paysan à barbe grise, dont le nez joignait

le menton · « Vous êtes si laid, dit-elle, qu'on ne peut vous regarder »

Ce dédain attise le feu. Et le père l'attise encore en ne souffrant pas les visites du roi. Notre homme, éperdu, imagine, pour l'ôter à ce père terrible, de la marier à un autre On chercha un sot patient, mais un sot qui fût très-laid, ce fut M. de Liancourt (Gabrielle en fut aux pleurs et aux cris Le roi lui jura que le jour de la noce il arriverait, emmènerait le mari et qu'elle n'en aurait que la peur. Mais ses affaires le retinrent.

Cela divertit la cour. L'abbé Du Perron en fit une jolie pièce, et plus jolie que décente ·

> A qui me donnez-vous, vous a qui je me donne?
> Seul aimant de mon cœur, ou me rejetez-vous? etc.

Stances galantes qui coururent fort, firent honneur à Du Perron, et préparèrent sa fortune Il devint la grande cheville ouvrière de l'abjuration qui devait lui valoir le cardinalat.

Cependant madame de Liancourt perdit patience. Elle signifia bientôt qu'elle suivrait le roi à la guerre. Le mari fut consigné chez lui, et madame Gabrielle parut courageusement, dans la triomphante fleur d'une beauté épanouie, au siége de Chartres (février 1591). Elle était chaperonnée par sa tante de Sourdis, qui la stylait à son métier. Sans égard à Châtillon, qui, comme on a dit, avait pris la ville, le roi en donna le gouvernement à M. de Sourdis, et Châtillon, éloigné, désespérant de l'avenir, rejoignit son père Coligny dans un monde meilleur.

On croyait que le roi, assez léger jusque-là, se lasse-
rait de Gabrielle. Point du tout. La jalousie maintint,
aiguillonna l'amour. Elle gagna beaucoup de terrain.
Elle était haute et difficile. Le roi avait toujours à faire
pour l'apaiser. Il la craignait. C'est par là qu'on peut
expliquer un fait qui ne cadre pas avec sa bonté ordinaire. Il avait eu à la Rochelle la fille d'un honorable
magistrat protestant, un enfant naquit, mais mourut.
La pauvre Esther (c'était le nom de la huguenote)
qui n'avait pu se marier, et, de plus, ruinée par la
guerre, vint suppliante à Saint-Denis, ne demandant
que du pain. Henri IV ne lui en donna pas. Il eût été
grondé, maltraité, mis peut-être pour huit jours à la
porte de sa maîtresse. Esther, de douleur, de misère,
mourut bientôt à Saint-Denis.

La grande affaire de l'époque désormais, c'est Gabrielle. Laquelle des deux Églises, protestante ou catholique, prononcera le divorce du roi, le délivrera de
sa première femme? C'est la suprême question.

Gabrielle avait cru d'abord que les huguenots, ennemis de Marguerite de Valois, pourraient l'aider mieux.
Elle en mit dans sa maison, disant « n'avoir confiance
que dans ceux de ses domestiques qui étaient de la
religion. » Les ministres, peu habiles dans les choses
de ce monde, prirent justement ce moment pour éclater contre Gabrielle. Le samedi 1ᵉʳ mai 1592, ils déclarèrent que, les débordements du peuple *et de ceux
qui lui commandaient*, ne faisant que continuer et se
renforcer chaque jour, ils ne pourraient donner la
Sainte Cène, mais attendraient qu'on s'amendât et
qu'on apaisât le courroux de Dieu.

De l'autre côté, quelle différence! Tout était doux et facile, tout était chemin de velours. L'amour de madame de Liancourt et du mari de Marguerite était un péché sans doute. Mais la miséricorde de Jésus était infinie, tout pouvait s'arranger sans peine et le péché transformé devenir un doux sacrement.

Quelques ministres, effrayés de l'ébranlement du roi, inclinaient vers la douceur. Mais il y avait parmi eux de vieilles têtes indomptables. Par exemple, ce Damours, qui avait fait la prière sous le feu d'Arques et d'Ivry, fut aussi hardi en chaire qu'il l'avait été en bataille. Il dit, le roi étant présent, que s'il abandonnait la foi, Dieu aussi l'abandonnerait, et qu'il avait à attendre un juste jugement. D'O et le cardinal de Bourbon demandèrent que ce prédicant fût mis en justice. « Et que voulez-vous, dit Henri, il m'a dit mes vérités. »

Cependant ceux des royalistes qui poussaient la conversion avaient obtenu de faire à Suresnes des conférences avec la Ligue. Champ très-dangereux d'intrigues. Là se produisait une chose perfide que le légat favorisait : c'était de subir un Bourbon, puisqu'il le fallait, mais de prendre, au lieu d'Henri IV, le jeune cardinal de Bourbon. Celui-ci, on en était sûr, n'était pas huguenot; il était athée. Les d'O et autres royalistes firent peur au roi de cette idée, lui firent croire qu'elle ralliait beaucoup de gens.

Peu après, le roi, dans une conversation de trois heures avec Mornay, lui assura que c'était à cette crainte qu'il avait cédé. « Je me suis trouvé, disait-il, sur les bords d'un précipice; le complot des miens me poussait, et les réformés ne m'appuyaient pas. Je n'ai pas trouvé d'autre échappatoire. »

« Peut-être aussi, ajoutait-il, entre les deux religions, le différend n'est si grand que par l'animosité de ceux qui les prêchent. Un jour, par mon autorité, j'essayerai de tout arranger. » (*Vie de Mornay*, 261)

Avant la conversion, il disait aux réformés : « S'il faut que je me perde pour vous, au moins vous ferai-je ce bien de ne souffrir aucune instruction. » Il eût voulu tout prendre en bloc. Mais ce n'était pas le compte des convertisseurs. L'archevêque de Bourges, Du Perron, etc., auraient perdu leur triomphe. Ils le retinrent fort longtemps. Cela ne se passa pas sans impatience de la part d'un homme si vif. A l'article des prières des morts : « Parlons, dit-il, d'autre chose; je n'ai pas envie de mourir... Pour le purgatoire, j'y croirai, parce que l'Église y croit, et que je suis fils de l'Église, et aussi pour vous faire plaisir; car c'est le meilleur de vos revenus. »

Malgré ces légèretés, on fut ravi de voir avec quelle componction il avait reçu le sacrement de pénitence, entendu la messe.

Il prêta sans sourciller le serment d'exterminer les hérétiques (25 juillet 1593).

On sait sa lettre à Gabrielle : « *Je vais faire le saut périlleux...* Je vous envoie soixante cavaliers pour vous ramener, » etc. Cette lettre courut dans Paris et chacun en fut charmé. Un catholique pourtant, un magistrat royaliste, dit à un intime : « Hélas! il est perdu maintenant; il est tuable; il ne l'était pas. »

Gabrielle revint le lendemain, revit Henri IV et Bellegarde. Elle devint grosse un mois après d'un enfant qui, légalement, devait être un Liancourt. Mais Gabrielle exigea que le roi l'avouât, le fit prince, duc de Vendôme; de quoi rirent la ville et la cour, et Bellegarde autant que personne.

CHAPITRE XXIV
L'entrée à Paris. Mars 1594.

« Non, sire, vous n'effacerez pas aisément de votre
mémoire ceux qu'une même religion, mêmes périls,
mêmes délivrances, tant de services fidèles ont gravés
dans votre cœur par l'acier et le diamant. Le souvenir de ces choses vous suit et vous accompagne. Il
interrompt vos affaires, vos plaisirs, votre sommeil.
pour vous représenter vous-même à vous-même, non
pas l'homme que vous êtes, mais l'homme que vous
étiez quand, poursuivi à outrance des plus grands
princes de l'Europe, vous alliez conduisant au port le
petit vaisseau...

« Nos ennemis veulent faire de votre autorité l'instrument de notre ruine. Plût au ciel que ce fût là tout!
Mais ils veulent en nous blesser Dieu... Resterons-

nous les bras croisés?.. Non, sire, nous leur ferons pratiquer la loi commune S'ils bannissent Dieu de vos villes, nous bannirons leurs idoles de celles où nous sommes en force S'ils se vantent d'avoir votre corps, nous nous vanterons de votre esprit. Qu'ils n'espèrent plus de patience. Si vous ne les retenez, si vous n'en faites justice, nous aurons recours à Dieu qui se chargera de la faire. »

Telle était la plainte navrante, mais hardie, des réformés. Leurs craintes étaient-elles absurdes? Point du tout Sully avoue qu'au premier mot de l'Espagne, proposition dérisoire d'*épouser l'infante*, le roi y donna tellement, qu'il voulut voir le messager C'était un certain Ordono, tellement suspect, que, quand le fourbe Mendoza le fit présenter au roi, on n'osa pas le laisser approcher sans lui tenir les deux mains. Tant le roi avait à se fier au futur beau-père !

L'Angleterre, la Hollande, l'Allemagne, nos réformés, conclurent de son empressement qu'il se précipitait sans réserve dans le parti catholique. On dit et on répéta qu'il allait acheter la paix et l'absolution papale par le sang de ses amis.

De longue date, on savait que cet homme de tant d'esprit, sensible, toujours la larme à l'œil, était le plus oublieux, le plus léger, le plus ingrat

« En me retirant, dit d'Aubigné, je voulus passer par Agen pour voir une dame qui m'avait servi de mère dans mes malheurs. J'y trouvai un grand épagneul qui couchait sur les pieds du roi, souvent dans son lit. Cette pauvre bête, abandonnée, et qui mourait de faim, m'ayant reconnu, me fit cent caresses. J'en fus si touché, que je le mis en pension chez une femme de la ville, gravant ces vers sur son collier :

> « Serviteurs qui jetez vos dédaigneuses vues
> « Sur ce chien délaissé mort de faim par les rues,
> « Attendez ce loyer de la fidelité. »

Revenons. Le désappointement fut cruel, non-seulement pour la France protestante, pour tout le protestantisme, alors victorieux dans l'Europe, mais peut-être plus encore pour nombre de catholiques qui n'avaient d'indépendance possible que par celle de la France. La jeune noblesse de Venise, alors dominante, qui l'avait puissamment aidé en le saluant roi au moment d'Arques, au moment où la terre même de France lui manquait sous les pieds, Venise, dis-je, attendait toute autre chose de lui contre le pape et contre l'Espagne. Tout au moins espérait-elle ce qu'un des convertisseurs avait proposé, la séparation de Rome et l'établissement d'un patriarcat. Très-probablement elle-même aurait imité cet exemple.

Loin de là, il envoie à Rome ambassade sur ambassade, de plus en plus suppliantes. Comme si le pape était libre, comme si ce serf de l'Espagnol pouvait traiter tant que son maître n'était pas brisé par ses revers ! Jusque-là : « *Vederemo*, » (Nous verrons). C'est la seule réponse que toutes les humiliations du roi pourront obtenir du pape.

Ce n'est pas là ce qu'à ce moment lui offraient les protestants. Ils venaient de saisir les Alpes et de rouvrir l'Italie. Pendant que le duc de Savoie se morfondait en Provence, Lesdiguières passait chez lui, lui

prenait, non des places fortes, mais, ce qui vaut
plus, un peuple. Le cœur est ému en lisant l'adresse si
pathétique que les Vaudois du Piémont adressaient
alors à la France : « Sire, ce grand Dieu qui fait les
rois a mis dans vos mains le plus beau sceptre du
monde. Qui l'eût espéré naguère eût paru faire un
vain songe, mais Dieu fait tout ce qu'il veut. Il vous
a donné la Gaule; eh bien, la Gaule transalpine, s'il
le veut, vous appartient. Saluces va vous revenir, et
Milan Nos vallées, sire, sont vôtres déjà, et servent à
votre Dauphiné de murs et de bastions. Murailles mu-
rées jusqu'au ciel. Est-ce tout? Non; avec elles vous
aurez des murailles vives, nos cœurs, nos corps et nos
vies. Nous nous vouons à vous, sire, à jamais, pour
vivre et mourir, nous et nos enfants »

Ainsi le protestantisme, faible à l'intérieur de la
France, était fort aux extrémités. S'il eut été appuyé
selon les projets de Coligny et de son fils, il se serait
associé à la conquête des mers que commençaient
alors l'Angleterre et la Hollande. Henri IV se mourait de faim et n'avait pas de chemises. Mais l'or était
là tout prêt. La grande chasse aux Espagnols s'ouvrait
par les vaisseaux d'Amsterdam et de Plymouth. Longtemps la dîme des prises avait suffi à l'entretien de
nos armées réformées.

Histoire douloureuse que cette France touche à tout
et manque tout!

La première au xvᵉ siècle, elle prépare les stations
du voyage d'Amérique Elle occupe les Canaries, et
c'est pour les Espagnols. Puis elle occupe Madère, et
c'est pour les Portugais. Dieppe découvre l'Amérique,

et cela ne sert à rien tant qu'un Génois n'y arrive sous
le pavillon de Castille. La dominante, l'impériale rade
de Rio-Janeiro, est saisie par Villegagnon, l'envoyé de
Coligny; cela est encore inutile; les Guises parvien-
nent à détruire tout.

Plus tard, c'est aussi un Français qui prend ce
paradis terrestre qu'on appelle la Floride. Il y met
mille protestants. Dénoncé à l'instant à l'Espagne par
Catherine de Médicis! surpris, mis à mort par les
Espagnols. Là, il y eut une chose sublime. Un Gascon,
M. de Gourgues, ne supporta pas cet outrage fait à sa
patrie. Il équipa un vaisseau à ses frais, et massacra
les massacreurs. Il méritait une couronne. On tâcha
de l'assassiner.

Tout à l'heure, pendant qu'Henri IV fait pénitence
à Rome et conquiert un parchemin, Walter Raleigh
conquiert son *El Dorado* de la Virginie, et jette la
première pierre du futur empire des États-Unis
anglais.

Essex prend le port de Cadix, la ville et la citadelle.
Il voulait n'en plus sortir, rester maître du grand
détroit.

L'habile, le patient Maurice et le profond Barne-
veldt achèvent l'œuvre capitale de l'art et de la
sagesse, la robuste construction des États-Unis de
Hollande, cette digue qui arrêtera non plus seulement
l'Espagnol, mais les grandes forces du monde,
Louis XIV et l'Océan

En présence de cette gloire de la république hollandaise, du repos profond, redoutable de la république
suisse, de la sagesse de Venise, un souffle républicain

avait rapidement passé sur la France. Non moins rapidement disparu. La Ligue donne pour deux cents
ans l'horreur de la république.

La Ménippée est le grand livre de la nouvelle
monarchie, livre de paix, de *bon sens*, d'obéissance et
d'égoïsme. Chacun pour soi. Il n'est rien de tel qu'un
bon maître, etc., etc.

Si la fureur des partis se calme, celle des grossiers
plaisirs éclate et déborde. La France tombe à quatre
pattes. Un déchaînement d'orgie brutale commence
avant même qu'Henri IV soit entré dans Paris. Les
moines encore se signalent. Des cordeliers, au cabaret,
pris avec des filles, payent le sergent qui les surprend,
puis l'attirent dans leur couvent, le fouettent et
le battent à mort.

Les couvents de religieuses ne connaissaient plus
de clôture. Ceux de Montmartre, etc., avaient eu garnison royale, et pour père prieur, le roi. Ceux de Paris
recevaient tous les seigneurs de la Ligue; les nonnes
dépassaient les dames en hardiesse. On en voyait
courir les rues, donnant le bras aux gentilshommes,
« fardées, masquées et poudrées, s'embrassant en
pleine rue et se léchant le morveau. » (Lestoile, novembre 93.)

Cela se passait à Paris. Mais qu'était-ce donc de la
France? Quelles scènes y donnaient les soldats! Aux
faubourgs de la capitale, ils forçaient toutes les maisons, maltraitaient tout, filles et femmes; point
de vieilles, d'infirmes, de spectre vivant, qui pût les
faire reculer.

Un état si violent donnait une faim terrible d'un

gouvernement régulier Devant les quatre mille Espagnols et les pensionnaires de l'Espagne, Paris conspirait pour le roi. Le Parlement, corps si timide, osa
(janvier 94) donner arrêt « pour que la garnison étrangère sortit de Paris. » Cette garnison ne pouvait plus
seulement protéger les Seize. Conspués et maudits du
peuple, ils ne se rassemblaient guère qu'aux Jésuites,
rue Saint-Antoine, dernière place où la Ligue, le *catholicon* d'Espagne, mort partout, vécût encore.

L'école de l'assassinat, *in extremis*, essaya ce qu'elle
avait tenté si souvent dans les grandes crises contre
Orange, Alençon, Élisabeth, Henri III, Henri IV. Celui-
ci y était fait, et son extrême douceur n'en était pas
même altérée. Une fois, en Navarre, un capitaine Ga-
varet devait faire la chose. Henri lui demande d'essayer
son cheval, monte, prend les pistolets aux arçons, les
tire en l'air et dit à l'homme stupéfait qu'il sait tout
et qu'il le chasse. Ce fut toute la punition.

En 1593, ce fut un certain Barrière, jadis batelier,
puis soldat, agent des Guises. Il fut encouragé à
Lyon par un prêtre, un capucin et un carme; à Paris
par un curé et par le jésuite Varade. Il s'était confié
aussi à un père Séraphin Bianchi, jacobin, espion du
grand-duc de Toscane, qui fit avertir le roi.

Ces événements auraient pu lui faire comprendre
qu'il perdait ses peines à vouloir ramener les fanatiques. Les grandes masses catholiques n'en venaient
pas moins à lui, ne voulant que le repos. Partout, les
villes étaient impatientes de se rallier. Les gouverneurs, les capitaines, se hâtaient de faire leur traité,
de vendre ce qui leur échappait. Orléans, Bourges,

ouvrirent leurs portes. Lyon, profitant du conflit entre
l'archevêque Espinac et le gouverneur Nemours, em-
prisonna celui-ci, se fit royaliste. En Provence, les
deux factions qui s'assassinaient depuis vingt ans, se
.approchèrent pour le roi et contre Épernon.

Qui livrerait Paris au roi? c'était toute la question.
Parmi les Espagnols eux-mêmes, un colonel de Wallons traitait la chose avec le roi. Le gouverneur,
M. Belin, eût voulu traiter lui-même. Mais Mayenne
l'expulsa et mit à la place un parfait tartufe, Brissac,
qui avait gagné à fond la confiance des Jésuites. du
légat, faisant le dévot, le simple, faisant rire l'Espagnol, passant tout le temps du conseil à chasser aux
mouches.

D'une part, le prévôt des marchands Lhuillier, d'autre part ce chasseur de mouches, promirent d'ouvrir
la ville au roi. Brissac exigea six cent mille francs,
vingt mille francs de pension et les gouvernements de
Corbeil et de Mantes.

Il n'y eut pas beaucoup de mystère. Dès neuf heures du soir, on avertit nombre de personnes, et pas
une ne trahit. A trois heures, force bourgeois, greffiers,
procureurs, notre chroniqueur Lestoile, occupaient le
pont Saint-Michel en écharpe blanche. Le roi tardait
Enfin, à quatre, les cavaliers de Vitry apparurent à la
porte Saint-Denis. Nulle résistance que d'une cinquan-
taine d'hommes dans la rue Saint-Denis; deux tués.
A l'Ouest, les garnisons de Melun et de Corbeil entrèrent par bateaux, tandis que, sur le bord de l'eau, des
fantassins entraient par la porte Neuve, cette fameuse
porte des Tuileries par où sortit Henri III Des lans-

quenets s'y opposaient, on les fit sauter dans la Seine.

Le roi arrive. Brissac le reçoit, avec Lhuillier et le président du Parlement. On lui présente les clefs. Brissac dit : « Il faut rendre à César ce qui appartient à César. » Et Lhuillier : « Rendre et non pas vendre. »

Le roi, entré par la porte Neuve, passa devant les Innocents et tourna au pont Notre-Dame pour aller à la cathédrale. Aux Innocents, on lui montra un homme à une fenêtre qui le regardait fixement et ne voulait pas saluer. Il n'en fit que rire. Au pont, il vit une foule qui criait : *Vive le roi!* « Ce pauvre peuple, dit-il, a été tyrannisé. » Il descendit à Notre-Dame, mais il y avait tant de monde qu'il ne pouvait pas passer. Cependant il ne voulut pas qu'on fît reculer personne, et il entra, à la lettre, porté sur les bras du peuple.

Il avait envoyé le comte de Saint-Pol au duc de Feria lui dire qu'il l'avait sous sa main et pouvait avoir sa vie, mais qu'il aimait mieux qu'il partît. Le duc d'abord le prit mal. Il était fort à Saint-Antoine, et, à l'autre bout, il avait la porte Bucy. Mais le roi avait le milieu, le Louvre, le Palais, Notre-Dame. M. de Saint-Pol parla durement à l'Espagnol, qui comprit enfin, fut reconnaissant, soupira, disant seulement : « Grand roi! Grand roi! »

Que ferait, cependant, le quartier des robes noires, la légion sainte de la Ligue et de la Saint-Barthélemy, les pensionnaires de l'Espagne? Ceux-ci étaient quatre mille, rien que dans l'Université. Sénault, Crucé, s'agitèrent, et le curé de Saint-Côme, l'épée à la main, voulait les rejoindre. Mais leur vaillance tomba

quand ils rencontrèrent une masse de peuple et surtout
d'enfants qui criaient : Vive le roi! Au milieu étaient
des trompettes, des hérauts proclamant la paix et le
pardon général; derrière venaient les magistrats, on
n'eut pas besoin de force; ce dernier débris de la
Ligue, comme les murs de Jéricho, tomba, vaincu par
les trompettes et le simple bruit.

Le roi ne voulait pas perdre le meilleur de la journée. Il alla à une fenêtre de la porte Saint-Denis pour
voir passer les Espagnols. A trois heures, ils défilèrent.
Le duc de Feria salua le roi à l'espagnole, « grave-
ment et maigrement. » Le noble caractère de ce peuple apparut dans les paroles d'une femme qui passait
avec la troupe. « Montrez-moi le roi, » dit-elle. Et alors,
le regardant, elle éleva la voix à lui : « Bon roi, grand
roi, cria-t-elle, je prie Dieu qu'il te donne toute sorte
de prospérité. Quand je serai dans mon pays, et quelque part que je sois, je te bénirai toujours, je célèbre-
rai ta clémence. »

Le roi était si joyeux qu'il se contenait à peine.
Comme on vint au Louvre lui parler d'affaires : « Je
suis enivré, dit-il. Je ne sais ce que vous dites ni ce
que je dois vous dire. » On s'étonna de lui voir contre-
faire comme un bouffon, le noble et triste salut du
duc de Feria.

Il fit rassurer le jour même la mère des Guises et
madame de Montpensier; il alla bientôt les voir et
badina avec elles; excès d'oubli pour Henri III, qu'elle
assurait avoir tué; indifférence trop grande, ses ennemis l'en méprisèrent, ses amis en furent attristés.

Il restait un autre roi à Paris qui ne reconnaissait pas le roi; je parle du légat de Rome. Les plus basses soumissions n'obtinrent rien de lui.

Un malheureux capucin qui avait dans son couvent proposé de reconnaître le roi fut battu par ses confrères, déchiré de coups. Un jacobin royaliste fut empoisonné par les jacobins. Le roi refusa l'enquête. On voyait trop qu'il serait très-tendre pour ses ennemis, bien léger pour ses amis. Il caressa la Sorbonne, il caressa le parlement de la Ligue, le légitima, l'affermit sur les fleurs de lis avant l'arrivée de son propre parlement de Tours.

Le peuple, plus sensible que lui, fit une fête à ces magistrats qui avaient témoigné pour la France contre l'Espagnol. Quand ils revinrent, mal vêtus, sur de mauvais chevaux étiques, ils trouvèrent les rues tapissées, toutes les femmes aux fenêtres, des tables devant les portes, chacun se réjouissant, comme si la Justice elle-même, ce vrai roi, était revenue.

CHAPITRE XXV.
Paix avec l'Espagne. Edit de Nantes. 1596-1598.

Au moment même, le roi précipitait, malgré Sully, son traité avec Villars qui tenait Rouen. Ce Villars avait demandé des choses folles, douze cent mille francs, soixante mille francs de pension, la place d'amiral de France, le gouvernement de Normandie, jusqu'aux abbayes dont le roi avait donné les revenus à ses plus fidèles serviteurs. Il fallait, pour le contenter, qu'il mécontentât tous les siens. Ces conditions insolentes auraient pu être subies avant que le roi eût Paris. Mais après, quand il était au Louvre, quand l'Espagnol s'en allait gracié de Paris, quand la Ligue fondait d'elle-même, elles semblaient devoir être repoussées. Henri IV les subit et lui donna un royaume. S'il eût pu attendre six mois une corde aurait suffi.

Les difficultés, il faut l'avouer, étaient grandes encore. Élisabeth, indignée de l'abjuration, rappelait ses troupes. Le duc de Mercœur établissait l'Espagnol en Bretagne, et Philippe II proclamait sa fille duchesse de cette province. (V. lettres d'Henri IV.) Le duc d'Épernon voulait ouvrir à l'ennemi le port de Boulogne et ceux de Provence. Henri IV n'y trouva remède que de donner ce gouvernement au jeune duc de Guise pour faire battre entre eux les ligueurs.

Chose bizarre, sa pauvreté croissait en proportion de ses succès. On le comprend : à chaque province rachetée il lui fallait exiger d'avantage d'un peuple de plus en plus ruiné. Nul moyen de payer des troupes ; il n'avait que des volontaires, des gentilshommes, qui, sur ses lettres pressantes, montaient bien à cheval pour faire une course avec lui, mais qui le quittaient « au bout de quinze jours. » (Lettres, IV, 415.)

Jamais il ne montra tant d'esprit, d'activité et de ressources. Ses lettres, ses vives paroles, restent dans la mémoire en traits de feu. Il écrit jusqu'au bout du monde, même à Constantinople, pour en tirer du secours ; il veut que le sultan ranime en Espagne les Mauresques contre Philippe II. Il prie le Palatin, il implore la Hollande, il baise le portrait d'Élisabeth, épris de sa beauté ; la reine d'Angleterre, à soixante ans, efface Gabrielle. Rien de plus amusant, de plus original.

La légende populaire du *Diable à quatre* n'est ici que la vérité.

Diable gascon et pauvre diable, s'il en fut, on l'admire, on en a pitié. Plus malheureux encore chez lui qu'ailleurs, vexé par l'amour et l'argent, amant trompé, roi famélique. il écrit à sa Gabrielle, qui se moque de lui avec Bellegarde, des lettres désespérées. Il adresse à son Parlement, qui refuse de l'aider, des gronderies éloquentes et d'une verte familiarité, mais d'un accent de bonté qui emporte le cœur : Messieurs, vous m'avez, par vos longueurs, tenu ici trois mois; vous verrez le tort qui a été fait à mes affaires. Je m'en vais le plus mal accommodé que peut être prince. J'ai trois armées, et je vais les trouver. J'y porterai ma vie et l'exposerai librement. Dieu ne me délaissera point... Je vous ai remis dans vos maisons; vous n'étiez que dans de sales petites chambres; vous êtes maintenant dans mon Palais. . Vous croyez avoir beaucoup fait quand vous m'avez fait de beaux discours; et puis vous allez vous chauffer... Vous dites que je me hasarde trop; j'y suis contraint. Si je n'y vais, les autres n'iront pas Si j'avais de quoi payer, j'enverrais à ma place... Je vous recommande le devoir de vos charges Je vous aime autant que roi peut aimer. . Le naturel des Français est de n'aimer point ce qu'ils voient; ne me voyant plus vous m'aimerez; et quand vous m'aurez perdu, vous me regretterez. » (Lettres, IV, 414-415.)

Du reste, la misère des deux rois était égale. Si Henri IV est forcé de faire en 94 une banqueroute d'un tiers à nos rentiers, Philippe II l'a faite aux siens dès 1575, et il va recommencer encore En 1594, la limite est atteinte, la terreur ne sert plus de rien, deux cents villes de Castille refusent l'impôt, et l'année de sa mort (1598) on verra Philippe II mendier sur le bord de sa fosse, et faire solliciter de porte en porte une aumône à la royauté.

Cela devait finir la guerre ? Point du tout. L'Espagnol, fait à mourir de faim, persévérait ; ce spectre, en haillons, restait sur la France. Les Feria, les Fuentes, malmenés par le Béarnais, trouvaient que l'honneur castillan ne permettait plus de se retirer. Henri IV assiégeant la ville de Laon, ils se réunirent à Mayenne, et vinrent pour délivrer cette place. Mais le roi la prit sous leurs yeux (22 juillet 94).

Le meilleur auxiliaire de l'Espagnol était la misère de la France. La campagne, livrée à la fois aux soldats et aux maltôtiers, endurait tous les jours ce qu'on souffre au sac d'une ville. Les paysans, désespérés, s'armèrent contre ces *croquants*, comme ils les appelaient. On les nomma *croquants* eux-mêmes. On ne les dissipa qu'en profitant de leurs dissidences religieuses, et les faisant tuer les uns par les autres.

L'horreur de cette situation des campagnes, l'irritation des villes frappées par la banqueroute, encouragèrent le vieux parti. Il essaya, comme en 84, comme en 89, contre Guillaume et Henri III, de trancher tout d'un coup de couteau.

L'avant-veille de Noël, un garçon de dix-neuf ans, fils d'un marchand de Paris, Jean Chastel, se glisse près du roi et lui porte un coup de couteau à la gorge. Mais, comme le roi se baissait, il n'atteignit que la lèvre. « C'est un élève des Jésuites, » dit quelqu'un. Le roi dit en riant (car il n'était pas fort blessé) : « Il fallait donc qu'ils fussent *convaincus par ma bouche*. Mais laissez aller ce garçon. »

On n'obéit pas au roi. Crillon dit tout haut que cette
fois il fallait jeter la Ligue à la Seine. On arrêta les
Jésuites. Le père Guéret, régent de Jean Chastel, fut
mis à la question et *torturé tout doucement,* on ne vou-
ait pas qu'il parlât. Le roi commanda qu'on fît le
procès à huis clos pour ménager l'honneur des religieux. Le Parlement n'en fit pas moins pendre deux
Jésuites, Guéret et Guignard, qui ne manquèrent pas en
Grève de se proclamer innocents. L'autorisation que
leur donne Loyola *d'obéir jusqu'au péché mortel inclusivement* les mettra toujours à même de mentir tranquillement « in articulo mortis. »

Ce coup apprit à Henri IV, à la petite cour intérieure qui influait sur lui, que toutes les avances qu'on
faisait au pape ne servaient pas de beaucoup, que,
pour se faire aimer de Rome, il fallait se faire craindre.
On laissa le parlement prononcer l'expulsion des Jésuites
(27 décembre), et on déclara la guerre à l'Espagne
(17 janvier 95).

Cela était courageux, politique. Il y avait avantage
à prendre la position agressive, à tomber sur l'Espagne par la province réservée jusque-là qui restait
riche, entière, et n'avait pas senti la guerre, la Fran-
che-Comté. Gabrielle, dit-on, voulait ce pays pour son
fils, comme auparavant elle avait voulu Cambrai. Cela
eût acheminé le bâtard à la couronne. Elle n'en déses-
pérait pas. Le roi était de plus en plus faible pour
elle.

Le succès fut rapide. Mayenne, qui tenait la Bourgogne, se soumit, livra Dijon. Le roi, à Fontaine-
Française, dans une reconnaissance imprudente,

étourdie, où il faillit périr, avec deux ou trois cents chevaux, fit reculer l'armée du connétable de Castille Sa folie le couvrit de gloire (5 juin 95).

Ce héros, ce vainqueur, à chaque succès se jetait à genoux devant le pape Ses lettres sont uniques en bassesse. Il se livre, il se donne, il se remet comme un petit enfant à son père, il n'agira plus que par les conseils de Rome. Il voulait vivre en réalité, jouir enfin et se reposer. Si brave devant les épées (il l'avoue à Sully), il était *peureux* devant le couteau.

Deux hommes d'esprit, le Gascon d'Ossat et le factotum Duperron, négociaient l'absolution à Rome. Ils trouvèrent des auxiliaires Qui? Les Jésuites eux-mêmes... Remarquable bonté de ces pères qui rendaient le bien pour le mal! En réalité, ils voyaient l'Espagne usée jusqu'à la corde, et le refus de l'impôt par deux cents villes de Castille finissait cette grande terreur de trente années. Les Jésuites comprirent que le champ de l'intrigue désormais serait la France et l'intérieur même d'Henri IV. Ils tournèrent le dos à l'Espagne; ils rassurèrent le pape et lui dirent de ne pas avoir peur d'un lion mort qui ne mordait plus. Il y avait un Jésuite, le père Tolleto, que le pape avait déjésuitisé pour le faire théologien du saint-siége, il avait tant de confiance en lui, qu'il lui faisait censurer ses propres écrits. Tolleto, quoique Espagnol, se décida pour Henri IV. Voilà celui-ci encore à plat ventre devant ce grand Jésuite qui a daigné le *protéger* (Lettres IV, 456).

Depuis le jour où un autre Henri vint en chemise sur la neige implorer Grégoire VII, il n'y avait jamai

eu traité semblable. Le roi promettait de faire pénitence et de fonder en chaque province, pour monument d'expiation, un monastère Il s'engageait à
exclure ceux qui l'avaient fait roi, les huguenots, de
tout emploi public, et déclarait que, s'il ne les exter-
minait, c'était uniquement « pour ne pas recommencer
la guerre »

Un point grave était de savoir si l'on sacrifierait
aussi les gallicans, les parlements, en acceptant le
concile de Trente, la monarchie du pape et des évêques. Ce furent encore les Jésuites qui arrangèrent
l'affaire, suggérant au roi de promettre d'observer le
concile, *sauf les choses qui pourraient troubler le
royaume.* L'essentiel pour eux était de rentrer en
France, auprès du roi, et de lui donner un confesseur,
cela gagné, on gagnait tout.

Duperron et d'Ossat, les deux représentants de la
dignité de la France, abjurèrent pour le roi, à deux
genoux, et reçurent pour lui la *discipline* des mains du
grand pénitencier.

Absous, pardonné, flagellé, ce pénitent, dans sa
grande joie et sa sécurité nouvelle, reçut d'Espagne
une discipline plus sérieuse. Cambrai, qu'il avait laissé
à la prière de Gabrielle aux mains d'un cruel gouverneur, appelle, reçoit les Espagnols (octobre 95). Au
printemps, l'archiduc Albert, gouverneur des Pays-
Bas, prend Calais, que le roi ne peut secourir.

Très-humilié, il assemble les notables à Rouen, et,
pour en tirer de l'argent, *se met en tutelle* en leurs
mains. *En tutelle,* il se soumit à toutes leurs conditions. Nous reviendrons là-dessus.

Le 10 mars, enfin, le roi reçoit le grand coup, la surprise d'Amiens par les Espagnols. Mais la France entière s'y précipita et reprit la ville Elisabeth aida au succès. Elle donna au roi quatre mille Anglais, et il lui promit de ne pas traiter sans elle.

C'est justement ce qu'il fit dès qu'il put. Le roi d'Espagne, qui se mourait et d'âge et de misère, avait imploré le pape pour médiateur. Henri IV saisit avidemment ces ouvertures de paix, et traita sans l'Angleterre, sans la Hollande, promettant, il est vrai, à celle-ci, de continuer à la secourir d'argent en lui payant les sommes qu'elle lui avait prêtées.

Il venait de renouveler ses alliances, et vingt fois il avait juré qu'il ne traiterait jamais seul. Il se l'était juré à lui-même par ses belles paroles confidentielles qu'il écrit à d'Ossat : « Mon épée et ma foi à mes alliés qui, après Dieu, m'ont remis ma couronne sur la tête !.. Que je perde la vie plutôt que de finir la guerre autrement qu'avec honneur ! »

Les circonstances atténuantes de ce honteux parjure sont celles-ci : 1º sa guerre était un miracle continuel de vigueur personnelle qu'il ne pouvait plus soutenir ; chaque année, il avait quelque grave indisposition, 2º il mourait de faim ; ses pourvoyeurs lui déclaraient souvent qu'ils ne pouvaient plus lui donner à dîner ; 3º ses armées ne tenaient à rien : quand Amiens fut repris, tout son camp s'écoula en une nuit ; le soir il avait cinq mille gentilshommes ; le matin cinq cents ; 4º il était mécontent d'Élisabeth, qui avait demandé qu'on lui livrât Calais et marchandait, dit-on, pour l'avoir de l'Espagne, si elle ne l'avait d'Henri IV.

Cette paix de Vervins (2 mai 1598) n'était autre, pour les conditions, que celle de Câteau-Cambrésis, faite en 1559. Un demi-siècle de guerre n'avait rien fait, — sauf la ruine définitive de l'Espagne, la ruine provisoire de la France.

Mais celle-ci l'était surtout d'honneur, laissant là ses alliés et la cause protestante, ouvrant la carrière aux Jésuites en France et en Allemagne

Nos huguenots, que deviennent-ils?

L'histoire en est lamentable. Je la reprends d'un peu plus haut.

Ces malheureux, qui voyaient, dès le temps de l'abjuration, le roi chaque jour plus serf du pape, flatteur des moines, courtisan du moindre curé, ami, compère des Guises, étaient dans une inquiétude véritablement légitime. Ils vivaient sur une trêve, n'ayant pas même une paix ! Ils demandèrent au moins la protection de Charles IX, l'*édit de Janvier*. Le roi répond, comme un bouffon, par cette fade plaisanterie : « Mais nous sommes en février. »

D'Aubigné dit avec raison : « On voulait que nous eussions confiance... Mais nous nous souvenions de cinq cent mille morts, et nous répondions des vivants. »

Les réformés, comme tout parti en dissolution, avaient parmi eux des traîtres. L'un deux proposait cette bassesse de prendre pour protecteur... Gabrielle d'Estrées.

Quelques-uns, plus sérieux, firent arrêter qu'on réclamerait avant tout ce qui était la vie, la sûreté, la garantie des massacrés, à savoir qu'ils pussent se garder eux-mêmes dans ces petites places d'asile qui les avaient déjà sauvés, de n'y pas recevoir un soldat qui ne fût huguenot.

Chose qui, du reste, n'était pas particulière aux protestants. La très-catholique Amiens avait voulu se garder elle-même et ne pas admettre un soldat du roi.

Toute la France réformée fut partagée, à peu près comme elle l'avait été en 1573, en dix départements, lesquels nommaient un directoire de deux ministres, quatre bourgeois, ce qui faisait réellement *six hommes du tiers état*, et seulement quatre gentilshommes. Ils devaient recueillir les plaintes, et les transmettre à Mornay et au duc de Bouillon, qui les présentaient au roi.

Un fonds devait être toujours prêt. Pour faire la guerre? Un fonds de cent mille francs, à peine de quoi plaider, si on y était contraint.

Les réformés avaient à La Rochelle un important otage, le petit prince de Condé, jusque-là héritier présomptif de la couronne. C'était un grand coup de le prendre, de le faire catholique. Sa mère se convertit d'abord, et, à ce prix, fut déclarée innocente de la mort de son mari, qu'elle avait, dit-on, empoisonné. Elle éleva son fils dans sa nouvelle foi.

Tout cela faisait croire que les huguenots étaient un parti perdu. Même en Poitou, on osa lancer la cavalerie sur un de leurs prêches. Il y eut des entreprises pour enlever ou tuer Duplessis-Mornay, qu'on appelait leur pape.

Leur traité fut le dernier; toute la Ligue comblée, pensionnée, avant qu'ils eussent seulement la paix.

Par l'édit de Nantes, ils eurent la liberté de conscience, mais non de culte. Le culte ne leur fut permis que dans leurs villes huguenotes et chez des seigneurs hauts justiciers. Les chambres à part pour les juger On leur laissait pour huit ans leurs petites places d'asile

C'était bien moins que la paix de Charles IX et d'Henri III. Celle d'Henri IV ne les défendait pas, elle les compromettait, les forçant (contre un roi livré à leurs ennemis) de devenir une faction.

Rien n'est plus intéressant que de voir dans d'Aubigné combien ces gens maltraités restaient pourtant, malgré eux, dévoués à Henri IV. Il en parle avec la passion amère, mais inaltérable, qu'un cœur blessé garde à la femme adorée qui l'a trahi. A chaque instant il rompt, renoue. Tel était l'attrait de cet homme : on avait beau le connaître, le mésestimer, l'injurier, on ne pouvait se l'arracher du cœur Et, après tant de choses indignes, il reste toujours au cœur de la France... Hélas! par tant de côtés, il fut la France elle-même!

« Le roi, dit d'Aubigné, ayant juré de me faire mourir si je tombais dans ses mains, j'allais sur-le-champ le voir, et je descendis au logis de Gabrielle. Mes amis me suppliaient de repartir. Des officiers délibéraient pour m'arrêter et me livrer au prévôt. Je restai, et me plaçai le soir aux flambeaux quand il descendit de carrosse. « Voici, dit-il, monseigneur d'Aubigné. » Titre d'assez mauvais augure. N'importe, je m'avançai. Il m'embrassa, me fit baiser par Gabrielle et me dit de lui donner la main Je la menai à son appartement. Il m'y promena plus de deux heures avec sa maîtresse. C'est alors que, comme il me montrait le coup qu'il avait reçu de Chastel, je dis ce mot qui a couru : « Sire, n'ayant dénoncé Dieu que des lèvres, il ne vous a percé qu'aux lèvres. Si vous le renoncez du cœur, il vous percera au cœur. — Oh! les belles paroles, dit Gabrielle,. mais mal employées! — Oui, madame, répliquai-je, car elles ne serviront de rien. »

Lui cependant, sans s'émouvoir, il fit apporter tout nu son petit César de Vendôme, et le mit en souriant dans les bras de d'Aubigné, n'opposant à cette parole, cruellement prophétique, que cette image d'innocence, que la pitié et la nature.

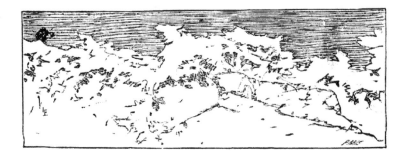

ARCHIDUC ALBERT

CONCLUSION
DE L'HISTOIRE DU XVIᵉ SIÈCLE

Arrivé à la dernière page de mon histoire de ce grand siècle, je suis frappé de l'insuffisance de l'œuvre devant l'immensité des choses et la gravité de la matière.

Que d'omissions j'ai dû m'imposer ! que de faits résumer, abréger, partant obscurcir ! Et littéralement, cette violente fresque, qui veut concentrer tant de choses, dans bien des traits sans doute est trop heurtée.

Je crains mes juges. J'entends spécialement ceux qui surent et qui firent, ces grands personnages du

XVI⁰ siècle, dont les figures imposantes m'entourent et dont les fortes voix me sonneront toujours dans le cœur.

Qu'auraient dit les hommes de la Renaissance, ses sublimes critiques, Rabelais, Shakspeare ou Cervantès? Qu'auraient dit les hommes de la Réforme, comme l'Amiral, si profond et si réfléchi, ou bien le politique et positif Guillaume d'Orange?...

Ils sont mes juges Et quel bonheur eurait-ce été pour moi si j'avais pu, en échange des éclairs dont ils ont par moments illuminé ma solitude, déposer à leurs pieds une œuvre qui rappelât la moindre partie de leur grande âme !

Ce que j'ai, du moins, je le leur offre, les qualités et les défauts. Et tel défaut surtout qui me fera peut-être trouver grâce devant eux et devant l'avenir :

Je le déclare, cette histoire n'est pas impartiale. Elle ne garde pas un sage et prudent équilibre entre le bien et le mal. Au contraire, elle est partiale, franchement et vigoureusement, pour le droit et la vérité. Si l'on y trouve une ligne où l'auteur ait atténué énervé les récits ou les jugements par égard pour telle opinion ou telle puissance, il veut biffer tout cet écrit.

« Quoi ! dira-t-on, nul autre n'est sincère? Réclamerez-vous donc pour vous un monopole de loyauté? » — Ce n'est pas ma pensée. Je dirai seulement que les plus honorables ont gardé le respect de certaines choses et de certains hommes, et qu'au contraire l'histoire, qui est le juge du monde, a pour premier devoir de perdre le respect.

Plaisant juge, celui qui ôterait son chapeau à tous

ceux qu'on amène à son tribunal! C'est à eux de se
découvrir et de répondre quand l'histoire les interroge;
et je dis, à eux tous; tous ils sont ses justiciables, les
hommes et les idées, les rois, les lois, les peuples, les
dogmes et les philosophes.

Donc ici nul ménagement, nul arrangement concilia-
toire et nulle composition. Nulle complaisance pour
plier le droit au fait, ou pour adoucir le fait et le rac-
corder au droit.

Que, dans l'ensemble des siècles et l'harmonie totale
de la vie de l'humanité, le fait, le droit, coïncident à
la longue, je n'y contredis pas. Mais mettre dans le
détail, dans le combat du monde, ce fatal opium de la
philosophie de l'histoire, ces ménagements d'une fausse
paix, c'est mettre la mort dans la vie, tuer et l'histoire
et la morale, faire dire à l'âme indifférente : « Qui est
le mal? qui est le bien? »

J'ai dit la moralité de mon œuvre.

Mais qu'est-elle au point de vue de l'art historique?
que veut-elle? que prétend l'auteur?

Une seule chose.

De nombreux matériaux avaient été mis en lumière,
des travaux estimables existaient sur telle et telle
partie du xvie siècle. Plusieurs traits de ce siècle
avaient été marqués, plusieurs côtés éclairés. Et la
face du siècle restait cachée; elle n'avait été vue
(dans l'ensemble) de nul œil encore.

Je crois l'avoir vu au visage, ce siècle, et j'ai tâché
de le faire voir. J'ai donné tout au moins une impression vraie de sa physionomie.

Si cet effet était obtenu réellement, cela ne serait dû à aucune adresse d'artiste, à aucun savoir-faire, mais purement et simplement à ce principe d'indépendance morale dont je viens de parler.

L'historien, comme juge, a démenti les deux parties, et, au lieu de les écouter, il s'est chargé de leur dire qui elles étaient.

Au Catholicisme de la Ligue qui dit : « Je suis la liberté, » il a dit sans hésiter · « Non. »

Et il a dit Non encore au Protestantisme, qui se disait le passé et l'autorité. Il l'a relevé, défendu, comme parti de l'examen et de la liberté, intérieurement identique à la Renaissance et à la Révolution.

Luther et Calvin, malgré eux, se sont retrouvés frères de Rabelais et de Copernik, deux rameaux d'un même arbre Du même tronc fleurissent la Réforme et la Renaissance, aïeules des libertés modernes.

Là est l'unité moderne du xvi° siècle. Dès lors il est une personne. On a pu tracer son portrait.

Maintenant parlons de ce volume intitulé *La Ligue*, et du quart du siècle qu'il embrasse, depuis le *massacre de la Saint-Barthélemy jusqu'à la paix de Vervins.*

Dans l'inscription en lettres d'or que le cardinal de Lorraine fit afficher dans Rome à la gloire éternelle de la Saint-Barthélemy, on lisait ces mots remarquables · « La religion se fanait, languissait, mais, dès ce jour, nous en avons l'augure, elle renaîtra dans sa force et et dans sa fleur »

Mot juste et prophétique. La religion renaît ou naît

plutôt, une religion hors de toute dispute : celle du cœur et de l'humanité.

Le cri touchant du pauvre Dolet au bûcher : « Étais-je donc un loup, une bête féroce? N'étais-je pas un homme? » on ne l'avait pas senti alors; mais il perce les cœurs le lendemain de la Saint-Barthélemy. Chacun trouve en soi une plaie

Quels que soient les retards, l'idée paradoxale hasardée par Luther, celle de la *tolérance religieuse*, ira se fortifiant, s'étendant et gagnant toujours, et elle deviendra la foi du monde au xviiie siècle.

Eh ! qui ne pardonnerait à ses voisins une dissidence d'opinion, lorsque Guillaume d'Orange et le roi de Navarre pardonnent à leurs ennemis les plus traîtreuses entreprises? Vivant sous les couteaux, et quotidiennement assassinés, nous les voyons cléments autant que fermes. Voilà déjà l'homme moderne.

Oui, un grand changement se fera peu à peu, depuis cette ère de 1572. L'avant-scène tombée dans le sang, une scène toute autre apparaît avec des perspectives infinies

Les victimes sans doute n'étaient qu'une minorité, mais derrière fut le genre humain.

Non-seulement le protestantisme assassiné dura et durera, invincible en Hollande, victorieux en Angleterre, créateur en Amérique, — mais un bien autre protestantisme surgit qui embrasse le monde même, celui de la raison, de l'équité, de la science.

Vainqueur dans l'âme humaine par Rabelais, Shakspeare, par Bacon et Descartes. Vainqueur dans le droit de l'Europe par la paix de Westphalie. Vain-

queur jusqu'aux étoiles par Keppler et par Galilée.
Une trinité éclate vraiment une, qu'aucune argutie
n'ébranlera : le droit, la pitié, la nature.

Dans un mortel dégoût de fatales abstractions qui
amènent une réalité si barbare, la science s'en va
seule dans sa voie. Elle tourne le dos décidément
aux scolastiques byzantines dont le Moyen âge a
vécu, et ne veut plus seulement en entendre le nom.

A toute argutie de ce genre, le grand Cujas, du haut
du droit antique, répond : « Qu'importe à l'*Équité ?* »
(*Nihil hoc ad Edictum prœtoris.*)

Plus solitaire encore, le bon artiste Palissy, cuisant
ses *tuileries* dans le jardin royal, commence, le lendemain de la Saint-Barthélemy, un musée d'histoire
naturelle, qui sera tout à l'heure le texte du premier
enseignement de la nature

Tout à l'heure, un ouvrier de Hollande, avec deux
verres mis l'un sur l'autre, va nous ouvrir deux infinis,
l'abîme de l'atome et l'abîme des cieux. L'esprit nouveau y plonge, y monte, et d'un tel vol, qu'il échappe
bientôt à toute prise, ne se souvenant point du combat
de la terre ni du vieil ennemi

A la théologie persécutrice la science, fait une guerre
pacifique en n'y pensant plus.

Reste à expliquer maintenant comment le vieux
principe, condamné par ses actes, banni de la haute
sphère de raison, comment, dis-je, il va se survivre,
comment il se fera une vie posthume d'intrigue et
d'action. Par quelle ruse va-t-il, ce mourant, se mé-

nager un répit, un arrêt, un retour de l'aiguille sur
le cadran d'Ézéchias? Rien ne lui coûtera, soyez-en
sûr. Nul expédient désespéré ne fera reculer sa fureur
obstinée de vivre.

Le moyen, pour le faux, de vivre quelque temps,
c'est d'entrer dans le faux et de s'y enfoncer de plus
en plus, de s'embarquer à pleines voiles dans la mer
des mensonges. Elle a des pays inconnus.

Ce don leur fut donné, en punition, de se pervertir
toujours davantage.

Tout le volume qu'on vient de lire porte sur un mensonge, sur le surprenant désaveu que le vieux parti
fait de lui-même, prenant à l'autre un masque, disant:
« Je suis la liberté. »

Ce masque s'appelle la Ligue.

Je n'ose qualifier de son vrai nom la simplicité de
quelques-uns des nôtres qui, à force d'*impartialité* et
de bon vouloir pour nos ennemis, sont parvenus à
croire que les ligueurs étaient le parti patriotique et
national! Mais la Ligue elle-même, sur la fin, a dit
ce qu'elle était : le parti de l'étranger. Croyez-en la
forte parole du ligueur Villeroy dans son très-bel
Advis à M. de Mayenne, pièce confidentielle, qui mérite
toute attention . « Il faut que nous avouions que nous
devons au roi d'Espagne la gloire et la *reconnaissance
entière de notre être.* Nous n'avons soutenu la guerre
depuis le commencement que de ses deniers et avec
ses forces. »

Oui, *depuis le commencement*, et ce mot a plus de
portée que Villeroy ne croit lui-même Grâce à Dieu,

nous pouvons aujourd'hui remonter au point de départ
et solidement établir que, depuis le jour où le clergé,
menacé dans ses biens, fit appel à l'Espagne (1561),
une ligue se forma entre lui et Philippe II, que les
Guises en furent les capitaines, que les efforts des
Guises pour se créer une action à part furent toujours
·impuissants, et qu'enfin, comme dit Villeroy, la Ligue
doit rapporter à l'Espagne « la gloire et la reconnaissance de son être. »

Sans méconnaître le savoir-faire du cardinal de Lorraine, la vigueur, la capacité de François de Guise,
ni les dons brillants de son fils, nous les avons cotés
bien plus bas qu'on ne fait. Pourquoi? Parce qu'ils
usèrent leur vie dans une politique impossible, hypocrite autant qu'ingrate, une politique catholique indépendante du roi catholique, qui se servirait de ses
secours, à part ou contre lui. C'est ce qui les fit constamment échouer Ils furent brouillons et chiméri-
ques. Ils crurent toujours attraper Philippe II, et ils
ne purent rien que par lui.

On a vu dans ces deux volumes comment un grand
parti qui a besoin de chefs, qui a de l'argent et la publicité, qui dispose indirectement des forces centra-
lisées d'un grand État, peut, avec tout cela, faire et
fabriquer des héros, arranger des victoires, créer des
colosses de réputation.

On y a vu aussi comment un corps persévérant, uni
fortement par ses craintes, agissant toujours et d'ensemble sur un misérable troupeau d'opinion vacil-
lante, et profitant de ses irritations, de ses fougues
aveugles, peut se créer un peuple à lui.

Faux héros et faux peuple : deux forces de la Ligue.

Cruels effets d'un mensonge si long, si obstinément maintenu ! A force de misère, de fureurs, de sottise, il devint une vérité. La France se trouva si dévoyée, si dépravée, qu'elle entra dans la conspiration étran-gère contre elle-même et la Ligue devint populaire.

Mais du même coup cette pauvre France mourut moralement. Il ne faut pas se faire illusion. Il y a là trente ou quarante ans de nullité réelle, d'impuissance, d'abaissement d'esprit. Le duellisme, la fierté de la langue, l'attitude espagnole, ne peuvent donner le change. Sauf quelques ombres de l'autre siècle qui errent encore, comme d'Aubigné, il n'y a plus per-sonne jusqu'à l'avénement de Corneille.

Quoi ! c'est fini de ce grand siècle, qui avait montré, au début, tant de puissances fécondes ? On eût cru pouvoir lui prédire d'inépuisables renouvellements Le génie de la Renaissance, l'héroïsme de la Réforme, avec tant d'inventeurs et cinq cent mille martyrs, aboutissent à ce mot : « Que sais-je ? » à ce grand dé-couragement ? Loyola a vaincu ? L'esprit humain a perdu la partie ?

La Renaissance s'énerva par l'immensité même et la variété de son effort Elle n'embrassa pas moins que l'infini dans le lieu, dans le temps. Elle rallie à l'Eu-rope l'Orient, l'Amérique. Elle rallie, aux souvenirs de la vieille Rome, des lueurs de la future Révolution de 89 Elle lance sur toute science des éclairs prophé-tiques Le sort de tout prophète est celui d'Isaïe, qui fut scié en deux.

Elle commence à l'être vers le milieu du siècle. A qui demande-t-elle secours, elle, fille de la liberté et de la raison collective ? Justement à l'autorité, son enne-mie ; à l'idolâtrie monarchique, alliée de l'idolâtrie religieuse. Qu'arrive-t-il ? Elle périt ou se mutile et devient impuissante. Son idéal moral, faible et pâle, sera l'*honnête homme*, que Rabelais et Montaigne trans-mettent à Molière et Voltaire, idéal négatif de dou-ceur et de tolérance, qui ne fera jamais le héros ni le citoyen [1].

Toute autre fut l'énergie de la Réforme à son aurore. Elle ne refit pas l'idée, mais le caractère. Elle agit et souffrit, donna son sang à flots. Ses martyrs popu-laires, qui cherchaient leur force dans la Bible, font une seconde Bible, sans le savoir, et combien sainte ! Le martyrologe de Crespin est bien autrement édifiant à lire que la chronique des rois de Juda. Cela dure quarante ans, âge merveilleux de patience ! Nulle

---

[1] Luther fut reellement le premier apôtre de la tolérance. Il y a des textes pour et contre dans l'Evangile Les Pères sont parta-gés : saint Hilaire, saint Ambroise et saint Martin sont pour ; saint Cyprien, saint Augustin sont contre, et ce sont ces derniers que toute l'Eglise a suivis, et les conciles, et les papes, et saint Thomas d'Aquin — Luther n'hésite pas. Il tranche ainsi la question « L'usage de brûler les heretiques vient de ce qu'on craignait de ne pouvoir les refuter. » Léon X et la Sorbonne le condamnent (error 33) pour avoir avancé . *Hereticos comburi esse contra vo-luntatem Spiritûs* Il avait dit (à la noblesse allemande) « Contre les heretiques, il faut écrire et non bruler » Dans son explication de saint Mathieu (XIII, 24–30) . « Qui erre aujourd'hui n'errera pas demain Si tu le mets à mort, tu le soustrais a l'action de la parole et tu empêches son salut, ce qui est horrible   Oh ! que nous avons ete fous de vouloir convertir le Turc avec l'epée, l'heretique par

résistance, nul combat. On ne sait que mourir et
bénir.

Le christianisme défend de résister, et défend d'in-
venter, — du moins dans ce qui est le fond de l'âme,
l'idée morale et religieuse Il est le *Consummatum est.*
La réforme chrétienne fit effort pour se contenir et se
resserrer dans l'interprétation d'un livre. Sur son cœur
débordant, sur la source brûlante qui en jaillissait,
elle posa la Bible comme un sceau. Elle se reprocha
son libre génie, s'interdit de gémir, de prier, de pleurer, sinon par la voix de David. Elle étouffa sa poésie,
et elle tarda fort pour trouver sa transformation phi-
losophique, qui depuis devint si féconde.

Voilà la cause principale de l'affaiblissement précoce de la Réforme.

Mais d'autres choses étaient contre elle, une surtout, son austérité

Elle avait affaire à l'idolâtrie des images, et l'on di-

le feu, et le Juif à coups de bâton ' » Le 21 aout 1524, il intercède
auprès de l'electeur pour ses ennemis, Munzer et autres   « Vous
ne devez point les empêcher de parler. Il faut qu'il y ait des sectes
et que la Parole de Dieu ait à lutter .. Qu'on laisse dans son jeu
le combat et le libre choc des esprits — La guerre des paysans
qui ne l'ecouterent pas et le mirent dans une si grande colère, ne
lui fit pas cependant modifier ces doctrines Il autorise seulement
les princes a se faire obéir et a reprimer l'*esprit de meurtre* (4 février 1.25) En 1530 encore (sur le psaume LXXXII), il ne demande
contre les blasphémateurs publics *que leur éloignement* — Un
savant et consciencieux ministre d'Alsace, M Muntz, qui connait
à fond Luther, et que j'ai consulté, me répond ' « Je ne connais
de lui aucun passage ou il approuve qu'on punisse l'hérétique qui
ne prêche pas la revolte et le meurtre. »

sait déjà, comme aujourd'hui, qu'elle était l'ennemie
de l'art (au moment où elle créait la musique).

Elle avait affaire à une machine puissante qui mit
le roman au confessionnal, la grande invention de
Loyola *la direction*

Elle avait affaire à la faim, à l'extrême misère du
peuple, naturellement dépendant du clergé, qui avait
le monopole de l'aumône publique et disposait de
toutes les fondations de bienfaisance.

Notez que la Réforme, en France, n'eut point du
tout l'appui que celle d'Allemagne trouva dans les
circonstances politiques. Nos rois, admis de bonne
heure au large banquet des biens ecclésiastiques, donnant les évêchés à leurs ministres, les abbayes à leurs
capitaines, et par-dessus tirant encore du clergé les
dons gratuits, furent peu pressés de se faire protestants.

En Allemagne, des peuples serfs virent dans l'apparition de la Réforme une heureuse occasion d'affranchissement. Mais, en France, déjà le servage avait
disparu, et par les contrats de rachat individuel, et
par l'action générale des lois.

De sorte que la Réforme n'eut rien à offrir, ni
les biens du clergé au roi, ni l'affranchissement au
peuple.

Elle n'offrit guère que le martyre et le royaume des
cieux.

De bonne heure, le protestantisme, comme la Renaissance, se réfugia à un autel, où tous croyaient
voir leur salut. Il se fia à la royauté.

Une occasion le tenta. Un prince protestant devint

l'héritier ; le roi de Navarre devint roi de France. La
réforme française oublia, devant cette tentation, ce
qu'elle était : *la République.*

Dès ce jour, elle était perdue. Elle s'en ira, toujours
baissant, jusqu'aux années des dragonnades.

Les conséquences de la paix de Vervins furent épouvantables. La France, ayant lâché pied, tout alla à la
dérive. L'Europe vit bientôt s'ouvrir cette Saint Barthélemy prolongée qu'on appelle la guerre de Trente-
Ans, où les hommes apprirent à manger de la chair
humaine.

Le vieux principe parut avoir vaincu partout, dans
l'énervation commune des protestants et des libres
penseurs. Si des individualités extraordinaires parurent, ce fut inutilement : Shakspeare n'eut aucune
action sur l'Angleterre, et dès sa mort fut oublié.
Cervantès mourut de misère.

L'Europe parut un moment comme un désert moral,
un zéro, un blanc sur la carte du monde des esprits.
Rien n'empêcha les morts de parader dans l'intervalle ;
ils montèrent le *cheval pâle,* et ils firent la guerre de
Trente-Ans. Ils tuèrent, tuèrent beaucoup, tuèrent encore... Et après?... Ils restèrent ce qu'ils étaient, les
morts.

Puissances sacrées de la vie et de la génération,
vous êtes de Dieu seul. Et le néant ne vous usurpe
pas.

Nous montrerons cela et le mettrons en pleine lumière. Mais ici même un dernier mot sur le XVIᵉ siècle le fera déjà sentir.

L'*harmonie*, le chant en parties, la concorde des
voix libres et cependant fraternelles, ce beau mystère de l'art moderne, cherché, manqué par le Moyen
âge, avait été trouvé par le protestant Goudimel, l'auteur des fameux chants des psaumes. Vers 1540, il
passa quelque temps à Rome; il y forma quelques
élèves, et, entre autres, un jeune paysan, Palestrina[1].
Admirable nature, d'une sensibilité tout italienne, qui

[1] Pour la bénédiction de ce livre, finissons par ces innocents, le
protestant, le catholique J'ai tiré ce que j'ai dit de Palestrina des
Memorie du chanoine Baini, très-lumineusement résumés dans un
excellent article de M Delecluze (*ancienne Revue de Paris*).

Quant à Palissy, je serais inconsolable de n'en pas parler tout
au long, si M. Alfred Dumesnil n en avait fait si bien la légende.
Un mot seulement sur son séjour aux Tuileries Ce sont de ces
spectacles où Dieu s'amuse, que ce bon homme, ce saint, ait été
logé au palais de la Saint-Barthélemy par Catherine, dans sa mé-
nagerie, avec ses bêtes, oiseaux, poissons, à côté de l'astrologue
et du parfumeur trop connu[1] . Elle prenait plaisir à voir Palissy orner ses vases de plantes d'un vert pâle ou couraient des
serpents

Sa poterie lui sauva la vie et fit excuser son génie de natura-
liste. Admirablement étranger aux sottes sciences du Moyen âge,
il avait un sens pénétrant pour toute chose d'expérience et de
vérité, une seconde vue lointaine des vraies sciences. Il semblait
que la nature, charmée de trouver un homme si ignorant, lui dit
tout, comme à son enfant Il voyait au sein de la terre couler les
eaux, sourdre les fontaines, monter la sève aux plus secrètes
veines des plantes. Il entendait parfaitement la formation des coquillages et l'élaboration profonde du monde des mers. Le premier,
il ramassa toutes sortes de curiosités et fit un *Cabinet d'histoire
naturelle*. Beaucoup de gens demandant ce que signifiait tout cela,
il commença (1575) à enseigner, non telle science (faisant profession de ne rien savoir), mais seulement ce qu'il avait vu, trouvé,
expérimenté.

Ce qu'il regarde volontiers dans les choses de la nature ce qu'il

vibrait à tous les échos. Il avait peu le sens du rythme
encore. Mais son âme suave rendait des sons char-
mants aux voix de la création.

Palestrina devint illustre à la longue, maître de la
chapelle des papes. C'était le moment où le concile de
Trente avait prescrit l'épuration de la musique ecclésiastique. Tous les vieux livres d'office, écrits depuis
mille ans, furent soumis à Palestrina. On l'investit

observe avidement et voudrait imiter, ce sont les arts ingénieux
par lesquels elle protége les plus humbles de ses enfants Les vo-
lutes des coquillages ou ils se retirent, s'abritent et trouvent tant
de sureté contre la violence des flots, contre la rage d'un monde
de destructeurs, lui font envie , il les propose comme modele ori-
ginaire des forteresses les plus sûres Ah ! pourquoi Dieu n'a-t-il
pas donné le refuge au moins de l'huitre et du moule, la carapace
des tortues, à ce grand peuple poursuivi, a ces infortunés troupeaux de vieillards, d'orphelins, de femmes, qui, désormais sans
foyer, s'enfuient, eperdus, sur les routes de France ?... Le rêve
des Iles bienheureuses dont se berça l'humanite, les solitudes
d'Amerique ou nos fugitifs qui cherchaient la paix trouvèrent la
mort et l'Espagnol, tout cela n'arrête pas l'imagination de Palissy,
positif jusque dans ses songes Le sien, c'est une œuvre d'industrie, un vaste jardin établi dans une position forte et savamment
fortifiée ou il ferait un château de refuge pour sauver les persé-
cutes Les sciences de la nature ont été précisement cet abri pour
'ame humaine.

Ce pauvre homme, méprisé, jeté à la voirie avec les chiens,
n'en commence pas moins le vrai nouveau monde Il termine le
XVI° siecle et le dépasse. Par lui, nous passons de ceux qui devi-
nèrent la nature à ceux qui la refirent, *des découvreurs aux in-
vénteurs*, créateurs et fabricateurs — De lui est cette parole :
« *La nature la grande ouvrière; l'homme ouvrier comme elle* »
— Non, non, le XVI° siècle n'a pas été perdu, puisqu'il finit par un
tel mot Combien nous voila loin de l'*Imitation* monastique, froide
et sterile! La chaude imitation dont il s'agit ici, c'est le prolon-
gement de la creation

d'une dictature musicale. Grande puissance où l'artiste paysan allait, sans le savoir, influer d'une manière, décisive, peut-être, sur la destinée populaire d'une religion.

Les hommes les plus respectables de la religion catholique, saint Charles Borromée, saint Philippe de Néri, pensèrent que ce génie naïf, qui revivait ainsi les temps antiques, en retrouverait une étincelle. Ils n'y négligèrent rien. Ils se firent ses amis, l'entourèrent, le soutinrent, l'animèrent, l'échauffèrent. Ils tinrent cette créature d'élite comme dans leur bras et sur leur sein brûlant. Pourraient-ils en tirer la simple évocation qui eût renouvelé l'Église? des chants nouveaux, vainqueurs, qui emportassent les foules? ou bien des hommes nouveaux, des élèves, une école, une grande source musicale qui eût fécondé le désert moral de l'époque?

Tous leurs efforts furent vains. L'Italien, vraie harpe éolienne aux vagues mélodies flottantes, n'articula jamais ce chant suprême qui fût devenu la Marseillaise catholique. Encore moins forma-t-il école. Il ne fut pas un *maître*. Il resta isolé. Ses mélodies mélancoliques ne furent pas répétées. Elles restèrent prisonnières comme les échos d'un unique lieu, enfermées et incorporées dans la chapelle Sixtine. Là on les chante une fois par an, disons mieux, on les pleure. C'est le caractère de cette musique, qu'elle est trempée de larmes. Larmes touchantes et vraies qui disent la mort de l'Italie sous le nom de Jérusalem.

Le pauvre Italien, à l'appel d'une Église de guerre qui demandait la force, ne répondit que la douleur.

On a fait prudemment en ne sortant jamais cette musique du lieu où elle est protégée par les peintures de
Michel-Ange. Les prophètes et les sibylles l'abritent
avec compassion. Ils l'écoutent, et gémissent, les géants
indomptables, d'entendre cette mollesse et ce peu d'espérance dans les soupirs de l'Italie. Ces accents ne
sont pas les leurs. Leur génie tout viril rayonne d'un
bien autre avenir.

Donc le souffle, le rythme, la vraie force populaire,
manqua à la réaction. Elle eut les rois, les trésors, les
armées; elle écrasa les peuples, mais elle resta muette.
Elle tua en silence; elle ne put parler qu'avec le canon sur ses horribles champs de bataille. C'est un caractère funèbre de la *Guerre de Trente-Ans* que cette
taciturnité.

Oh! l'intrigue, l'effort, la patience, ne peuvent pas
tout ce qu'ils veulent... Tuer quinze millions d'hommes par la faim et l'épée, à la bonne heure, cela se
peut. Mais faire un petit chant, un air aimé de tous,
voilà ce que nulle machination ne donnera... Don ré-
servé, béni... Ce chant peut-être à l'aube jaillira d'un
cœur simple, ou l'alouette le trouvera en montant au
soleil, de son sillon d'avril.

NOTES DES GUERRES DE RELIGION[1]

Dans la préface des *Guerres de religion*, je promettais une critique des sources historiques du xvie siècle Cette critique m'a entraîné fort loin. Je n'ai pu juger les livres des autres sans expliquer le principe qui a dominé le mien Cette explication n'est pas moins qu'une théorie complète Ce qui n'était d'abord qu'un essai de critique est devenu un volume que je ne puis faire entrer dans celui-ci, et qui ne peut paraître qu'à part.

Observation générale sur les quatre volumes du xvie siècle : nombre de citations qui ne pouvaient être différées *ont été mises dans le texte* même. Ces notes donc sont essentiellement incomplètes J'en élague aussi les indications de sources banales, comme les mémoires qui sont dans les mains de tout le monde, les collections tant citées, Mémoires de Condé, de la Ligue, etc.

Le règne d'Henri II n'a pas encore la terrible abondance de matériaux qu'offre la fin du xvie siècle Il continue l'époque des chroniques de famille écrites par les serviteurs des grandes maisons et à leur profit. Tels sont les memoires de Vieilleville, Villars, Rabutin. Salignac écrit, à la gloire de Guise, le *Siége de Metz*
Un seul des grands acteurs écrit lui-même ses actes (Coligny, *Siége de Saint-Quentin*), et il s'en excuse. — Quant aux recueils de pièces diplomatiques, celui de Ribier ne donne que les pièces du cabinet de Montmorency. Granvelle, les ambassadeurs de Ve-

[1] Les renvois des pages indiquées dans ces notes se rapportent au volume XI

nise et nos ambassadeurs dans le Levant (édit. Charrière), nous
orientent d'une manière plus générale Ajoutez les correspon-
dances de Charles-Quint (Lanz, Gachard), ses historiens, et les
travaux divers qu'ont faits sur lui MM. Ranke, Mignet, Pichot,
etc — Je parlerai plus loin des sources protestantes — Le duel
de Jarnac (V Castelnau, édit. le Laboureur, Vieilleville, De Thou,
Brantôme), ce fait si mal compris a dû être mon point de depart,
et j'y ai rattaché le tableau de l'epoque C est *l'avénement du
roman* dans l'Etat, et en même temps il entre dans la religion.
Deuxièmement, ce duel est déjà celui des maisons de Guise et de
Châtillon, l'une soutenue par Diane, l'autre par le connetable
(V. les actes, dans Du Bouchet) La rivalité de personnes commence celle de partis et de religions — Dès l'avénement, Diane
reçoit du pape un collier de perles (Ribier, II, 33), gage d'alliance
entre Rome et la maitresse catholique.

Chapitre III, page 43. — *Catherine de Médicis.* — Cette bonne
reine a été tout à fait réhabilitée de nos jours Comment, en effet,
ne pas en prendre une opinion toute favorable, quand on a lu sa
Vie, publiée à Florence par M. Alberj, *d'après les actes, les pièces
d'archives?* Cependant, si vous demandez à M. d'Alberj de quelles
pièces il s'appuie, il avoue que ce sont des documents de famille,
les lettres qu'écrivaient de Paris les envoyes du grand-duc, amis,
serviteurs, admirateurs passionnés de Catherine. Dans ce cas,
j'aime encore mieux consulter Catherine sur elle-même. C'est
elle qui se chargera de contredire partout son apologiste *par ses
propres lettres* dont je me sers. On n'en a imprimé qu'un volume,
mais la continuation existe en copie, et les originaux se trouvent
à nos Archives et à la Bibliothèque.

Chapitre IV. — *L'intrigue espagnole*, etc. — **J'ai défait le faux
Charles-Quint** tout politique, et j'en ai refait un bigot. Ses ordon-
nances, combinées avec les procès donnés par Llorente et les
lettres de Granvelle, permettent de suivre la transformation que
subit ce caractère, énormément surfait de nos jours. — Quant à
l'adultère de Philippe II avec la princesse d'Eboli (p 72), il ne put
avoir lieu qu'en 1559, quand il revint en Espagne veuf de Marie
Tudor, et qu'il attendit quatre mois sa nouvelle épouse La princesse avait alors vingt et un ans et était mariée depuis huit ans
Avant le premier mariage de Philippe, elle était fort jeune, ré-

cemment mariee, et son mari n'avait pas intérêt, comme en 1559, à être trompé par sa femme pour trouver en elle un appui contre Granvelle, chef du parti opposé.

Chapitre V. — *Les Martyrs*, p 81. — *Et toi, pour mourir, tu ris* . — Cette époque bénie du protestantisme a un caractère étonnant de sérénité, parfois de gaieté Elle est dans leurs chants (V entre autres les fragments de Rouen, bibl. Leber, etc), chants mâles et forts α allégresse héroïque. Elle est dans les paroles des martyrs : une femme, enterrée vive, plaisante du fond de la fosse (Crespin, 1540) — On est saisi d'horreur et de pitié ; on rit, on pleure. On pleurerait encore sur l'énervation de l'âme humaine Que nous ressemblons peu a cela[1] — Ce sont les pensées qui me poursuivaient dans les longs jours ou j'ai lu et extrait les mille pages in-folio du *Martyrologe de Crespin*. Merveilleux livre qui met dans l'ombre tous les livres du temps, car celui-ci n'est pas une simple parole, c'est *un acte* d'un bout à l'autre et un acte sublime — J y avais perdu terre, et je ne savais plus comment redescendre. Que de pages j'en avais copiées, dans l'espoir de les insérer !

Chapitre VI, p. 94 — *Calvin*. — *La mort du grand Servet.* — Non content des livres du temps, et des travaux si importants qu'ont donnés sur Genève, Calvin et Farel, MM Gaberel, Henri, Revilliod, Schmidt, Merle d'Aubigné, Bonnet, Pictet, etc , j'ai été a Genève en 1854 pour fixer mon opinion Partisan de Servet et de la raison moderne, j'inclinais du côté de ses amis, les amis de la liberté (ou *Libertins*) Cette question, étudiée dans les *Archives de Genève*, spécialement dans les *Registres du Conseil,* devient plus claire Je crois que ce parti eût livré Genève à la France Malheur immense pour l'Europe Servet comptait sur la victoire des Libertins, et c'est pour cela qu'il prolongea a Genève le séjour qui le perdit Nul doute que Calvin n'ait cru sauver la religion et la patrie, la révolution européenne — C'était le moment le plus brûlant de l'école du martyre Dans une lettre inédite que le savant historien de l'Église de Genève, M Gaberel, me communique, Calvin peint son embarras pour choisir entre les solliciteurs qui s'étouffent a sa porte, qui se disputent, quoi[2] d'être envoyés a la mort !

Chapitre VIII, p. 117. — *Ronsard*. — Nul doute que Ronsard
n'ait eu un poète en lui (V. surtout les *Amours*, la belle pièce à
Marie Stuart, t. II, p. 1174, etc), mais ce poète est presque partout caché sous une bizarre enveloppe, ou barbare ou subtile,
Même dans les *Amours*, œuvre de chaude jeunesse, il y a beaucoup de choses ridicules *Bel accueil*, *Faux danger*, personnifiés,
font penser déjà à la Carte de Tendre et à mademoiselle Scudéry.
— Il y a une grande volonté, parfois un noble effort et quelque
chose de l'élan de Lucain, et cependant la différence est grande.
Lucain montre partout une âme généreuse Il aurait eu horreur
des lâches insultes de Ronsard au pauvre hérétique, maigre, pâle,
voué à la mort Il n'aurait jamais fait le quatrain atroce sur celui
que Ronsard espère voir mener dans un tombereau au bûcher de
la place Maubert, t II, p. 1578, *verso*

Chapitre VIII, p. 130 —*Dans le récit que Coligny fait du siége
de Saint-Quentin* —Pièce importante qui donne tout le caractère
de l'homme, et qui, de plus, ouvre la série des grands historiens
protestants, Coligny, si j'en juge par cette petite feuille marquée
de la griffe du lion, eût été le premier de tous si la Cour de
Charles IX n'eût brûlé ses écrits Les protestants avaient senti
qu'il était presque aussi important d'écrire que d'agir. L'histoire
leur appartient, ils se succèdent sous les coups de la mort et forment un cycle admirable. L'honnête, judicieux et impartial *président Laplace* (tué à la Saint-Barthélemy) donne peu d'années,
mais il les met dans une grande lumière. Il explique non-seulement le côté du Parlement, la mercuriale de 1559, mais la cour
qu'il connaît très-bien, la réforme financière proposée à Poissy, etc
Pour les années 1558-9 et pour l'intérieur de Paris, il faut y
joindre Crespin et Bèze Laplace est si bien instruit, qu'il nous
donne les dispositions de l'Espagne pour les Guises, précisément
comme les propres dépêches espagnoles — *Regnier de la Planche*
vient ensuite (1576), qui reprend Laplace et le continue, bien plus
ému et bien plus pathétique Mais un fleuve de sang a passé en
1572, et trouble déjà la mémoire. La tradition vacille et change,
si près des événements! La Planche engendre *d'Aubigné* comme
historien (je ne parle pas de la compilation de la Popelinière, si
timide, et faite pour Catherine de Médicis). En d'Aubigné, l'histoire,
c'est l'éloquence, c'est la poésie, la passion. La sainte fierté de la
vertu, la tension d'une vie de combat, l'effort à chaque ligne,

rendent ce grand écrivain intéressant au plus haut degré, quoique
pénible à lire ; le gentilhomme domine, et l'attention prolixe
aux affaires militaires. Il est parfois bizarre, parfois sublime. Au
total nulle œuvre plus haute. — Il a des magnanimités inconce-
vables, jusqu'à louer Catherine (1562) —Si l'on veut mettre en face
un *homme* et un *scribe*, qu'on rapproche sur un même fait d'Aubigne et un fort bon écrivain, Matthieu, l'annaliste favori
d'Henri IV On sera étonné de la supériorité du premier, et pour
le style, et pour l'exactitude (en 1570, d'Aubigne, I, p 300 ; Matthieu, I, p 322) Matthieu, comme Cayet, comme De Thou. a perdu
le sens vif des choses. De Thou est nul, obscur sur le point de depart, 1561, sur le danger des biens du clergé, sur la reforme financière qu'on proposa, et qui est si bien dans Laplace —Observation
essentielle et capitale En écrivant ce volume, j'avais, d'une part,
ouvert devant moi les trois historiens protestants, et d'autre part,
les depêches de Granvelle et du duc d'Albe, de Philippe II.
Eh bien, j'affirme qu'il n'y a pas un point grave ou ces pièces catholiques dementent les assertions des protestants Loin de là,
ceux-ci sont moins defavorables aux Guises, a Catherine, que les
Espagnols Les actes secrets les pièces confidentielles, devoilent
des bassesses et des fourberies qu'ils ne devinaient nullement.

Chapitre XIII, p 212. — L'acte du triumvirat n'existe point en
original, quoi qu'en dise Capefigue Sans doute, il ne fut que
verbal La pièce imprimée aux Memoires de Guise est ridicule, visiblement fausse L'exact et obligeant M Claude, de la *Biblio-
theque*, que j'ai prié de la chercher, ne l a trouvée dans aucun
fonds, sauf dans un recueil de la fin du siecle, au *Supplément français*, *n° 215, fol*. 131, *verso*.

Chapitre XIII, p 214 — Lorsque la bombe éclate (1561-1563),
je veux dire l'idee de vendre les biens du clerge, les *Archives du
Vatican* temoignent de la terreur qu'elle inspire. « L'inquiétude
du nonce est d'autant plus grande, *qu'il se présente des ache-
teurs* » (carton L, 388) Alors s'entame un fort long marchandage
entre le nonce et le connetable On peut tout reduire à ceci « *Le
nonce* Il faut couper court, detruire les predicateurs huguenots
Le connétable Je sais que le pape a un million d'or reservé pour
cette guerre, il nous faut deux cent mille ecus *Le nonce* Mais,
Monseigneur, vous faites S S plus riche qu'elle ne l'est » —Le pape
se saigne, donne cent mille ecus Mais, a mesure que la guerre

avance, la détresse de la cour de France devient excessive, elle meurt de faim, Charles IX et sa mère écrivent au pape lettres sur lettres dans un style de mendiants, Catherine lui dit, par exemple, que ce sont les premiers secours qu'il a bien voulu fournir *qui lui donnent la hardiesse* d'en demander d'autres; mais *ce sera la fin*, etc. Charles IX parle avec une bassesse emphatique du protonotaire que S. S. a daigne lui envoyer, *de ce messager de bonheur;* pour trouver un pareil homme, elle a été sans nul doute inspire de Dieu, etc. *Archives de France, extraits des Archives du Vatican, carton L*, 384.

Chapitre XIV, p 236. — *Guise s'écrie.* « *Je suis luthérien* » — Cette piece decisive existe en allemand dans *Sattler, Hist. du Wurtemberg sous les ducs*, IV, 215. Elle a été traduite récemment dans le *Bulletin de la Société de l'histoire du protestantisme français*, 1855, pages 184-196 Important recueil qui a, dans les derniers temps, donne beaucoup de précieux documents, peu connus ou entierement inedits.

Chapitre XVIII, etc , p 284 et suiv. — *Le duc d'Albe.* — C'est un soulagement pour l'historien de trouver enfin ce véritable Espagnol qui éclaircit tout, et degage la situation des obscurités, des lenteurs, ou s'embourbe le Flamand Philippe II Les lettres du duc en 1563-1564 (ap Granvelle, t VII) sont une veritable révélation. Il est très-net, tres-vif Il dispense son maitre de l'entrevue que le cardinal de Lorraine lui proposait avec le pape, Catherine et l'Empereur : « Ou il n'y a ni puissance ni bonne foi, l'entrevue seroit superflue. » Et sur l'Empereur . « Il est nul comme un pape » (VII, 285) — Le moment le plus curieux de ce règne, c'est celui ou Philippe II *attrape* les Flamands Il écrit à Marguerite qu'il moderera ses edits, et, quant au pardon général, « comme il n'eut jamais d'autre intention que de traiter ses sujets *en toute clémence possible, n'abhorrissant rien tant que la voie de rigueur,* » il veut que Marguerite le donne (1566, 31 juillet) Mais il écrit a Rome le 12 aout qu'on dise au pape : qu'il ne pardonnera *qu'en ce qui le concerne* et pour les délits qu'il est en son pouvoir de remettre Reiffenberg, corr de Marguerite, p. 96-106 Gachard, Philippe II, t I, p. CXXXIII et 446 — Même équivoque sur l'inquisition Philippe II et Granvelle (t. VI, p. 554, 563) nient qu'on veuille introduire aux Pays-Bas

'Inquisition *espagnole* Toute la finesse est dans ce dernier mot. Sans doute elle ne pouvait l'être dans la forme *toute espagnole*, tellement nationale comme police dominicaine et monastique, comme suite de la persécution mauresque et juive, etc Mais qu'importe, si le secret des procedures, les presomptions prises pour preuves, enfin le regime des *suspects* (avant), des *entachés* (apres), faisaient du pays un enfer comme l'Espagne. — Le grand esprit qui, de nos jours, a mis dans une si terrible et si instructive lumière les *Révolutions d'Italie,* a révele le vrai mot des *Révolutions de Hollande* ; explique pourquoi les unes avortèrent et les autres se maintinrent; de sorte qu'en ces deux histoires, la politique théorique apprendra désormais ce qu'il faut faire pour perdre la liberte ou pour la defendre. — Le fond de la question etait de savoir si les quinze provinces catholiques n'entraineraient pas avec elles les deux protestantes, si le droit sacre des majorites retablirait le despotisme, si la liberte serait tuee au nom de la liberte. C'est la gloire de cet indomptable Guillaume le Taciturne d'avoir tranché ce nœud fatal, ce lacet que l'on jetait au cou de la Republique, etranglee avant de naître. Il faut lire le procès-verbal de la conference secrete dans les lettres de Guillaume (III, 447), la relire dans le recit lumineux de son interprete, en qui le ferme génie de Tacite et de Machiavel s'est montré à cette page agrandi de l'experience de nos revolutions (*Quinet, Marnix,* p 105). *Et nunc erudimini.* Apprenez, peuples de la terre. — Maintenant, qu'il me soit permis d'eclairer deux points : — La succession heureusement graduee des gouverneurs des Pays-Bas, de la ferocité du duc d'Albe à la douceur de Requesens, aux grâces de Don Juan, ne tint pas uniquement à une combinaison du genie de Philippe II, mais, a son defaut de ressource, à sa détresse financière, qui ne lui permit pas de continuer la guerre d'extermination que conseillait le duc d'Albe. Pourquoi ? Parce qu'elle etait coûteuse — Je crois aussi qu'en rendant justice au courage, à la sagesse de Guillaume, comme l'a fait Quinet et le savant archiviste de la maison d'Orange, il faut faire la part de l'esprit independant, du bon sens profond que montrerent les États de Hollande dans la question religieuse, dans les points ou ils furent en désaccord avec leur heros —La tentation de celui-ci, génie moderne au-delà de son temps, fut la tolérance de l'humanité. Proclamons-le, ce grand homme, du titre qu'il mérite, le roi d'un immense peuple qui naissait parmi les peuples, celui des

amis de la tolérance, le chef du *parti de l'humanité.*— Henri IV,
qui fut ce chef après lui, touche aussi le cœur, mais il touche
moins, paraissant si indifferent au bien et au mal. La douceur du
prince d'Orange ne prit pas sa source dans l'indifférence L'homme
qui souffrit le plus peut-être dans ce siècle, ce fut lui; et il fut
aussi celui qui garda son cœur le plus calme, parce qu'il était le
plus ferme. — Un des résultats de cette douceur, c'est qu'il fut
habituellement l'avocat des catholiques Leurs tentatives pour le
tuer ne l'en corrigerent pas. Il eût voulu que la Hollande et la
Zelande s'ouvrissent aux catholiques, ce qu'ils refuserent obstinément.— Refus profondement sage Nous en donnerons les raisons
qu'on n'a point donnees jusqu'ici — Entre l'admission des catholiques en Hollande et celle des reformés en Belgique, il n'y a aucune parité, et rapprocher ces deux choses, c'etait montrer qu'on
ne connaissait pas assez les deux partis. — Les reformes, quels
qu'aient été leurs essais de discipline, de concentration, d'unité,
gardaient le signe originel de la réforme, qui fut l'examen et la
liberté. Ils n'avaient pas l'apparente unité du dogmatique catholique Ils n'en avaient pas la redoutable hiérarchie religieuse et
politique, ce vigoureux machinisme, pour faire agir d'ensemble
des volontés aneanties au profit d'un corps dirigeant, pour combattre avec des cadavres — N'ayant pas la confession, la direction des femmes, n'entrant point dans les secrets, dans le mystère
des familles, n'agissant que par la parole en pleine lumière, ils
n'avaient aucun moyen de resister aux souterraines menées de
leurs adversaires, s'ils les admettaient une fois — Il est ridicule
de dire que la presse y suppleera auprès d'un public de femmes,
d'enfants, de mineurs, de faibles, qui ne lisent pas, ne peuvent
lire, s'abstiennent de s'eclairer, par vertu chretienne, humilité et
simplicité d'esprit — Si le prince d'Orange eût fait admettre les
catholiques en Hollande, une guerre inégale, impossible, commençait entre deux partis qui ne pouvaient se combattre, agissant sur
deux terrains absolument differents, les uns au soleil sur la terre,
les autres dessous — La Hollande, malgré Guillaume, se ferma
strictement a l'ennemi, elle garda avec vigilance, pour le salut
commun du monde, l'étroite citadelle de la liberté — Tout cela
connu, il faut avouer que la question de tolérance s'en trouve fort
avancée On s'étonne moins des lois par lesquelles la Hollande et
l'Angleterre cherchèrent a se préserver de cette ténébreuse invasion. — Le ver solitaire se presente, au nom de la tolérance, il ré-

clame le droit spécieux qu'a tout être d'être toléré Recevez-le;
la liberté, la philosophie, la raison, vous prient de ne pas repousser
cet hôte, humble, doux, flexible, qui ne demande après tout *qu'à
vivre selon sa nature.* Elle l'a fait pour vivre de vous Seulement,
une fois admis, c'est un profond mariage, et ne comptez pas l'ex-
pulser.

Chapitre XIX, p 297. — *Marie Stuart, le borgne Bothwell.* —
La France a toujours été partiale pour Marie Stuart Je ne sais
combien d'historiens ont poétisé, sinon réhabilité, la très-indigne
héroïne. Deux ouvrages remarquables ont encore paru récemment
M. Mignet, si judicieux et justement sévère dans son premier volume, suit volontiers dans le second les apologistes de la reine
d'Écosse. Il en est de même d'un charmant narrateur, M Dargaud
Je lui sais gré d'avoir senti une chose que les autres ont négligée,
l'amour profond et le désespoir de Darnley

Chapitre XXI. p. 333 — *Ramus nous apprend que l'Amiral
préférait la foi des Suisses* — Voici sa lettre du 3 mars, dans
Waddington, *Vie de Ramus,* p 243, 438 · « On a essayé de tromper là-dessus notre Amiral, et l'on n'a réussi qu'à faire surprendre la ruse et l'artifice. » — Je lis aussi dans la *France protestante*
de M. Haag, article De Lestre, le passage suivant de ce ministre · « Ramus vouloit donner la liberté à tous ceux qui se diroient
avoir le don de prophétie d'interpreter et parler en l'Église de
Dieu » Le colloque ne voulut point dépouiller les pasteurs d'une
charge qui leur appartenait selon lui ; cependant il décida que,
dans le cas fort rare de dons extraordinaires bien constatés par
les ministres et les anciens, on pourrait, du consentement du sy-
node provincial, qui resterait maître de les interdire, établir dans
les églises, sous la présidence d'un pasteur, des conférences publiques ou parleraient ceux qui auraient reçu ces dons Cette légère
concession fut d'autant plus aisément accordée, nous dit De Lestre, « que nous la voïons avoir esté désirée par beaucoup de grands
personnages » — L'excellent article *Châtillon* de M. Haag m'apprend une chose peu connue, c'est que les saintes reliques du
héros, du martyr, du grand citoyen, sont enfouies « dans un pan
de mur en ruine du château de Châtillon-sur-Loing » — Comment
le portrait de la Bibliothèque n'est-il pas exposé en face de celui
de François de Guise? On le volera un matin pour le détruire Mi

en face, ces deux portraits trancheraient la question. Guise est un
homme *né et doué*, mais tombe a jamais, un maudit. Coligny est
l'homme de la bonté courageuse et de l'adversité. *Il voulut*,
grande chose! voulut toujours, et bien. — Si l'on veut comparer
la faiblesse de l'idéal cherché et la force du réel, qu'on compare
ce dessin à la noble gravure de 1579 (les trois frères) Elle en est
écrasée L'auteur rêvait de la Saint-Barthélemy, et il la lui met
sur la face! Il le croit un homme de guerre, ce grand homme,
pacifique entre tous! — C'est aussi l'erreur générale des gravures
de Perussin, si belliqueuses Non, ils furent des martyrs — Il
faut revenir aux dessins Foulon, de la Bibliothèque La trinité
des frères y est le brave Dandelot, si net, franc du collier, premier soldat de France, et le pauvre cardinal aux beaux yeux
bleus limpides, fait pour plaire, aimer et souffrir. Le jour qu'il réfléchit, il est sensible, il est perdu Son soutien, évidemment (voir les
dessins), c'est *madame la cardinale*, résolue, hardie (quarante
ans), lèvres fières et regards parlants, pleins de vives répliques,
invincible d'amour et de fidélité — En face de ces figures si net-
tes, mettez, au contraire, je vous prie, la face désolée et usée du
pauvre chancelier l'Hôpital (tableau du Louvre) Doux, bon,
honnête, avec une certaine idéalité dans les yeux, un pauvre précurseur de l'équité future . *Quæsivit cælo lucem, ingemuitque
reperta.*

Chapitre XXI et suivants — *Saint-Barthélemy* — Il y a trois
récits vraiment importants qui se complètent l'un l'autre, et ne
se contredisent pas ceux d'Henri III, de Marguerite et de Tavannes Les acteurs et exécuteurs de l'acte s'accusent eux-mêmes.
Habemus confitentes reos Pourquoi ne pas les croire? Si on
les veut excuser malgré eux, disputer, dire que Charles IX préparait tout depuis deux ans, etc , Tavannes tranche tout par un
mot de bon sens . « S'il eut fallu deux ans, rien ne se fût fait »
— Les relations protestantes, et les catholiques (Capilupi, Archives curieuses, VII, 460) qui soutiennent également la longue préméditation. sont évidemment romanesques. Il leur faut entasser
je ne sais combien d'hypothèses invraisemblables — Je sais que
c'était la tradition italienne, espagnole, je sais que la *vendetta* en
grand était fort à la mode, que les exécutions d'Espagne sur les
Maures et les Juifs, les trente mille anabaptistes, les vingt mille
têtes du duc d'Albe, étaient l'admiration, la légende du temps.

Je sais que le massacre demandé dès 1555 par les prédicateurs, recommandé par Pie V, fut réellement travaillé en 1572 par les évêques Vigor, Sorbin et l'Église de Paris, par les Jésuites et hommes du pape, Augier et Panigarola Ils voyaient que, sans le massacre, le duc d'Albe certainement allait périr entre Guillaume et Coligny — Un mois avant l'événement, on l'écrivit de Rome à l'Empereur, et le duc de Bavière en parlait (Groen, IV, 69, et appendice p 13) Ceci prouve seulement que l'Espagne et le clergé désiraient, machinaient, ne désespéraient d'en venir à bout. Mais tout cela ensemble n'efface pas l'aveu du duc d'Anjou. Tout dépendant des résolutions variables d'un demi-fou, Charles IX, rien n'était sûr, et rien ne se serait fait peut-être sans l'extrême peur du duc et de sa mère et sans la peur qu'ils firent au roi d'un complot des huguenots — Mon volume des *Guerres de religion* était publié lorsque le savant M Schmidt, de Strasbourg, qui venait de le lire, voulut bien m'envoyer la *Saint-Barthélemy*, par M Soldan, qu'il a traduite C'est désormais le livre capital sur ce sujet, tous les récits y sont rapprochés et judicieusement discutés. J'ai le bonheur de voir que cet excellent critique arrive à la même conclusion que moi. Une seule chose manque à cet ouvrage si complet, c'est le côté des Pays-Bas, la crainte où l'on était de l'invasion française, et le besoin urgent que le duc d'Albe avait du massacre J'y supplée par ces extraits des lettres inédites de Morillon à Granvelle :

« Chaque fois que l'agent de France se trouve vers le duc, il
« ne part de lui sans faire protest que son maître sera contraint
« de rompre, s'il ne ôte le Xe denier. et qu'on lâche confiscation
« sur les biens d'aucuns sujets dudit roi. Le duc répond qu'il ne
« se peut que le roi de France fasse guerre à un si puissant roi
« qui lui a gardé sa couronne. — Sur l'arrière saison ne se garde-
« ront non plus de courir sur nous que un chat manger tripes. —
« 28 avril 1572. Les François ne voudront laisser échapper une
« si belle occasion qu'ils n'ont jamais heu telle Et l'Amiral se
« polroit par ce bout réconcilier avec la France, et prendre ici
« siège. — 17 juin 1572. Victoire des Espagnols à Mons. Les
« François n'ont échappé de leurs mains ni de celles des paysans
« Le duc d'Albe a envoyé dire à l'agent de France que l'on avoit
« repurgé le royaume de son maître de beaucoup de rebelles et
« méchants Et le même jour, le même agent vint congratuler a

« son excellence ladite victoire — L'Estat est plus assuré qu'au-
« paravant, à moins que les François s'en veuillent mêler ouverte-
« ment, ce que ne le fait a croire, estant la saison si advancée, et
« eux si mal préts, et ne feroit finement l'amiral de se tant dé-
« sarmer. — 27 juillet. Aucuns disent que les François devoient
« faire à Mons un meurtre général des catholiques — Le 11 juin,
« le cardinal écrit à Morillon   Tout l'espoir que nous pouvons
« avoir est sur ce que ceux du pays ne voudront pas être Fran-
« çois. — 10 avril. On se vante icy qu'avant 15 jours on verra
« merveille et recouvrera tout ce qu'on a perdu. Ce qui me dé-
« plait, c'est que le duc écoute aucuns devins. On fait compte de
« regagner Mons par enchantement   Et trottent par cette cour
« aucuns livres escrits à la main sur nigromantie   Et m'a fait de-
« mander un personnage fort principal congé pour les pouvoir
« lire, ce que luy ay refuse sans autre cérémonie   — On a mandé
« le fils (du duc) pour comsoler le duc d'Albe, qui est comme dé-
« sespere   Le secretaire m'a dit qu'à peine il ose se trouver seul
« avec le duc, qui semble devoir rendre l'âme, quand il entend
« mauvaises nouvelles. — 11 août. On fait de grands apprêts en
« Champagne et en Lorraine   Il y a 24 pièces d'artillerie de fonte,
« pour venir sur Luxembourg ou il n'y a personne. — 13 août
« Granvelle à Morillon. — Les François craignent l'armée de mer
« qui demeure en Ponent, outre celle que D Juan d'Autriche
« mène en Levant. — 25 août   L'amiral blessé le 22 Paris en
« liesse   L'amiral étoit sur son partement, et déjà malade   — 26
« août   Aujourd'hui sont partis les deux ducs (Albe et son fils)
« Ils m'ont requis de faire prier pour eux en tous monastères,
« comme j'ai commence. — 9 sept   Granvelle à Morillon . Bene-
« dictus Dominus qui facit mirabilia magna solus, et in cujus manu
« sunt corda regum ! — Nous pouvons dire que, sans la défaite
« des huguenots qui vouloient secourir Mons, le roy de France
« n'eût osé entreprendre ce qui s'est fait   Ces malheureux l eus-
« sent toujours tenu en tutelle   On verra ce que fera maintenant
« la mère. Si le roy de France passe outre, il se pourra dire roi,
« et la religion se restaurera, ce qui servira aussi pour autres pays
« S'il ne passe outre, il aura de la besogne pour aucunes années,
« et nous laissera en paix   — Vous ne pourriez croire combien
« les François sont devenus insolents depuis l'execution contre
« l'amiral   il leur semble qu'on les doive adorer   11 septembre
« — Granvelle à Morillon : Je voudrois que nous fussions quittes

« des prisonniers françois, car ils ne nous peuvent servir que de
« nous mettre en frais Et si le duc commandoit de les jeter à la
« riviere, puisqu'ils sont des huguenots, je n'y mettrois aucun
« empéchement — 8 octobre Granvelle à Morillon　On nous
« escript que le roy a fait dépécher le chancelier de l'Hospital et
« sa femme, qui seroit un grand bien Je n'ose dire que je vou-
« drois que quelque autre femme (Catherine) fût logee ou elle
« merite — 8 novembre Morillon lui répond : C'est un beau
« décombre de l'Hospital et sa femme Plut à Dieu que cette
« Jezabel que bien nous connoissons les suivit tost. Correspon-
« dance de Granvelle (encore inédite). »

Chapitre dernier, p 406. — *Processions*. — Nos archives nous
donnent la curieuse attitude du clergé de Notre-Dame pendant
l'execution Le matin du 24, on convint en chapitre que tout
chanoine armerait sa maison . Munire suas domos armis Le soir,
au vestiaire, on decida qu'on ferait chaque jour des processions
dans la cathedrale, *et aux églises qui en dépendaient* immediate-
ment, en priant pour le roi et les princes. Le mercredi, on ordonna
pour le dimanche la procession du jubile pour remercier Dieu de
l'extermination *commencee* Et ipsi Domino Deonostro gratias refe-
remus de felici *incœptâ* extirpatione heresium et inimicorum
nostræ religionis catholicæ *Registres capitulaires* (mss) *de l'É-
glise de Paris*, L 536, 2, 454, *fol* 329, 330 Et un peu plus loin,
28 août Etiam ordinantum est quod infans repertus non admit-
tetur *Ordonne que l'enfant trouvé ne sera pas reçu* (sans doute
un petit huguenot, orphelin et perdu dans le massacre). *Ibidem,
fol* 331, *verso.*

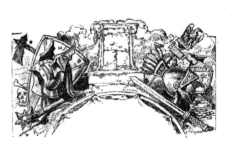

TABLE DES MATIÈRES

CHAPITRE PREMIER

CHAPITRE II

CHAPITRE III

TABLE DES MATIÈRES

CHAPITRE PREMIER

CHAPITRE II

CHAPITRE III

CHAPITRE X

CHAPITRE XI

CHAPITRE XII

CHAPITRE XIII

CHAPITRE XIV

CHAPITRE XV

CHAPITRE XVI

CHAPITRE XVII

CHAPITRE XVIII

CHAPITRE XIX

CHAPITRE XX

CHAPITRE XXI

CHAPITRE XXII

CHAPITRE XXIII

CHAPITRE XXIV

CHAPITRE XXV

PARIS — IMPRIMERIE MODERNE (BARTHIER, Dʳ), RUE J.-J.-ROUSSEAU, 61.

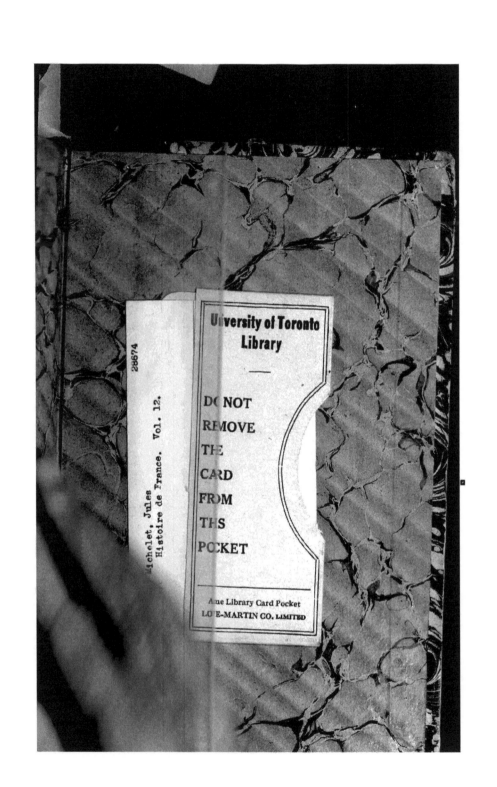

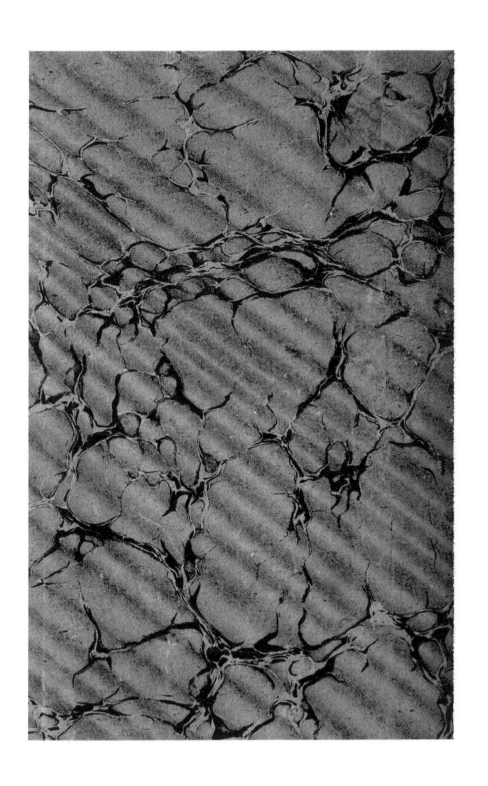

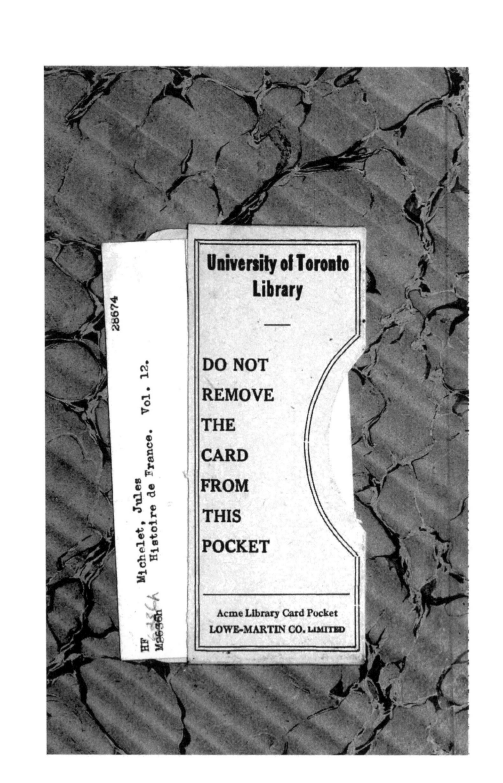

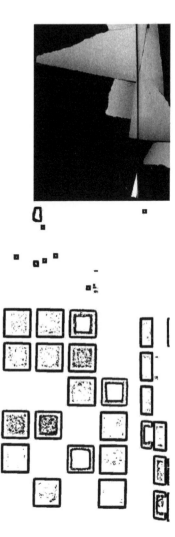